当代人力资源管理系列教材

人口经济学

主　编　魏下海

副主编　金　钊　王临风

科学出版社

北　京

内 容 简 介

人口经济学是研究各个社会形态的人口与经济相互关系及其发展规律的学科，是一门新兴的交叉学科。本书共有十章内容，系统总结近年来国内外人口经济学的最新研究成果，力求真实地呈现人口与经济运行的关系和内在逻辑。全书内容翔实，涉古论今，中西对比，以大量数据和案例呈现事实、得出结论，图文并茂，易学易懂，且具创新性，对中国人口经济学的发展有重要意义。此外，本书每章附有内容提要和学习要点，能够帮助读者更快捷、更全面地掌握人口经济学的专业知识。

本书既可以作为人口经济学理论和实践工作者的研究参考书，也可以作为广大爱好者自学人口经济学的重要参考读物。

图书在版编目(CIP)数据

人口经济学 /魏下海主编. —北京：科学出版社，2015
当代人力资源管理系列教材

ISBN 978-7-03-043564-4

Ⅰ.①人… Ⅱ.①魏… Ⅲ.①人口经济学-教材 Ⅳ.①C92-05

中国版本图书馆 CIP 数据核字（2015）第 044869 号

责任编辑：王京苏／责任校对：钟 洋
责任印制：赵 博／封面设计：蓝正设计

科学出版社出版
北京东黄城根北街 16 号
邮政编码：100717
http://www.sciencep.com
北京凌奇印刷有限责任公司印刷
科学出版社发行 各地新华书店经销
*
2015 年 6 月第 一 版 开本：787×1092 1/16
2025 年 1 月第九次印刷 印张：12
字数：284 000

定价：28.00 元

(如有印装质量问题，我社负责调换)

主 编 简 介

魏下海，男，1977 年出生于福建，毕业于南开大学经济学院，劳动经济学博士，第八届中国人口学会理事会人口经济专业委员会委员，广东省高校“千百十人才培养工程”第八批省级培养对象。现为华南师范大学经济与管理学院副教授，经济研究所所长。长期从事人口经济学、劳动力市场、收入分配等领域研究，近年来在 *Journal of Comparative Economics*、《经济研究》、《管理世界》、《世界经济》等权威和重要期刊发表论文几十篇，出版学术专著 1 部，多篇文章被《中国社会科学文摘》、人大报刊复印资料全文转载，主持国家社会科学基金、教育部人文社会科学项目、广东省哲学社会科学项目等多项，获得第六届中国人口科学优秀成果奖一等奖，成果亦受到《中国社会科学报》、《凤凰周刊》、《东方早报》等媒体报纸的重点报道和转引。

Series Preface 丛书序

人力资源管理是企业管理的重要职能，与财务管理等其他职能管理相比，人力资源管理的效果会更多地受到雇员主观能动性的影响，因而具有更大的不确定性。这需要人力资源管理者充分理解雇员个性的多样性，根据雇员不同的需求特点，设立具有针对性的激励制度和约束机制，最大限度地激发雇员的工作热情和工作潜能，以实现雇员利益目标和组织绩效目标的一致。人力资源管理者绝不仅仅是企业绩效的追求者，同时也一定是雇员利益的守护者。

与土地、资本、技术等企业生产要素相比，知识的重要性越来越突出，知识管理已成为人力资源管理的重要内容。设计知识创新机制、实现企业知识编码、构建知识共享平台是人力资源管理者面临的重要任务。这需要将人力资源管理的重点从绩效管理拓展到创新管理、从雇员的工作技能管理拓展到雇员的学习能力培养。人力资源管理者不仅是监督者，同时也应该是教育者。

与作业管理等需要严格的时间控制和空间界限的管理活动相比，人力资源管理具有长期性和渗透性。价值观、行为模式、道德规范等企业文化要素对人力资源管理制度的设计和人力资源管理活动的效果发挥着关键的作用。企业文化的设计与修炼、传承与发展是人力资源管理者的重要责任。只有升华雇员的社会责任、提高企业的信用资本，人力资源管理才能达到维持企业持续经营的长远目的，才能实现企业提高社会福利的使命和愿景。

人力资源管理是华南师范大学经济与管理学院重要的教学和科研领域，长期以来，一批年富力强的中青年教师在该领域辛勤耕耘，取得了可喜的成果。在科学出版社的精心组织下，学院组织力量撰写了这套丛书，试图反映人力资源管理的主要内容以及人力资源管理的新趋势，并就教于同行专家和社会各界人士。

彭璧玉

2015年1月19日于广州

Foreword
前 言

人口和劳动力是决定一个国家持续发展的长期性因素。过去的30余年，中国年轻的人口结构和丰裕的劳动力供给对其“经济奇迹”有着决定性作用。然而时至今日，中国人口与经济关系正在步入一个关键的转折期，“刘易斯转折点”的到来、人口红利的衰竭、老龄化问题的加剧，以及劳动力市场的深刻转型，更是给未来发展增添了潜在风险。因此，在“新常态”下如何正确认识人口-经济关系格局变化，并顺应经济发展阶段的新要求，未雨绸缪，积极寻求应对之策，对于中国经济未来发展至关重要。正是基于这一背景，本书系统总结近年来国内外人口经济学的最新研究成果，力求真实地呈现人口与经济运行的关系和内在逻辑。

本书由魏下海担任主编，金钊、王临风担任副主编。在本书成稿过程中，下列同学在资料搜集和校对工作中付出了辛勤劳动：蓝嘉俊、钟粤俊、谭卓睿、廖慧玲、杨小蝶、张文慧、张晓燕，在此对他们表示感谢。

人口经济学本身是一个不断向前发展和日益完善的知识体系。随着时代变迁和经济社会的发展，诸多的理论和现实问题有待进一步探讨和研究。受限于编者的知识储备和专业水平，书中难免存在不足之处，欢迎专家学者和广大读者批评指正。

最后，感谢科学出版社的张宁编辑为本书的顺利出版所作的努力。

编 者

2015年3月

Contents

目录

HAPTER 1

第一章 绪 论

[内容提要]

本章主要介绍什么是人口经济学，以及人口经济学研究的内容与任务，并列举人口经济学研究的常用资料来源。

[学习要点]

1. 熟悉人口经济学研究的常用资源；
2. 熟悉人口经济学的定义及相关概念；
3. 对人口经济学的研究内容及任务有清楚的认识。

第一节　人口经济学概述

一、人口经济学学科简介

“人口经济学”一词是由英国经济学家 W.B.雷德韦（W.B.Reddway）于 1939 年在《减少人口经济学》一书中首次提出的，他在书中分析了人口增长率下降所产生的经济后果。

人口经济学是一门新兴的交叉学科，属于经济学的范畴，主要考察人口与经济在人类社会各个发展阶段的关系，对人口经济规律加以阐明。人口经济学研究着眼于人口与经济的相互作用，也就是说，一方面要考察人口变化对经济的影响；另一方面也要关注经济变化对人口的影响，从而深刻揭示人口与经济之间的动态关系及规律。这反映了人口经济学既不同于主要研究经济关系及活动规律的传统经济学，也不同于主要研究人口过程及规律的人口学，而是介于两者之间的交叉学科。[①]

第二次世界大战以后，人口经济学作为一门独立的学科得以形成和发展，不同时期对人口经济学的研究范围和定义的表述有所差别。W.B.雷德韦为《张伯伦百科全书》撰写的词条“人口经济学”（economics of population），对人口经济学的定义是：“这个课题必须从下边两个不同方面去进行考察，而这两个方面常常被混淆。第一，在某一时点上，一个大的人口群体或一个小的人口群体的经济效应；第二，在一定时期内，一个正在增长的人口群体或一个日渐减少的人口群体的作用。对于上述两种情况，人们应从单独一个国家的角度考察人口的作用。对于第一种情况，人们也需要区分‘大’和‘小’的两个词的不同含义。除非考察的标准是给定的，否则上述两个词是难以理解的。这样人们可以看到，与其他国家相比较，比利时的人口相当少，但与其面积相比却是相当多。”而美国著名的人口经济学家 J.L.西蒙（J.L.Simon）则认为：“人口经济学是一门地道的经济学科。人口研究中最重要的现象是人口规模的变化，因为人口规模的变化会影响可供人们利用的资源。”日本人口经济学家大渊宽提出：“人口经济学是研究人口变量群和经济变量群的多元的相互依存关系的体系，同时人口变量群和经济变量群内部也存在相互依存的关系。”日本人口学界的泰斗南亮三郎也指出：“人口经济学理论是研究人口与经济的关系。”我国学者张纯元认为：“人口经济学研究人口经济关系，阐明人口经济运动过程中人口与经济相互关系及其变化的客观规律，即人口经济规律。”[②]

二、人口经济学相关概念[③]

人是自然界中一种高级生物，具有自然和社会两种属性。其中，人的自然属性是人的非本质属性，人的社会属性是人的本质属性，是人与动物的根本区别。

人口是指在一定的时间、地区和社会生产方式下，具有一定数量、构成社会生活主体的

---

①向洪，张文贤，李开兴，等. 1994. 人口科学大辞典. 成都：成都科技大学出版社.

②彭松健. 2014. 现代西方人口经济学教程. 北京：北京大学出版社；李通屏. 2008. 人口经济学. 北京：清华大学出版社.

③向洪，张文贤，李开兴，等. 1994. 人口科学大辞典. 成都：成都科技大学出版社.

能实现其生命活动的人所组成的社会群体。

人口具有自然和社会的二重属性。两种属性相互依存、渗透与制约。人口的自然属性是指人口总体中个人所表现出来的生物的与生理的特性。人口社会属性的特征有三点：①群体性。历史表明，人类生存和发展过程中的活动单位是群体而不是个人。②动态性。首先，人口是不断变化的，其构成个体不是固定不变的；其次，人口在个体不断变化的过程中又保持着整体的相对稳定。③社会遗产的继承性。数千年来，人在不断的社会遗产继承中前进，人类历史也在这种过程中延续。

人口的评价指标主要有人口数量和人口质量。人口数量是指人口中所包含的个体的数量。人口质量主要是指人口构成和人口聚合力。影响人口质与量的因素很复杂，其中以生产方式为主。同时，人口这两个维度的指标的变化也会对社会及经济发展造成影响。

人口数量的变动对经济发展有很大影响。其影响程度主要取决于这种变化是否符合国民经济发展的需求。如果适应需求，就能促进经济的发展，反之，就会阻碍经济的发展。人口质量变动也会影响经济的发展。当代人口质量的重要标志是教育水平和科学技术发展水平。文化教育程度和科学水平对经济发展的影响已为我们所熟知。人口质量在更高的程度上制约着经济的发展。[①]

三、人口经济学的研究任务[②]

人口经济学的研究任务主要有三个方面的内容。

（1）研究人口运动过程和经济运动过程的相互关系。我们不仅要分析经济运动过程对人口运动过程的影响，还要分析人口运动过程对经济运动过程的影响。

（2）研究人口生产和物质资料生产的内在联系。人口生产和物质资料生产都是以人为主体、为自身的生存和发展而进行的生产活动，但两者之间又有各自不同的性质和特点，须保持一定的比例关系。

（3）通过研究人口变化与经济发展之间的相互关系，确定使人口经济过程协调发展的战略，并科学地预测和设计出一种人口经济的发展模式。这样的预测有七个方面的内容：①预测现有人口生产时对物质生活水平的需求程度；②预测现有生产规模和生产条件下对劳动力数量和质量的需求程度；③预测现代化过程中扩大再生产所需要的劳动力数量和质量；④预测第三产业服务部门所需要的各类人员数量和质量；⑤预测因受客观经济条件的变化而影响人类自身生产情况的变化，即人口出生率、性别结构、年龄结构的变化；⑥预测人口质量对经济发展的影响；⑦揭示人类社会发展的各个阶段的人口经济规律。

总之，人口经济学是以人口和经济的相互关系为出发点，以人口经济规律为主线，以确定经济适度人口为目标，以人力资源的开发和利用为核心，以人口价值理论为基础，把人口经济学的全部内容贯穿起来而形成的一门科学。[③]

本书共分十章。第一章绪论，主要介绍了人口经济学的概念、研究任务和资料来源。第

---

①彭松健. 2014. 现代西方人口经济学教程. 北京：北京大学出版社.

②彭松健. 2014. 现代西方人口经济学教程. 北京：北京大学出版社；李通屏. 2008. 人口经济学. 北京：清华大学出版社.

③向洪，张文贤，李开兴，等. 1994. 人口科学大辞典. 成都：成都科技大学出版社.

二章人口自然变动与经济发展，介绍了人口自然变动的相关概念、人口转变类型和阶段性、人口变动与特征事实，讨论了人口自然变动与经济发展的关系和事实真相。第三章人口结构转变与经济发展，介绍了关于人口结构的类型和相关指标，运用相关指标分析了目前世界和中国的人口年龄结构及性别结构状况，并进一步讨论了中国人口结构转变对经济发展的影响，详细分析了日本人口老龄化与“失去的十年”的影响，以及欧洲人口老龄化与“欧债危机”之间的关系。第四章人口红利与经济发展，介绍了人口红利的相关概念和人口红利如何度量，讨论了中国人口红利的形成、发展与消散，详细分析了人口红利对经济增长、实际汇率和国际收支的影响，最后讨论了中国人口红利产生与消散对中国经济的影响，并提出人口红利告罄后的经济增长模式的选择。第五章人口质量、人力资本与经济发展，介绍了人口质量、人力资本的相关概念，探讨了人力资本、技术进步对经济增长的影响机制，并列举了国内外的相关案例。第六章人口城市化与经济发展，介绍了人口城市化的一些概念，讨论了人口城市化的发展历程，包括历史轮廓、世界人口城市化的现状和特征，以及当今中国城市化的发展阶段和特征，并阐述了人口城市化对经济发展的影响。第七章是人口分布迁移与经济发展，首先介绍了一些关于人口迁移的基本概念和度量指标，进而运用相关指标分析了中国国际和国内人口迁移的现状，讨论了人口迁移对经济发展的影响。第八章人口产业、行业结构与经济发展，介绍了产业的概念和分类、三次产业结构演变的规律，以及中国三次产业结构的变化和现状，并对人口的行业分布与结构变化，以及不同国家进行比较。第九章人口变动与劳动就业，介绍了人口与劳动就业的相关概念、我国劳动力市场格局和我国失业率的变化和原因，分析了“刘易斯转折点”来临对我国经济发展的影响，以及劳动力成本的变动和比较。第十章微观人口经济行为分析，分别介绍了婚姻、生育的经济行为，以及家庭的演变，讨论了中国家庭结构的现状、演变和影响。

第二节　人口经济学常用资料来源

人口经济学常用资料来源主要包括人口普查资料、全国人口 1%的抽样调查资料、与人口有关的社会经济调查、人口经济学跨国数据等。

一、人口普查资料

人口普查（population census）是一国或地区在特定的时点上，对其境内人口以及与人口有关的社会、经济、文化等状况，进行登记调查，并将资料收集、汇总、评价、分析与发表的全过程。人口普查的资料具有重要的作用和意义，它反映了一国重要的国情国力，是提供全国基本人口数据的主要来源，查阅该资料是搜集人口资料的最基本的科学方法，目前在世界各国已被广泛采用。

国际上公认的现代人口普查始自 1790 年的美国。中华人民共和国成立之后，共进行了 6 次现代意义上的人口普查，分别为 1953 年、1964 年、1982 年、1990 年、2000 年和 2010 年。登记项目分别为“一普”6 项、“二普”9 项、“三普”19 项、“四普”21 项、“五普”49 项，“六普”53 项。我国第六次全国人口普查以 2010 年 11 月 1 日零时为标准时点进行，普查对象为普查标准时点在中华人民共和国境内的自然人以及在中华人民共和国境外但未定居的中国公民，不包括在中华人民共和国境内短期停留的境外人员，但是，这次普查首次将居住在我国境内的港、澳、台居民和外籍人员纳入普查范围。此次普查的目的是查清 2000 年以来我国人口数量、结构、分布和居住环境等方面的变化情况，为科学制定国民经济和社会发展规划，统筹安排人民的物质和文化生活，实现可持续发展战略，构建社会主义和谐社会，提供真实准确、完整及时的人口统计信息支持。根据此次普查资料，全国总人口为 1 370 536 875 人，年平均增长率为 0.57%。

二、全国人口 1%的抽样调查资料

人口抽样调查是按照随机原则，从人口总体中抽取一部分作为样本进行调查，并根据调查结果来判断总体标志总量的一种非全面调查。它是人口调查的重要方法之一，具有两个重要的特点：一是抽样时必须遵循随机的原则；二是在一定的概率下，根据样本指标推断说明总体。我国曾经在 1987 年、1995 年和 2005 年进行过 3 次 1%人口抽样调查，并将在 2015 年开展第 4 次 1%人口抽样调查。

根据《全国人口普查条例》规定，国务院决定于 2015 年开展全国 1%人口抽样调查，目的是了解 2010 年以来我国人口在数量、素质、结构、分布以及居住等方面的变化情况，为制定国民经济和社会发展规划提供科学准确的统计信息支持。

三、与人口有关的社会经济调查

除了人口普查和抽样调查数据外，还有很多微观个体的数据也是研究的主要来源。下面我们就分别介绍几个常用的数据库。

（1）CHIPS（Chinese Household Income Project Survey），中国居民收入调查，是为了追踪中国收入分配的动态情况，由中外研究者共同组织的关于“中国收入和不平等研究”的组成部分，并且在国家统计局的协助下完成。中国居民收入调查（CHIP）已经相继在 1988 年、1995 年、2002 年和 2007 年进行了四次入户调查。该项目的参与者和其他学者分别对这四次调查数据进行详细介绍：1988 年的调查（Eichen 和 Zhang）；1995 年和 2002 年的调查（Li、Luo、Wei 和 Yue）；2007 年的调查（Luo, Li, Sicular, Deng 和 Yue）。[①]所有的 CHIPS 数据均包含针对城镇和农村住户的调查。随着农村劳动力向城镇迁移的现实意义日益重要，在 2002 年的调查中增加了对流动人口的调查内容。2007 年的调查也采用了同样的方法，由三个部分组成：城镇住户调查、农村住户调查和流动人口调查。

（2）CHARLS（China Health and Retirement Longitudinal Study），中国健康与养老追踪调查，旨在收集一套代表中国 45 岁及以上中老年人家庭和个人的高质量微观数据，用于分析我国人口老龄化问题，推动老龄化问题的跨学科研究。CHARLS 全国基线调查于 2011 年开展，覆盖全国 150 个县级单位、450 个村级单位、约 1 万户家庭中的 1.7 万人。此后，每两年追踪一次这些样本，调查结束一年后，数据将对学术界公开。

①参见 www.ciidbnu.org/chip.

CHARLS 的问卷设计参考了国际经验，包括美国健康与退休人员调查（HRS）、英国老年追踪调查（ELSA），以及欧洲的健康、老年与退休人员调查（SHARE）等。问卷内容包括：个人基本信息，家庭结构和经济支持，健康状况，体格测量，医疗服务利用和医疗保险，工作、退休和养老金、收入、消费、资产，以及社区基本情况等。

（3）CLHLS（Chinese Longitudinal Healthy Longevity Survey），全国老年人口健康状况调查，又称为中国老人健康长寿影响因素调查，研究于 1998 年正式启动，在国际科研项目招标的激烈竞争中获胜，得到美国老龄研究院资助，并有北京大学的配套投入。该项目于 2001 年经我国卫生部推荐，全国哲学社会科学领导小组批准为国家社会科学基金资助的国家特别委托项目；2002 年获联合国人口基金(UNFPA)资助；2004 年 12 月得到国家自然科学基金与香港研究资助局（RGC）的资助；德国马普研究院人口研究所在人员培训与国际研讨会方面提供了资助。该项目 2008 年及之前的调查工作由美兰德信息公司执行，2008 年以后由中国疾病预防控制中心执行。该项目由北京大学中国经济研究中心教授、杜克大学教授、北京大学老龄健康与家庭研究中心主任曾毅主持。

（4）CHNS（The China Health and Nutrition Survey），中国健康与营养调查，是中国疾病预防控制中心营养与食品安全所（原中国预防医学科学院营养与食品卫生研究所）和美国北卡罗来纳大学人口中心合作的追踪调查项目，其目的是探讨中国社会的经济转型和计划生育政策的开展对国民健康与营养状况的影响。该调查始于 1989 年，迄今为止共进行了七次，分别是 1989 年、1991 年、1993 年、1997 年、2000 年、2004 年和 2006 年，其范围覆盖了全国 9 个省（自治区）的城市和农村地区，内容涉及人口特征、经济发展、公共资源和健康指标。除此之外，还有详细的社区数据，包括食品市场、医疗机构和其他社会服务设施的信息。

（5）CGSS（Chinese General Social Survey），中国综合社会调查，是中国第一个全国性、综合性、连续性的大型社会调查项目，从 2003 年开始至今，每年一次，对全国范围内的 1 万多户家庭中的个人进行调查。CGSS 数据及其他调查资料向全社会开放，其数据在国内外产生了重大影响，被视为研究中国最重要的数据来源之一。CGSS 通过定期、系统地收集中国人口与社会各个方面的数据，总结社会变迁的长期趋势，探讨具有重大理论和现实意义的社会议题，推动国内社会科学研究的开放性与共享性，为国际比较研究提供了数据资料。

（6）CFPS（China Family Panel Studies），中国家庭追踪调查，由北京大学中国社会科学调查中心（ISSS）实施，旨在通过跟踪收集个体、家庭、社区三个层次的数据，反映中国社会、经济、人口、教育和健康的变迁，为学术研究和公共政策分析提供数据基础。该项目采用计算机辅助调查技术开展访问，以满足多样化的设计需求，提高访问效率，保证数据质量，资助来自北京大学“985 工程”。

四、人口经济学跨国数据

除了上述数据来源之外，还有一些跨国宏观数据同样是人口经济学研究数据的重要来源，下面列举较为常用的几个。

（1）United Nations-Population Division（联合国人口署），提供诸如世界人口展望（world population prospects，WPP）、世界城市化展望（world urbanization prospects，WUP）等数据库，以及大量图文资料和专家论文。

（2）United Nations-Statistics Division（联合国统计署），提供翔实的与人口相关联的经济社会指标。

（3）World Bank Data（世界银行）公开数据，提供非常全面的世界各国发展数据，其中包括大量人口、社会、经济方面的指标。

（4）International Labour Organization（国际劳工组织），可以获取年度世界各国劳动综合统计资料，包括总人口和经济活动人口、就业、失业、工时、工资、劳动成本、工伤、罢工和关厂（绝大多数表格按主要经济活动部门分类），以及消费物价等一系列指标。

除此之外，还有很多国家的统计机构会发布各自国家的统计数据，这些都较易通过搜索引擎获取，因此在这里不一一列出。

五、几个常用的人口调查数据网址

（1）人口普查数据：http://www.stats.gov.cn/tjsj/pcsj.

（2）2005 年全国 1%人口抽样调查数据：http://www.stats.gov.cn/tjsj/ndsj/renkou/ 2005/renkou.htm.

（3）CHIPS 数据库：http://www.ciidbnu.org/chip/index.asp.

（4）CHARLS 数据库：http://charls.ccer.edu.cn/zh-CN.

（5）CLHLS 数据库：http://web5.pku.edu.cn/ageing/html/detail_project_1.html.

（6）CHNS 数据库：http://www.cpc.unc.edu/projects/china.

（7）CGSS 数据库：http://www.cssod.org/index.php.

（8）CFPS 数据库：http://www.isss.edu.cn/cfps.

（9）United Nations-Population Division 数据库：http://www.un.org/en/development/desa/population.

（10）United Nations-Statistics Division 数据库：http://unstats.un.org/unsd.

（11）World Bank Data 数据库：http://data.worldbank.org.cn.

（12）International Labour Organization 数据库：http://www.ilo.org/global/statistics-and-databases.

HAPTER 2

第二章 人口自然变动与经济发展

[内容提要]

本章阐述人口自然变动与经济发展之间的联系，首先对人口转变的类型与阶段性特征，以及人口自然变动的特征事实进行描述，然后总结有关人口与经济发展的模型及理论，并列举人口自然变动与经济发展的事实真相。

[学习要点]

1. 掌握人口自然变动的相关概念；
2. 掌握人口转变的类型及阶段性特征；
3. 了解人口变动的历史轮廓；
4. 熟悉当今人口变动的基本特征；
5. 掌握人口与经济的相关模型和理论；
6. 了解人口自然变动与经济发展的事实真相。

第一节 人口自然变动的相关概念

为了行文方便，我们首先对几个核心概念和公式进行说明，包括人口自然变动、人口数、生育率、出生率、死亡率、自然增长率等。

一、人口自然变动

人口自然变动是指由于人口的出生和死亡所引起的人口数增减的现象。在不存在人口迁移的封闭环境中，人口自然变动是引起人口增减变化的唯一因素。人口自然变动有绝对数和相对数变动之分：绝对数变动表现为一定时期内出生与死亡的差额，即人口自然增长量；相对数变动表现为一定时期内人口自然增长量与总人口之比，即人口自然增长率。它们分别从不同侧面反映人口自然变动情况。

人口变动受到两方面因素的影响：一方面是自然因素，如人口身体素质、年龄结构、生育机能、性别比例等，它是人口自然变动的基础；另一方面即社会因素，如政治、经济、思想文化、风俗习惯、饥荒、瘟疫、战争等，它们以人口繁衍、生育行为、婚姻关系、家庭关系等为中介，对一个国家或地区的人口变动产生重要的影响。①

二、有关人口自然变动常用指标

（一）人口数

人口数是指一定时点、一定地区范围内有生命的个人总和。统计人口数时要注意：①人口数是指一定时点的人口，是个存量指标；②统计人口数时，以当时生存的人数为准，不论何种原因已死亡者均不统计。

（二）生育率

生育率（fertility）是一种实际的、能观测到的人口再生产指标。现实中，由于观测不到的生育力和避孕行为之间的差别能够引起观测到的生育率变动，因此，要严格区别妇女生育率的生理影响和行为影响较为困难。②

测度妇女生育水平的指标有：一般生育率、年龄别生育率（某一年龄的生育率）、总和生育率等。在国际上育龄妇女指的是15~49岁的妇女。

1. 一般生育率

使用一般生育率法，需要掌握基期49岁以下分年龄的妇女人数、相应的分年龄妇女的子女存活率和基期育龄妇女一般生育率的资料。一般生育率法预测的公式是：

$$\text{一般生育率}=\frac{\text{一年内出生的活婴数}}{15\sim49\text{岁妇女数}}$$

---

①向洪，张文贤，李开兴，等. 1994. 人口科学大辞典. 成都：成都科技大学出版社.

②约翰·伊特韦尔，默里·米尔盖特，彼得·纽曼，等. 1996. 新帕尔格雷夫经济学大辞典. 第四卷. 陈岱孙等译. 北京：经济科学出版社.

一般生育率法将育龄妇女作为一个总体来对待，忽略了育龄妇女年龄构成对一般生育率水平的影响。因为一般生育率的水平不仅取决于分年龄生育率水平，也取决于育龄妇女内部年龄构成。在实际人口预测和统计工作中，较少使用一般生育率法。

2. 年龄别生育率

$$某一年龄的生育率 = \frac{一年内该年龄妇女生育的活婴数}{该年龄妇女数}$$

3. 年龄别生育率与一般生育之间的关系

$$一般生育率 = \sum_{x=15}^{49} F_x \frac{W_x}{W_{15-49}}$$

式中，x 为年龄；F_x 为 x 岁妇女的年龄别生育率；W_x 为妇女数；$W_{15\sim49}$ 为 15~49 岁妇女数。

从公式中可以看出影响生育率的有两个因素，一个是年龄别生育率，另一个是妇女的年龄构成。年龄别生育率越高，一般生育率也越高。年轻妇女比重越大，生育率越高。由于存在年龄结构的影响，不同地区和不同人群之间不可以直接用生育率这一指标比较生育水平的高低。

4. 总和生育率

总和生育率（total fertility rate，TFR）是一个合成指标，即把所有年龄别生育率相加，它表示每个妇女从 15 ~ 49 岁时生育孩子的总数。计算公式为

$$总和生育率 = 分年龄段妇女生育率之和 = \sum_{x=15}^{48} F_x = \sum_{x=15}^{48} F_x$$

目前国际通行的标准是，总和生育率为 2.1 即达到了生育更替水平（replacement level）。所谓生育更替水平，是指同一批父母生育子女的数量恰好能替代她们本身。一旦达到生育更替水平，出生率和死亡率将逐渐趋于均衡，在没有国际迁入或迁出的情况下，人口最终将停止增长，保持一个稳定状态。

总和生育率在理论上近似于妇女的终生生育率，总和生育率与一般生育率的差别在于其消除了年龄结构因素的影响，因此在不同地区和不同人群之间可以用这一指标进行生育水平比较。

（三）出生率

出生率，也称为粗出生率（crude birth rate，CBR），是指某一地区人口在一定时期内（通常是一年）活产婴儿数与同期总人口的生存人年数之比，一般用千分比表示。

在实际统计中，由于资料所限，计算总人口在该时期内的生存人年数比较困难，所以常用年平均总人口（或者年中人口数）代替生存人年数作分母计算，即

$$出生率 = \frac{出生人口数}{年平均总人口} \times 1000‰$$

优点：计算简便，所需资料易得，能比较准确地反映生育对人口总量增长的影响，因而是计算人口自然增长率的重要组成部分。

局限性：作为分母的人口数并不全都与出生人数有必然联系，出生率的高低通常受生育率水平和年龄结构两方面的影响。一般而言，老人和少儿与生育无关，男性人数与生育关系不大。因此，在分析比较不同时期或不同地区的出生率时，要注意所比较的资料中人口年龄

结构或性别结构是否一致，若不一致则可先标准化后再作比较。因此，这样的“粗出生率”在统计中有时意义不足，需辅以“生育率”指标补充说明。

（四）死亡率

1. 死亡率

死亡率，也可称为粗死亡率（crude death rate，CDR），是指某地某年平均每千人口中的死亡数，反映当地居民总的死亡水平。计算公式为

$$死亡率=\frac{死亡人口数}{年平均总人口}\times 1000‰$$

优点：计算简便，所需资料易得，能比较准确地反映死亡对人口总量增长的影响，因而是计算人口自然增长率的重要组成部分。

局限性：由于粗死亡率没有考虑到人口年龄结构、性别结构的影响，在比较不同国家和地区死亡水平差异时，简单用粗死亡率有时是不全面和不真实的。例如，一些经济较发达的国家和地区（欧洲、北美洲、日本、澳大利亚、新西兰）的死亡率比发展中国家或最贫穷国家还要高，其主要原因在于前者人口老龄化十分严重。就此而言，死亡率的高低并不能真实反映医疗卫生水平的国别差异。

2. 年龄别死亡率

由于不同年龄段的死亡率不同，更细致的指标是年龄别死亡率，计算公式为

$$某一年龄的死亡率=\frac{一年内该年龄死亡人口}{该年龄人口数}$$

3. 标准化死亡率

标准化死亡率是按标准人口年龄结构计算的死亡率，是用同一年龄构成作为权数来计算不同地区、不同时期的死亡率。人口年龄结构是影响死亡率的重要因素之一，不同地区的人口年龄结构不同，为了消除人口年龄结构不同所导致的死亡率差异，须把各地区死亡率折算成标准化死亡率，然后才能进行比较，具体计算方法参考例题 3。

（五）自然增长率

计算公式为

$$自然增长率=出生率-死亡率=\frac{出生人口数-死亡人口数}{年平均人口数}$$

式中，年平均人口数指的是一年内各天人口数的平均数，但是在实际工作中，年平均人口是使用下面的方法来计算的：

$$年平均人口数=\frac{年初总人口数+年末总人口数}{2}$$

三、例题应用[①]

例题 1： 假如某地妇女生育水平如表 2-1 所示，试计算一般生育率、15~49 岁妇女生育率、总和生育率。

①叶健夫，彭启鹏，马建. 2002. 人口普查资料开发利用方法与技术. 广州：中山大学出版社.

表 2-1　某地妇女生育水平

年龄	妇女人数/人	生育数/个	年龄别生育率/‰
15 岁	1 226	1	0.8
16 岁	1 047	6	5.8
17 岁	1 086	12	11.1
18 岁	1 111	32	28.8
19 岁	1 025	76	73.2
20 岁	916	120	111.2
…	…	…	…
49 岁	516	0	0
合计	26 455	1 544	

解：

$$一般生育率=\frac{1544}{26455}=58.3‰$$

$$15\ 岁妇女生育率=\frac{1}{1226}=0.8‰$$

$$16\ 岁妇女生育率=\frac{6}{1047}=5.8‰$$

$$17\ 岁妇女生育率=\frac{12}{1086}=11.0‰$$

$$\vdots$$

$$49\ 岁妇女生育率=\frac{0}{516}=0‰$$

$$总和生育率=0.008+0.0058+0.0111+0.0288+\cdots+0\approx1.7309$$

例题 2：假如某地区某年的年初总人口为 110 万人，年底总人口为 111 万人，年内出生 1.5 万人，死亡 0.5 万人，求该地区 2000 年的人口出生率、死亡率和自然增长率。

解：

$$年平均人口=\frac{110+111}{2}=110.5（万人）$$

$$出生率=\frac{1.5}{110.5}\times1000‰=13.57‰$$

$$死亡率=\frac{0.5}{110.5}\times1000‰=4.52‰$$

$$增长率=13.57‰-4.52‰=9.05‰$$

例题 3：假如 A、B 两地的各年龄的人口与死亡人口如表 2-2 所示，求以 A 地为标准的标准死亡率。

表 2-2　A、B 两地各年龄人口与死亡人口情况

年龄	A			B		
	人口/万人	死亡/人	死亡率/‰	人口/万人	死亡/人	死亡率/‰
0~19 岁	100	500	0.5	75	400	0.53
20~59 岁	200	2 000	1	100	1 250	1.25
60 岁以上	100	10 000	10	25	4 000	16
合计	400	12 500	3.13	200	5 650	2.83

解：从表 2-2 中可以看出，A 地的人口年龄结构是 0 ~ 19 岁占 25%，60 岁以上占 25%。B 地以 A 地的年龄结构调整计算：得出期望死亡人口为 9517 人，死亡率为 4.76‰（表 2-3）。

表 2-3 以 A 地为标准的 B 地人口死亡率情况

年龄	以 A 地为标准的人口/万人	以 A 地为标准计算的死亡人口/万人	期望死亡人口/人
0~19 岁	0.25×200	50×0.0053	267
20~59 岁	0.50×200	100×0.125	1250
60 岁以上	0.25×200	50×0.1600	8000
合计	200		9517

第二节 人口转变类型和阶段性①

人口转变是人口再生产行为的特定变化，描述人口再生产类型从传统模式向现代模式转变的趋势。在传统社会中，通常表现为高出生率、高死亡率，高死亡率意味着平均预期寿命短，而在高度现代化社会中，通常是低出生率、低死亡率，低死亡率意味着平均预期寿命长。下面介绍几个与人口转变相关的人口再生产模型。

一、三阶段模型

三阶段模型的代表人物是 F. W. 诺特斯坦，他在《人口——长远观点》（1845 年）一文中提出人口转变的三阶段模型，可由图 2-1 表示。

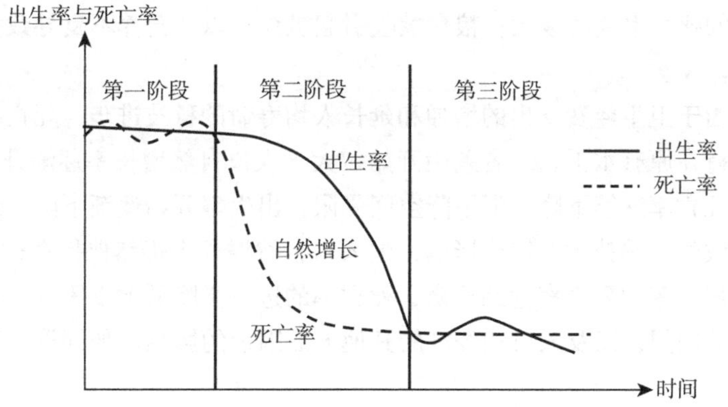

图 2-1 F. W. 诺特斯坦人口转变三阶段模型

第一阶段：高出生率、高死亡率。此阶段为人口转变增长（transitional growth）尚未开始的阶段，可称为人口高增长潜力的转变前期。此时，出生率和死亡率都保持在高水平上，而高死亡率有时围绕高出生率而上下波动。

①李竞能. 2004. 现代西方人口理论. 上海：复旦大学出版社.

第二阶段：高出生率、低死亡率。此阶段的人口处于转变过程中。死亡率和出生率都已开始下降，但二者下降的速度不同，整个过程的人口自然增长率由高逐渐降低。

第三阶段：低出生率、低死亡率。此阶段业已完成人口转变。此时，出生率和死亡率都下降到很低水平，死亡率相对稳定。

二、四阶段模型

四阶段模型的代表学者是金德伯克（C. P. Kindelberger）、赫里克（B. Hewlck），他们将与经济发展密切关联的人口转变划分为四个阶段。如图 2-2 所示。

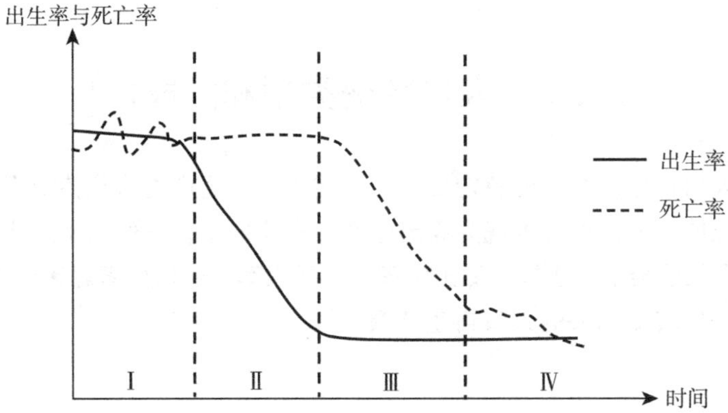

图 2-2　人口转变四阶段模型

第Ⅰ阶段：出生率和死亡率都很高，人口再生产虽未达到生理学上的极限，但是大体上不受控制，每年的死亡率变动极大；粮食歉收引起饥荒，以及营养不良导致抗病能力降低，因而死亡率较高。

第Ⅱ阶段：由于卫生经费支出的增加和延长人均寿命的科技进步，死亡率开始下降，同时出生率继续保持在原有水平，二者差距开始拉大，人口自然增长率逐渐升高。

第Ⅲ阶段：死亡率继续下降，但下降空间受限；出生率开始逐渐下降，反映了包括城市化、教育和更有效的避孕技术的综合影响，但人口自然增长率仍然保持在较高水平。

第Ⅳ阶段：出生率和死亡率达到均衡，死亡率的进一步降低愈发困难。低出生率反映着人们建立小家庭的期望，以及人口和经济的其他方面因素的影响。如同第一阶段一样，人口增长率又一次接近零。

三、五阶段模型

根据英国学者布莱克（C.P.Blacker）的观点，人口转变可划分为五个阶段（图 2-3）。

第 1 阶段，高位静止阶段，即 HS（high stationary）阶段，出生率和死亡率都很高，并达到均衡，人口增长处于静止状态。

第 2 阶段，早期扩张阶段，即 EE（early expanding）阶段，死亡率先于出生率下降，人口增长逐渐加速。

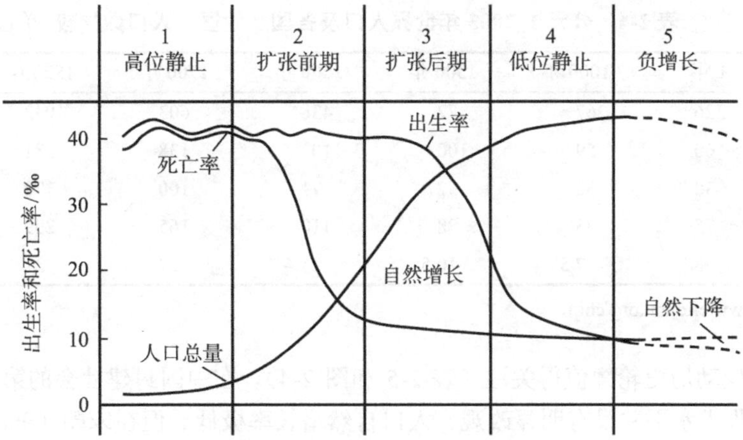

图 2-3　经典人口转变模型

资料来源：http://hs-geography.ism-online.org/2010/09/07/the-demographic-transition-model/

第 3 阶段，后期扩张阶段，即 LE（late expanding）阶段，死亡率继续下降并达到低水平，出生率也开始下降，人口增长扩张至最快，而后减速。

第 4 阶段，低位静止阶段，即 LS（low stationary）阶段，死亡率和出生率先后降至低水平并重新达到均衡，人口增长再次处于静止状态。

第 5 阶段，减退阶段，即 D（diminishing）阶段，出生率继续下降并开始低于死亡率，人口呈现负增长状态。

其中，第 1、第 2 阶段类似传统型，第 3 阶段类似过渡型，第 4、第 5 阶段类似现代型。目前多数发展中国家处于第 3 阶段，多数发达国家属于第 4 或第 5 阶段。

第三节　人口变动与特征事实

一、回眸人口变动的历史轮廓[①]

在过去的两千年中，世界人口发展和变动态势并不均匀。根据英国著名史学家麦迪森测算，公元 1~1000 年，世界人口数基本保持在 2.5 亿人左右，公元 1000 年以后，总人口数开始上升，至公元 1500 年总人口数为 4.38 亿人，1500~1820 年，世界人口总数激增，至 1820 年已突破 10 亿人。表 2-4 提供了世界人口及各国粗略对比。

从人口预期寿命看，在公元 1000 年时，世界人口平均预期寿命大约为 24 岁，与纪元开始比并没有明显提高。到 1820 年时，平均预期寿命提高到大约 26 岁。显然，在 1820 年以前，人口预期寿命并无多少改观。但从 1820 年到 1999 年，世界平均预期寿命显著地从 26 岁提高到 66 岁。

① 安格斯・麦迪森. 2011. 中国经济的长期表现（修订版）. 伍晓鹰，马德斌译. 上海：上海人民出版社.

表 2-4 公元 1~2003 年世界人口及各国（地区）人口数比较 单位：百万人

地区	1 年	1000 年	1300 年	1500 年	1700 年	1820 年	2003 年
世界	226	267	372	438	603	1042	6279
中国	60	59	100	103	138	381	1288
欧洲	30	32	52	71	100	170	516
印度	75	75	88	110	165	209	1344
日本	3	7.5	10.5	15.4	27	31	127

资料来源：www.ciidbnu.org/chip

中国人口变动历史轮廓值得关注（表 2-5 和图 2-4）。在中国封建社会的第一个千年里，老百姓的平均收入水平并没有明显改观，人口自然增长率极低。但在宋朝（960~1279 年）得到明显改善，因为在这期间出现了新的、重要的推动力，包括农业技术的显著进步，不断发展的分工和贸易以及日益繁荣的城市经济，因此这一时期的中国经济领先世界，人口数量快速扩张。在蒙古人统治期间（蒙古人在 1234 年占领中国北方），由于蒙古人在征服中原时的大屠杀，以及流行性瘟疫的影响（同时期欧洲暴发了黑死病），人口数量下降了约 1/3。元朝末期，人口总量急剧减少。到 17 世纪中期（明朝至清朝之间），由于受奴役、天花和饥荒的共同影响，人口总量减少了约 1/5。

表 2-5 封建中国的朝代和首都城市

年份	朝代	首都
公元前 221~前 206 年	秦	咸阳
公元前 206~公元 8 年/公元 23~220 年	西汉/东汉	长安/洛阳
220~589 年分裂期	三国两晋南北朝	
589~617 年	隋	长安
618~906 年	唐	长安
906~960 年分裂期	五代十国	
960~1127 年	北宋	开封
1127~1234 年	女真（金）北方	北京
1234~1279 年	蒙古（元）北方	哈拉和林
1127~1279 年	南宋	杭州
1279~1368 年	元（蒙古）	北京
1368~1644 年	明	南京/北京
1644~1911 年	清（满族）	北京

资料来源：转引自安格斯·麦迪森. 2011. 中国经济的长期表现（修订版）. 伍晓鹰，马德斌译. 上海：上海人民出版社

纵观两千年的历史长河，世界（以及具体到不同国家）的人口自然变动经常受到持续时间长短不一的危机的冲击。这些危机主要有三类：①因粮食歉收引发的饥荒（典型例子是爱尔兰的土豆饥荒）；②流行性瘟疫肆虐（黑死病等）；③连年不断的战争或朝代更迭。当然，这三种危机事件的前因后果会在不同程度上相互交叠。

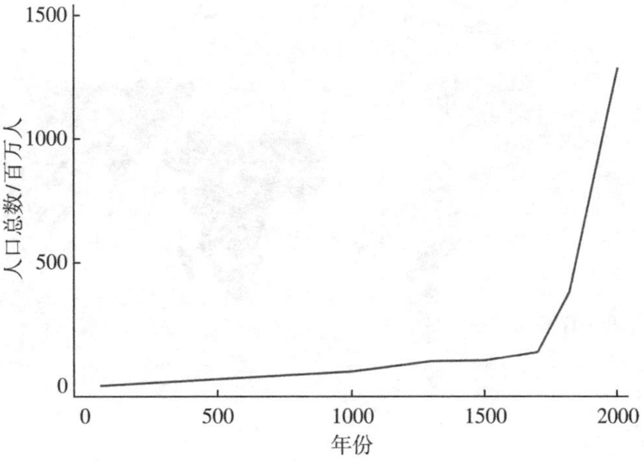

图 2-4 公元 1~2003 年中国人口变化大体趋势

二、当今人口变动的基本特征

（一）鸟瞰世界人口形势

联合国人口基金会《世界人口状况报告》统计显示，2013 年世界总人口为 71.3 亿人。其中发达国家（地区）人口为 12.5 亿人，占 17.5%，发展中国家（地区）人口为 58.8 亿人，占 82.5%。全球平均每个妇女生育 2.53 个孩子，发达国家（地区）平均每个妇女生育 1.66 个孩子，发展中国家（地区）平均每个妇女生育 2.69 个孩子。

1. 总和生育率

全世界有 62 个国家（地区）的总和生育率都未超过 2.1 的更替水平，这些国家（地区）人口占世界总人口的比重为 45%。其中有 24 个是工业化国家（地区）。根据 *World Population Prospects*: *The 2012 Revision*，目前总和生育率最低的前 10 个国家（地区）分别是：中国澳门（0.94）、中国香港（1.03）、波斯尼亚和黑塞哥维那（1.22）、韩国（1.23）、新加坡（1.26）、斯洛伐克（1.31）、匈牙利（1.33）、波兰（1.34）、罗马尼亚（1.34）、日本（1.34）。这些国家（地区）的总和生育率仅为全球平均水平的一半甚至更低，且大大低于人口再生产的更替水平（2.1）。总和生育率最高的前 10 个国家（地区）分别是：尼日尔（7.58）、索马里（7.10）、乍得（6.85）、马里（6.80）、东帝汶（6.53）、布隆迪（6.52）、刚果（6.50）、安哥拉（6.50）、乌干达（6.38）、阿富汗（6.33），总和生育率高于 6 是非洲大陆一个较为普遍的现象（图 2-5）。

虽然各个国家和地区的生育率状况不尽相同，但总和生育率下降却是一个全球性普遍趋势。自第二次世界大战以来，世界人口的总和生育率几乎呈现直线下降趋势，育龄期间每位妇女的平均生育子女数由 20 世纪 50 年代初期的 4.97 下降到 2005~2010 年的 2.53，60 年间全球平均的总和生育率下降了几近一半（表 2-6）。尽管在 1970 年前后，发展中国家（地区）妇女的平均生育率仍然为 6 个孩子左右，但从此以后，全球总和生育率已经下降到不足 3 个孩子（最不发达国家（地区）为 4.53 个）。

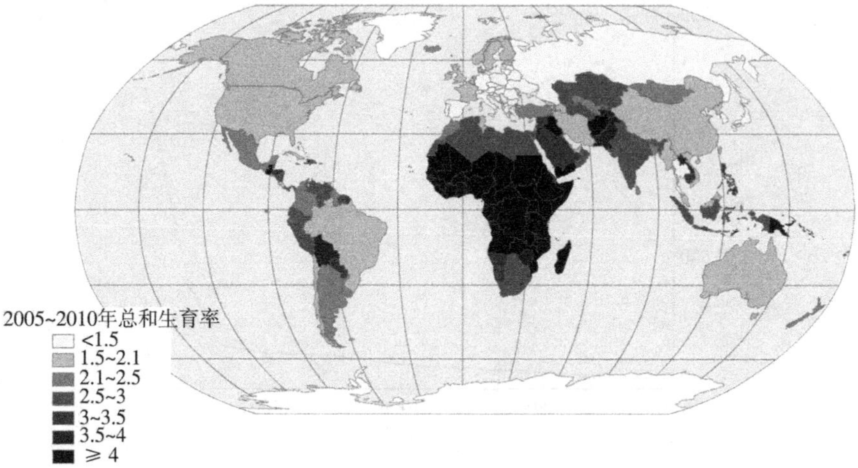

图 2-5 世界各国（地区）总和生育率示意图

资料来源：World Population Prospects: The 2012 Revision. esa.un.org/unpd/wpp/Excel-Data/population.htm

表 2-6 总和生育率 单位：个

时间	全世界	发达地区	发展中国家	其中：最贫穷国家
1950~1955	4.97	2.83	6.08	6.55
1955~1960	4.91	2.81	5.95	6.61
1960~1965	5.02	2.68	6.11	6.70
1965~1970	4.85	2.39	5.93	6.75
1970~1975	4.44	2.15	5.36	6.75
1975~1980	3.85	1.92	4.57	6.68
1980~1985	3.60	1.84	4.18	6.55
1985~1990	3.45	1.81	3.92	6.20
1990~1995	3.04	1.67	3.38	5.78
1995~2000	2.73	1.56	2.99	5.36
2000~2005	2.60	1.58	2.80	4.93
2005~2010	2.53	1.66	2.69	4.53

资料来源：World Population Prospects: The 2012 Revision. esa.un.org/unpd/wpp/Excel-Data/population.htm

低生育率具有一定程度的自愿性质。全球性生育率下降有一些共同原因，如经济增长加快，女性受教育水平提高，就业机会增多，以及在更大范围利用可靠、廉价、合法的节育控制方法。由于生育率随着时间趋于低水平（乃至更替水平之下），老龄化速度最快的国家并不是日本和意大利，而是新加坡、中国和韩国。①

2. 出生率

根据 *World Population Prospects*: *The 2012 Revision*，在过去 60 年间（1950~2010 年），全世界人口出生率普遍下降，平均值由 20 世纪 50 年代初期的 37‰下降至 2005~2010 年的 20.1‰，

①乔治·马格纳斯. 2012. 人口老龄化时代——人口正在如何改变全球经济和我们的世界. 余方译. 北京：经济科学出版社.

降幅达到 17 个千分点。不论在发达国家（地区）还是发展中国家（以及最贫穷国家），出生率下降是一个普遍趋势。区别仅在于发达地区出生率下降空间十分有限，从 22.4‰下降到 11.4‰，而发展中国家下降幅度较为明显，由 43.7‰降至 22‰，降幅超过 21‰。最贫穷国家出生率虽有所下降，但依然保持在较高水平，2005~2010 年出生率为 35‰。

需要说明的是，尽管世界人口增长近年来由于出生率大幅下降而在整体上呈显著放缓的趋势，但在一些发展中国家，尤其是在非洲地区，人口仍在快速增长。在未来 12 年里，预计全球人口将从现有的 72 亿人上升至 81 亿人，并在 2050 年达到 96 亿人。

3. 死亡率

世界人口死亡率的时间趋势基本符合人口发展规律，整体而言呈现下降趋势。但在不同国家或地区却有着不同的死亡率变化趋势，具体地，发达地区死亡率在 20 世纪 50 年代初期为 10.6‰，经由窄幅下降到 60 年代初的 9.4‰后，开始缓慢上升，到 2005~2010 年为 10‰，表现出先降后升的特征。而发展中国家和最贫穷国家，死亡率在过去 60 年时间则一直呈下降趋势，前者由 23.1‰降至 7.7‰，后者由 27.7‰降至 10.3‰（表 2-7）。

表 2-7 世界人口死亡率概括 单位：‰

时间	全世界		发达国家（地区）		发展中国家		其中：最贫穷国家	
	出生率	死亡率	出生率	死亡率	出生率	死亡率	出生率	死亡率
1950~1955	37	19.1	22.4	10.6	43.7	23.1	48.2	27.7
1955~1960	35.6	17.3	21.5	9.7	41.8	20.7	48	25.2
1960~1965	35.3	16.2	19.7	9.4	41.9	19.1	47.6	23
1965~1970	33.5	12.9	17.3	9.4	39.9	14.2	47.2	21.1
1970~1975	31.1	11.6	16	9.6	36.6	12.3	46.7	20.5
1975~1980	28.3	10.6	14.9	9.6	32.8	10.9	46	19
1980~1985	27.8	10	14.5	9.7	31.9	10.0	45.2	16.8
1985~1990	27.4	9.4	13.9	9.7	31.2	9.4	43.3	15.3
1990~1995	24.3	9.1	12.4	10	27.5	8.8	41.2	14.6
1995~2000	21.8	8.8	11.2	10.2	24.4	8.4	39.3	13.2
2000~2005	20.6	8.4	11.1	10.3	22.9	8.0	37.2	11.8
2005~2010	20.1	8.1	11.4	10	22	7.7	35	10.3

资料来源：World Population Prospects: The 2012 Revision. esa.un.org/unpd/wpp/Excel-Data/population.htm

由于死亡率不仅与经济发展和医疗状况密切相关，也会受年龄结构特征影响。所以我们可以发现一些经济发达国家和地区（欧洲、北美洲、日本、澳大利亚、新西兰等）的死亡率平均值比欠发达地区还要高，其中最主要原因在于严重的人口老龄化。

受死亡率和出生率两种变化因素的影响，世界人口自然增长率的平均值由 20 世纪 50 年代初期的 17.8‰下降到 2005~2010 年的 12‰。其中，发达国家（地区）由 11.8‰下降到 1.4‰；发展中国家则由 20.6‰下降至 14.4‰。最贫穷国家人口自然增长率的变化有所不同，1950~1980 年，人口自然增长率由 20.5‰上升到 28.5‰，随后缓慢下降到 24.7‰（图 2-6）。目前大多数最贫穷国家几乎都处于高出生率、低死亡率、高人口增长率的人口转变阶段。

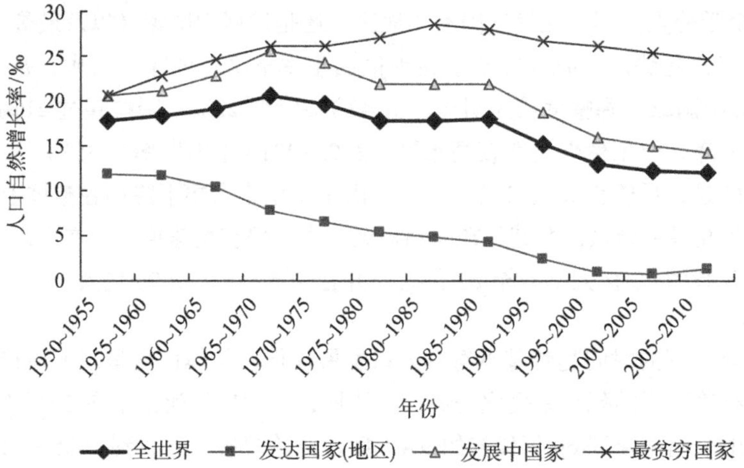

图 2-6　人口自然增长率

资料来源：World Population Prospects: The 2012 Revision. esa.un.org/unpd/wpp/Excel-Data/population.htm

4. 预期寿命

死亡率下降的直接结果便是人口预期寿命的延长。20 世纪 50 年代初期，发达国家（地区）和贫穷国家在预期寿命方面的差距十分明显。当时，发达国家（地区）平均预期寿命为 66 岁，这比发展中国家的平均预期寿命高出 60%，几乎是世界上最贫穷国家居民平均预期寿命的 2 倍。

目前，发达国家（地区）和发展中国家的人口平均预期寿命差距明显缩小。其中，发达国家（地区）人口平均预期寿命为 77 岁左右（男性 72.9 岁，女性 80.2 岁）；发展中国家的男性平均预期寿命为 63.7 岁，女性为 67 岁；最贫穷国家的男性平均预期寿命为 53.4 岁，女性为 55.8 岁。预计到 2050 年，发达国家（地区）的男女平均预期寿命将分别提高到 79 岁和 85 岁；发展中国家男女平均预期寿命将分别提高到 72 岁和 76 岁；最贫穷国家的男女平均预期寿命将分别提高到 65 岁和 69 岁。

然而，全球人口预期寿命的变化趋势并不是完全一致的。例如，南非是世界上艾滋病发病率最高的国家，在过去的 10~15 年中，预期寿命从 61 岁降低到 49 岁，预计预期寿命在 2045~2050 年之前不会回升。①

（二）中国人口发展形势

新中国成立初期，我国人口死亡率显著下降，而出生率则保持较高水平，人口呈“爆炸式”增长。在 20 世纪 60 年代前后，由于受严重饥荒的影响，我国人口变化态势呈现出明显的结构性突变，出生率急剧下降，死亡率急剧上升，人口自然增长率为负数。进入 70 年代尤其从改革开放之后，随着经济发展，居民生活水平的普遍提高，医疗条件的显著提升，加之生育政策的强力干预，我国快速地实现了人口转变，人口出生率迅速下降，死亡率和人口自然增长率亦相应下降，从过渡型发展到现代型（图 2-7）。新中国成立初期的死亡率下降和 20 世纪 70 年代末出生率的下降是两次意义非常的人口转变。如果按照国际通行标准，人口高增长与低增长的划分标准是 15‰的人口自然增长率，那么从 20 世纪 70 年代中后期开始我国

①乔治·马格纳斯. 2012. 人口老龄化时代——人口正在如何改变全球经济和我们的世界. 余方译. 北京：经济科学出版社.

人口发展进入了人口低增长时代。至此，我国人口再生产类型实现了第二次重大转变，从过渡型发展到了现代型。

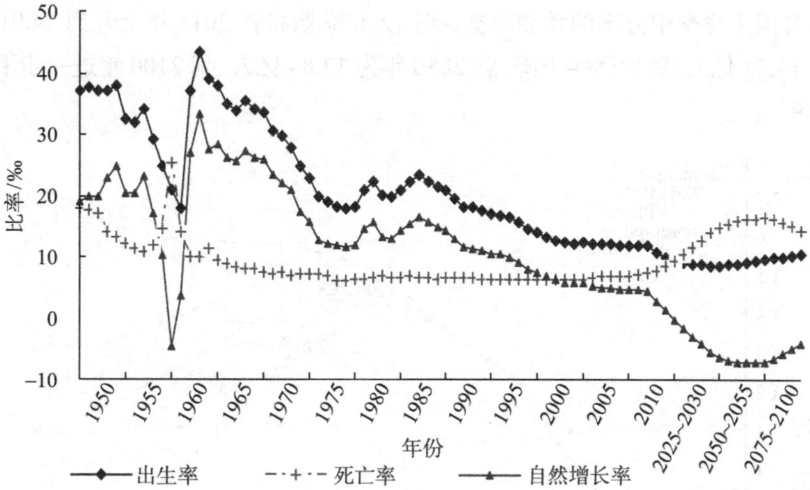

图 2-7 中国人口出生率、死亡率和自然增长率变化图（1950~2100 年）

资料来源：《中国统计年鉴 2011》、World Population Prospects: The 2012 Revision

总和生育率变动也充分体现了我国人口转变速度之快。从图 2-8 中可以看出，在 1970 年以前，我国总和生育率水平较高，平均为 5.8 左右。但是从 1970 年以后，总和生育率开始迅

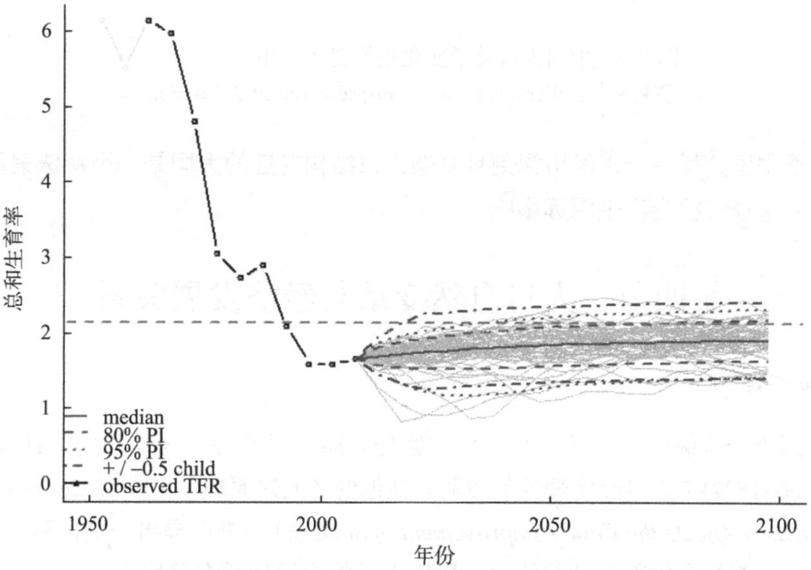

图 2-8 中国总和生育率变化趋势图（1950~2100 年）

注：图由贝叶斯分层建模生成，模型中共有 6 万条关于总和生育率的轨迹线。其中，median 表示其中位数；80%PI 为 80%渐长区间；95%PI 为 95%渐长区间；+/−0.5child 表示在中位数基础上+/−0.5 个孩子；observed TFR 为观测到的 TFR（2012 年之前），下图同

资料来源：World Population Prospects: The 2012 Revision

速下降，从 1970 年的 6.0 左右下降到 1980 年的 3.0 左右，到 2000 年总和生育率已经下降到 1.8 左右，到 2010 年“五普”时下降为 1.18。

根据联合国生育率中方案的预测数据，我国人口总数将在 2015 年上升到 14.01 亿人，2030 年达到峰值 14.53 亿人。随后逐年下降，到 2050 年为 13.84 亿人，到 2100 年进一步下降到 10.85 亿人（图 2-9）。

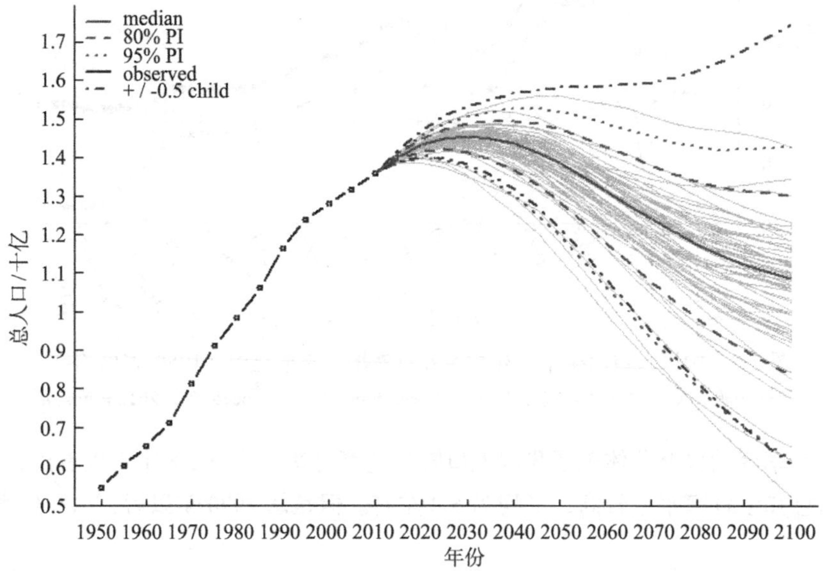

图 2-9 中国人口总量变化趋势图（1950~2100 年）

资料来源：World Population Prospects: The 2012 Revision

总之，像中国这样一个正经历深刻且复杂人口结构变迁的大国是一个特殊案例，其人口结构变迁对未来经济社会产生深远影响。

第四节 人口自然变动与经济发展关系

一、马尔萨斯模型

早期英国资产阶级的经济学家与人口学家托马斯·罗伯特·马尔萨斯（Thomas Robert Malthus，1766~1832)是人口经济理论的先驱。在他的《人口原理》（*An Essay on the Principle of Population as It Affects the Future Improvement of Society*）一书中提出一个预测：不断增长的人口将持续地限制社会供养自己的能力，所以人类将永远生活在贫困中。

马尔萨斯的人口理论的出发点是两个公理，在此基础上，他提出了两个级数假说、三个命题、两种抑制、四个结论。①

①彭松建. 2014. 现代西方人口经济学教程. 北京：北京大学出版社.

1. 两个公理

马尔萨斯全部人口经济理论的出发点是两个公理：第一，食物为人类生存所必需；第二，两性间的情欲是必然的，且几乎会保持现状。戈德温曾提出两性间的情欲是受理性支配的，并且这种支配力量会逐渐减弱。马尔萨斯就在此基础上，提出的两个公理。此外，他还认为，食欲和情欲是人类“本性的固定法则”，是超社会的自然存在，是由人类的本性决定的。因此人口的增值完全是纯粹的自然生物现象。

2. 两个级数假说

从两个公理出发，马尔萨斯提出了人口增长和生活资料增长的两个级数假说，提出“人口，在无所妨碍时，以几何级数率增加。生活资料，只以算数级数率增加”，“人口增殖力，比土地生产人类生活资料力，是无限的较为巨大的”。这就是马尔萨斯的“人口法则”。马尔萨斯的这两种级数，我们可用图 2-10 来说明。如图 2-10 所示，人口增长曲线和生活资料增长曲线，一开始时两者的差距不会太大，但是，随着时间的推移，两者之间的差距越来越大，且无缩小的趋势。

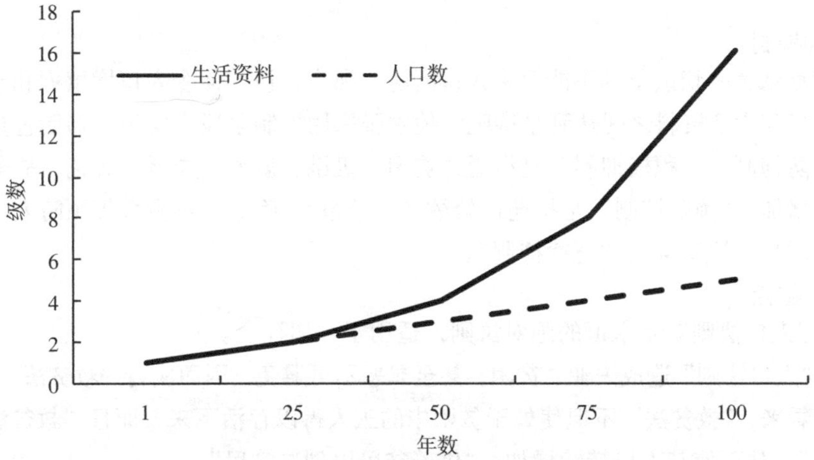

图 2-10 人口数与生活资料变化比较

资料来源：彭松建. 2014. 现代西方人口经济学教程. 北京：北京大学出版社

马尔萨斯认为，人口生产力和土地生产力是不平衡的，使得粮食的增长赶不上人口的增长。如表 2-8 所示，仅仅经过五代人，人口和粮食增长的数量之比为 16:5，再过五代之后，则为 512:10，两者之间的差距是巨大的。他认为，“一切生物的增殖有不断超过对它提供的营养的倾向”，因此两者之间便出现了越来越大的差距。

3. 三个命题

根据两个公理和两个级数，马尔萨斯推出三个命题。这三个命题分别是：①制约原理，“人口增加，必须受生活资料的限制”；②增值原理，“只要生活资料增加，人口必定会增加，除非受到某种非常有力而又显著的抑制作用的阻止”；③平衡原理，“占优势的人口增加力，为贫困及罪恶所压抑，致使现实人口得以与生活资料相平衡”。在马尔萨斯看来，只有通过生活困难这一途径，才能使人口增殖力和土地生产力这两种不平衡的自然力量达到平衡，因为贫困、瘟疫、饥饿、罪恶等压抑着人口的增长。

表 2-8　人口数与生活资料数变化比较

代数	年数	生活资料	人口数
1	1	1	1
2	25	2	2
3	50	3	4
4	75	4	8
5	100	5	16
6	125	6	32
7	150	7	64
8	175	8	128
9	200	9	256
10	225	10	512

资料来源：彭松建. 2014. 现代西方人口经济学教程. 北京：北京大学出版社

4. 两种抑制

马尔萨斯认为一切改革都不能解决人口问题，那么，该如何令人口增殖力和土地生产力之间，即人口和生活资料之间达到平衡呢？他主张采用抑制手段来实现。抑制包括"积极抑制"和"预防抑制"。"积极抑制"是指通过贫困、饥饿、瘟疫、罪恶、灾荒、战争等手段去阻止人口的增加；"预防抑制"是指通过禁欲（不结婚）、晚婚、不生育等预防人口增加或预先妨碍人口增加，这又称为"道德抑制"。

5. 四个结论

第一，"人口法则"是永恒的绝对法则，适用于一切社会。

第二，"人口法则"造成失业、贫困，甚至罪恶不可避免，因而实行"救贫法"是错误的。在马尔萨斯看来，"救贫法"不但使处于贫困中的工人得以存活下来，而且"救贫法"趋向于"鼓励结婚"，从而使其人口持续增加，"供养贫民以创造贫民"。

第三，"人口法则"会把工人工资压到最低水平。工人的工资低是由于工人数量过多而引起的，因此，要解决失业、贫穷等问题，唯一的办法就是抑制工人的人口增加。

第四，"人口法则"作用是使生产资料的增长赶不上人口的增长，马尔萨斯认为，财产私有制及社会不公平是合理的，一切人都不可能完全平等地享受到自然的恩惠，"人口法则"使任何试图通过实现财产平等来消除失业、贫困的社会改革趋于失败。

马尔萨斯的人口理论还可用工资率（W)和人口增长率（$\Delta N/N$）（N 和ΔN 分别表示人口数量及其增长的绝对量）之间的关系直线 G 来表达。直线 G 在 W 点上与横轴相交。生存工资率即 OW 所度量的工资率，该工资率仅能维持劳动者及其家人的基本生活，因而平均家庭规模和总人口都保持不变。由于劳动力市场上的各种因素（如劳动力需求上升或劳动力供给的下降）导致的工资率提高，超过 W 都会使人口增长率提高，所以直线 G 呈现向上倾斜。但工人人数增加过多，工人人数的供给超过了需求，最终会导致工人工资回落到 W 点，甚至失业，从而导致贫困（图 2-11）。

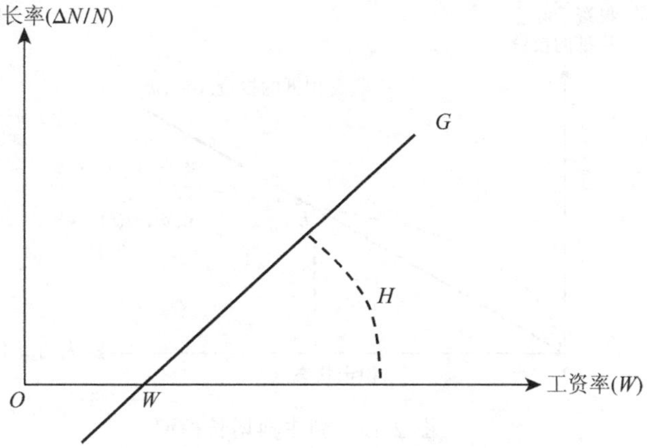

图 2-11 马尔萨斯的人口理论和它的修改

资料来源：速水佑次郎. 2003. 发展经济学：从贫困到富裕. 李周译. 北京：社会科学文献出版社.

二、新古典增长模型①

为了更好地解释世界大多数国家经济的持续增长，新古典增长模型将人口增长和技术进步纳入其中，即为拓展的索洛模型。

首先需要确认，人口增长与投资和折旧如何共同影响人均资本。投资增加资本存量，折旧则减少资本存量，而人口增长使工人数量增加，使得人均资本下降，并且，假设人口和劳动力以不变的速率 n 增长。

人均数量用小写字母来表示。$k = K/L$ 是人均资本，$y = Y/L$ 是人均产出。人均资本的变动为

$$\Delta k = i - (\delta + n)k \tag{2-1}$$

上式表明，投资与人均资本正相关，折旧和人口增长与人均资本负相关。$(\delta + n)k$ 项可以看成是收支相抵的投资（break-even investment），即保持人均资本不变所需要的投资量。收支相抵的投资包括现有资本的折旧 δk，以及为新工人提供资本所需要的投资量 nk。可以看出，人口增长对人均资本积累的影响方式与折旧类似。折旧通过磨损使资本存量减少 k，而人口增长通过把资本存量更分散地分配给更多的工人而减少 k。

由于 $i = sf(k)$，则式（2-1）可改写为

$$\Delta k = sf(k) - (\delta + n)k \tag{2-2}$$

图 2-12 可直观地反映人均资本水平是如何被决定的。用 K^* 表示稳态时的 K 值，如果 K 小于 K^*，说明投资比收支相抵投资大，增加 K；如果 K 大于 K^*，则投资就比收支相抵投资小，K 减少。如果人均资本 $K = K^*$，则经济处于稳态，此时，投资只用于替代资本折旧和为新工人提供稳定状态下的资本量。根据图 2-12 可进一步发现，人口增长虽然不能带来人均产出的持续提高，却能带来总产出和总资本的增长（以 n 的速率增长）。

①尼可拉斯· 格里高利· 曼昆. 2011. 宏观经济学. 第七版. 卢远瞩译. 北京：人民大学出版社.

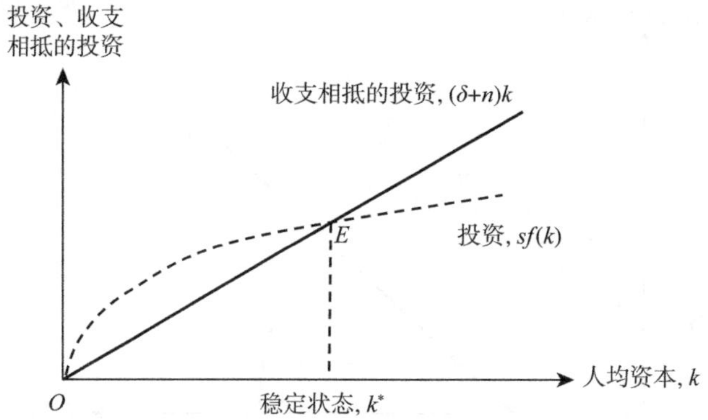

图 2-12　新古典增长模型

从图 2-13 可以看出，如果人口增长率上升，由 n 提高到 n'，那么人均资本的稳态水平将从 K^* 下降为 K'^*。由于 $y^* = f(k^*)$，那么人均产出水平 y^* 也会随之减少。因此，人口增长率较高的国家将会有较低的人均产出。简言之，人口增长对人均产出仅有水平效应，而无增长效应。

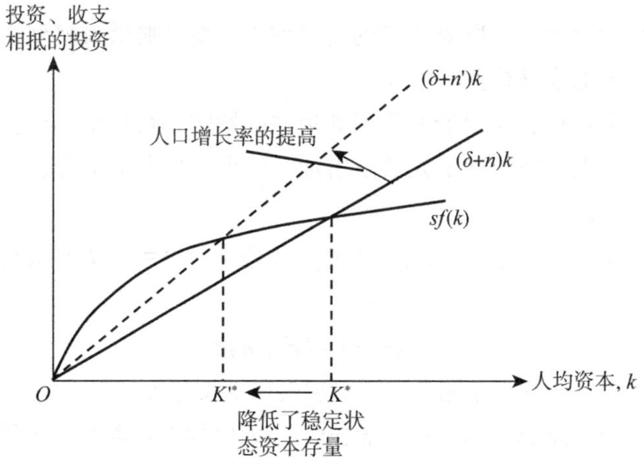

图 2-13　人口增长率变动对稳态的影响

三、库兹涅茨理论

西蒙·库兹涅茨（Simon Kuznets）分析了 19 世纪中叶至 20 世纪初叶美国、英国、法国的小麦、谷物、煤、石油、生铁、钢、铜等几十种产品的统计资料，得到一个重要的发现：价格波动存在着长约 23 年的一个周期，生产波动存在着长约 23 年的一个周期。据此，他在 1930 年发表的《在生产和价格的长期运动》一书中，首次提出了各主要资本主义国家经济发展存在着平均长度为 20 年的长度波动假说。[①]

此后，库兹涅茨撰写了《人口增长及有关经济变量的长期波动》一文，联合考察了人口变动和经济增长的波动关系。在对美国经济增长波动和人口变动长期趋势的分析中，库兹涅

①向洪，张文贤，李开兴，等. 1994. 人口科学大辞典. 成都：成都科技大学出版社.

茨发现，在20世纪20年代之前，美国人口变动中最活跃的因素是移民，因而他断定，19世纪70年代至20世纪20年代国外移民的迁入引起了美国经济增长的波动，人口增长波动是经济增长波动的主要原因。大规模的移民浪潮极大地推动了当时美国铁路运输业以及非农业居民住宅建筑业的发展。移民规模的波动大体上与这两者的波动方向一致。

1966年，库兹涅茨又出版了《现代经济增长、速度、结构及其扩散》一书。他根据现代经济增长的史实，得出人口增长对经济发展有积极影响的结论。人口经济学家在他的分析基础上进一步指出，这些积极影响包括以下几个方面：①人口增长会刺激需求，降低刺激投资的风险；②人口增长可以提供更多受教育程度较高的劳动力，从而提高全社会的劳动力的质量；③人口压力可以促进技术发明；④由人口增长所带来的大规模的人口存量为规模经济的发展提供劳动力基础以及市场基础。

四、从马尔萨斯到罗马俱乐部[①]

从20世纪60年代开始，西方发达国家普遍面临能源短缺和环境污染等问题，尤其是70年代初爆发的石油危机和通货膨胀，使人们不得不对自身行为进行深刻反思。罗马俱乐部便是以讨论当前及未来人类处境而著称的一个组织。罗马俱乐部（The Club of Rome）于1968年4月成立，是一个全球性的研究未来的团体，由有社会影响力的科学家、社会学家和经济学家组成。

Meadows等受罗马俱乐部委托，撰写了一份《增长的极限》的报告，文中再次呈现了马尔萨斯的理论，只不过它以不同的方式被表达。他们认为，当今世界的难题都是由五个对人类命运有决定性作用的因素制约所导致的，这五个因素分别是：人口、农业、自然资源、工业和污染。[②]Meadows认为，由于地球的资源是非常有限的，社会发展客观上存在着极限，而人口及工业产量的指数增长最终会导致世界体系的崩溃，因此必须采取相应的手段抑制其增长，以推迟世界增长极限的来临，实现全世界的均衡。

该报告在当时引起了巨大的反响，粮食和能源价格持续走高，这也似乎印证了由于过度开发资源会引起严重的连锁的社会问题。然而，随着危机的消逝以及商品价格的回落，该报告中的结论就受到了质疑，其理论和统计基础均遭到了强烈的批评。

五、伊斯特林"人群规模"假说[③]

伊斯特林假说或称"人群规模"假说，表述了出生率高和经济社会后果之间的反向联系产生于一种机制——"拥挤机制"，它在三种主要的社会结构——家庭、学校和劳动力市场中发挥作用。

（一）在家庭中发挥的作用

出生率的持续上升往往会伴随着较多的家庭平均子女、较高的平均生育次数和较短的平均

---

①速水佑次郎. 2003. 发展经济学：从贫困到富裕. 李周译. 北京：社会科学文献出版社.

②德内拉· 梅多斯，乔根· 兰德斯，丹尼斯· 梅多斯. 2013. 增长的极限. 李涛，王智勇译. 北京：机械工业出版社.

③约翰· 伊特韦尔，默里・米尔盖特，彼得・纽曼，等. 1996. 新帕尔格雷夫经济学大辞典. 陈岱孙等译. 北京：经济科学出版社.

生育间隔。当生育间隔不变时，排行在后的孩子可能比排行在前的孩子得到父母的关心更少，同时家庭对他的经济资源投入可能会更少。当家庭的规模不变时，生育间隔的缩短会导致孩子对父母的时间和收入的需求更集中，于是父母可分摊在孩子身上的时间和收入也就相应减少。

（二）在学校中发挥的作用

一般来说，较大的人群在学校中所取得的成绩较小。组成学校系统的人力资本和物资资本存量都是相对固定的，或者以一个相当稳定的速度增长。新生大量涌入学校会导致每个学生所拥有的物质设备和教师资源减少。假使其他情况不变，人群规模扩大会造成学校系统中的拥挤，学校教育的数量和质量往往会有下行压力。

（三）在劳动力市场中发挥的作用

当上述人群成年时，他们先前在家庭和学校中的那些经历会致使其在进入劳动力市场时没有做好充分的准备。而即使没有先前的影响，大量年青的和相对缺乏经验的工人的涌入，也会引起劳动力市场上一系列新的拥挤现象。对此，年青工人供给的相对增加会引起他们的相对工资率、就业条件和晋升性流动等方面的恶化。劳动市场拥挤的不良影响，又进一步强化个人在学校和家庭中的拥挤所遭受的不良影响。

第五节　人口自然变动与经济发展的事实

人口是影响和决定一国经济发展的长期性、基础性因素，无论是发达国家还是发展中国家，每当人口和经济发生重大变化时，人口因素的影响就变得非常突出。

一、计量经济史的证据

在过去2000多年人类发展的历史中，人口与经济发展是否存有联系？通常做法是以人均GDP来反映经济发展水平的。表2-9比较了从公元初年到公元1700年中国和欧洲的经济发展水平。在公元1世纪初，欧洲的人均GDP比中国要高。但是到了公元960年，欧洲的收入水平在罗马帝国崩溃后下降很多。中国在宋朝开始了一个扩张时期，至1300年人均GDP增长了1/3。随后欧洲由于生产力的革命性变革，至1700年人均GDP远超中国。

表2-9　公元1~1700年中国和欧洲人均GDP水平　　单位：1990年国际元

地区	1年	960年	1300年	1700年
中国	450	450	600	600
欧洲	550	422	576	924

资料来源：安格斯·麦迪森. 2011. 中国经济的长期表现. 伍晓鹰，马德斌译. 上海：上海人民出版社

进一步地，利用麦迪森研究中（公元1年、1000年、1500年、1600年、1700年）26个国家的数据，运用计量经济学方法（固定效应模型）进行估计，可以发现，人口每增长1%，人均GDP（单位为1990年国际元）就增长0.36%（图2-14）。虽然仍无法确认是人口变化影

响经济发展，还是经济发展影响人口变化，但从计量经济史可以确信，人口变化与经济发展是同向相关的。

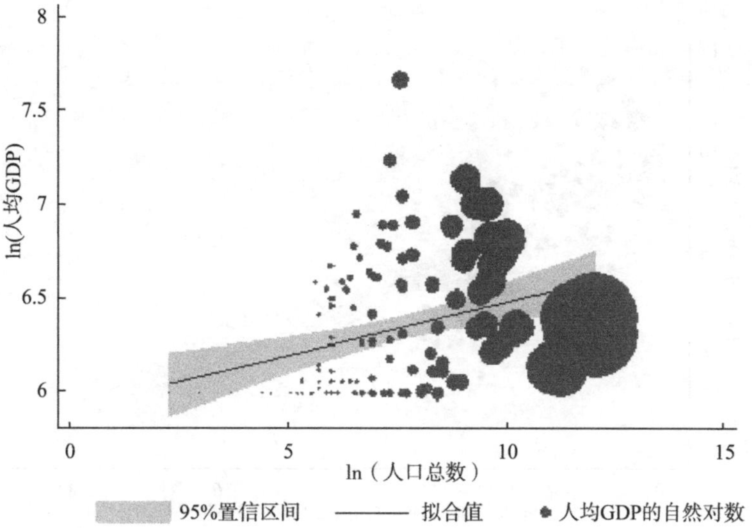

图 2-14 人口数量和人均 GDP 散点关系

注：气泡大小以 GDP 总量为权重

二、当今世界各国人口增长与经济发展关系

根据索洛模型，人口增长率高的国家人均资本的稳态水平较低，从而人均收入相对较低。换言之，高人口增长率倾向于使一国的状态恶化，这是因为当工人数量增长迅速时很难维持高水平的人均资本。为了看出现有证据是否支持这个结论，我们再来考察各国的数据。

图 2-15 是世界各国和地区人口增长率与人均 GDP 的散点图。该图表明，人口增长率高的国家或地区往往有低的人均收入水平。这与我们的模型关于人口增长率是一国或地区生活水平的决定因素之一的预测是一致的。有些力图使世界上最贫穷国家脱离贫困的人，例如，世界银行派到发展中国家的顾问，常常建议通过增加关于生育控制方法的教育和为妇女参与工作提供便利等手段来降低出生率。为了达到同样的目的，中国曾推行实行法定的独生子女政策。如果索洛模型正确的话，从长期来说，这些降低人口增长率的政策会导致人均收入的提高。

然而，在解释多国数据时，应明确相关性并不意味着因果关系。数据表明低人口增长一般与高水平的人均收入相联系，索洛模型对这一事实提供了一种可能的解释，但仍存在其他可能的解释。

三、生育率与经济增长统计关系

从理论上可以预期一个生育率与经济增长的关系：当总和生育率处于很高水平时，经济增长率也相应处在很低的（假设没有人口转变和技术进步）稳态水平上；随着生育率的下降，逐渐形成了富有生产性的人口年龄结构，经济增长率加快；而当生育率继续下降到更低的水平时，由于老龄化程度提高，经济增长率逐渐回落到较低的稳态水平上。

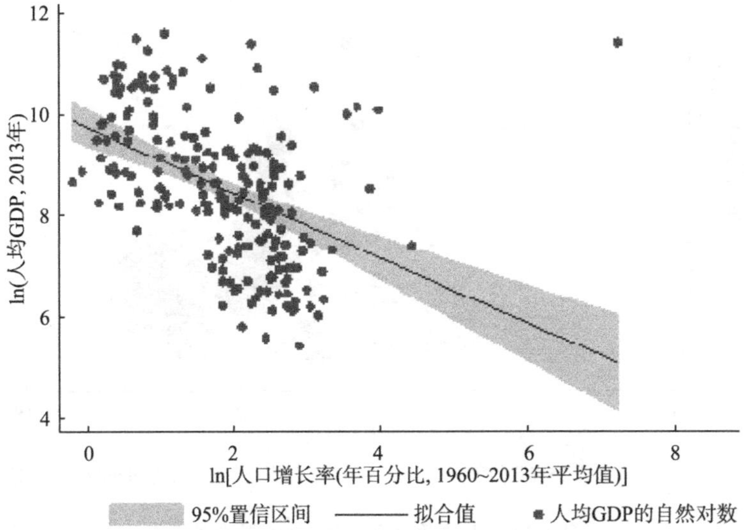

图 2-15　人口增长率与经济发展统计关系

资料来源：世界银行集团.data.worldbank.org.cn/indicator

利用世界银行世界发展指数(world development indicators) 数据库，国内学者蔡昉对 1960 年以来各国 GDP 年增长率与总和生育率的关系进行了一些描述性的统计刻画。结果告诉我们，总和生育率与 GDP 增长率之间，呈现一种倒“U”形的关系。那些总和生育率处于很高水平的国家，GDP 增长率较低；随着总和生育率的下降，GDP 增长率上升；而总和生育率下降到一定水平时，GDP 增长率达到最高值，相应地达到了一个从上升到下降的转折点；随着总和生育率的进一步下降，那些总和生育率较低的国家，GDP 增长率也较低。

HAPTER 3

第三章　人口结构转变与经济发展

[内容提要]

本章阐述人口结构转变与经济发展之间的联系。首先介绍人口结构的相关概念指标，以及人口结构转变的现状，然后分别从不同角度揭示人口结构转变何以影响经济发展，最后列举生动的案例以期加深读者对本章内容的理解。

[学习要点]

1. 掌握人口结构的类型与相关概念指标；
2. 熟悉世界人口结构基本特征；
3. 熟悉中国人口结构基本特征；
4. 领会性别比失衡的经济影响；
5. 领会人口老龄化的经济影响。

第一节　人口结构类型和概念界定

一、人口结构

人口结构是指人口系统内部各要素相互联系、相互作用的方式，即按照人口的不同标志，研究一定地区、一定时点的人口内部结构。人口结构是通过人口数的构成指标来表示的。

人口结构按其性质可分为自然结构、地域结构和社会经济结构。人口的自然结构包括性别结构和年龄结构。它是对人的自然属性的反映。人口的地域结构包括人口的自然地理结构和人口的行政区域及城乡结构。人口的社会经济结构是按一定的社会经济标志将人口划分为不同组群而形成的人口结构，是人口社会属性的反映，主要包括阶级结构、民族结构、文化结构、行业结构、职业结构、劳动力资源结构和婚姻家庭结构。本章主要讨论人口性别结构和年龄结构与经济发展的关系。①

二、几个相关指标

人口性别、年龄构成是人口分析的重要内容，也是反映人口结构转变的重要指标。

（一）人口性别结构

人口性别构成是一定范围、一定时期内人口中男女两性人口的分布及其比例关系。测量人口性别比的指标主要有以下几种。

1. 性别比重

性别比重指男性（或女性）人口占总人口的百分比，计算公式为

$$\text{性别比重}=\frac{\text{男性（或女性）人口数}}{\text{人口总数}}\times 100\%$$

2. 性别比

性别比即男性人口与女性人口之比，通常用每 100 名女性人口对应多少男性人口来表示，计算公式为

$$\text{性别比}=\frac{\text{男性人口数}}{\text{女性人口数}}\times 100$$

以上两类性别构成指标既可按照全体人口计算，也可以分年龄计算，以观察各年龄组性别构成的变化。一般而言，男女两性人口的比例基本平衡，但在不同的年龄组别，男女死亡率的差异，使得人口性别比构成有所不同，低龄组往往男多女少，高龄组往往男少女多。人口性别结构直接影响人口婚姻状况和生育状况，对人口再生产有重要意义。

3. 总人口性别比

在总人口中，男女两性的比例是近似平衡的。总人口性别比（sex ratio of total population）的平衡区间是 96~106。观察一个地区总人口性别比的历史数据，就可以分析它的变动趋势。

---

①向洪，张文贤，李开兴，等. 1994. 人口科学大辞典. 成都：成都科技大学出版社.

总人口性别主要受四个人口因素影响：出生婴儿性别比、男女死亡水平的差异、净迁移人口的性别差异和人口的年龄构成。

4. 出生婴儿性别比

出生婴儿性别比（sex ratio at birth，SRB）是指一定时期内（通常为一年）出生婴儿中男婴和女婴人数之比，简称出生性别比，计算公式为

$$\text{出生婴儿性别比}=\frac{\text{某年男婴出生数}}{\text{该年女婴出生数}}\times 100$$

出生性别比是一个重要的衡量男女两性人口是否均衡的标志。大量人口统计资料表明，在不进行人为控制的情况下，即完全由人类生殖过程的生物学特性决定的情况下，出生婴儿性别比的正常范围为103~107。对这个数值的任何人为控制和改变，都将会对人口的两性结构造成严重危害。

（二）人口年龄结构

1. 人口年龄结构

人口年龄结构，指的是在某个时间点上，一个国家或者地区各个年龄组人口占总人口的比例，一般用百分比表示。人口年龄结构是人口出生、死亡、迁移等综合作用的结果，分析人口年龄结构对于研究某一国家或者地区现在及未来人口发展类型、人口发展速度以及发展趋势均具有重要的意义。

根据不同的研究目的，可以对人口年龄进行各种分组，国际上通行的做法是，将0~14岁划为少年儿童组；15~64岁为成年组（劳动年龄组）；65岁以上为老年组。

2. 人口老龄化

人口老龄化（aging of population），指的是一个国家或者地区因为老年人口增加、年轻人口减少而导致老龄人口占总人口的比例相应增长的动态过程，可形象地比喻为“年龄移民”过程。人口老龄化是人口统计学的一个概念，强调的是整个群体的老化，在一定条件下是可以逆转的。

按照国际通行标准，当65岁以上的人口占总人口比例超过7%（或60岁以上人口占总人口比例超过10%）时，这个国家就进入老龄化社会，65岁以上老年人口占比达到14%就进入深度老龄化社会，如果该比例进一步上升至20%以上，则进入超级老龄化社会。人口老龄化通常包含底部老龄化和顶部老龄化两种趋势。其中，底部老龄化是由于生育率下降使金字塔底部的少儿人口比重相对下降而造成的；顶部老龄化则由于人均预期寿命延长使得金字塔顶部老年人口比重相对上升而造成。有别于发达国家，中国人口老龄化要同时遭遇来自于底部和顶部的老龄化的双面夹击。

3. 人口年龄金字塔

在人口统计中，为了直观而形象地分析人口年龄结构的类型，通常将性别分组与年龄分组相结合，采用几何图形表示。这种图形以人口各年龄组的相对数或绝对数为横轴，以人口各年龄组（通常为5岁一组）为纵轴，分男女两性绘制而成，由于这种图形通常是金字塔形状，故而称之为人口年龄金字塔。

不同的人口年龄构成，其年龄金字塔形状亦不相同，一般可分为三种类型。

（1）增长型。塔形下宽上尖，呈“山”形，反映出年轻人口所占比重大，老年人口所占比重小。

（2）缩减型。塔形下窄上宽，呈“壶”形，反映出年轻人口所占比重小，中、老年人口所占比重相对增加。

（3）稳定型。塔形比较直，呈“钟”形，它介于增长型和缩减型之间。

4. 其他常见的几个度量指标

（1）人口年龄中位数，即总人口中处于中位数的年龄。人口年龄中位数上升，是人口老化的标志。按照《人口学方法与资料》的划分方法，年龄中位数低于20岁为年轻型人口，在30岁以上是老年型人口，介于两者之间是成年型人口。

（2）老少比，是老年人口与少儿人口数的百分比。老少比低于15%的人口为年轻型人口，高于30%的人口为老年型人口，介于两者之间的是成年型人口。

（3）老年人口抚养比，也称老年人口抚养系数（old-age dependency rate，ODR），按照国家统计局人口和就业统计司的定义，是指某一人口中老年人口数与劳动年龄人口数之比，通常用百分比表示，用以表明每100名劳动年龄人口要负担多少名老年人。老年人口抚养比是从经济角度反映人口老化社会后果的指标之一。计算公式为

$$\mathrm{ODR}=\frac{P_{65+}}{P_{15\sim64}}\times100\%$$

式中，ODR为老年人口抚养比；P_{65+}和$P_{15\sim64}$含义同上。

（4）少年儿童抚养比，简称少儿抚养比（child-age dependency rate，CDR），按照国家统计局人口和就业统计司的定义，指某一人口中少年儿童人口数与劳动年龄人口数之比，通常用百分比表示，以反映每100名劳动年龄人口要负担多少名少年儿童。计算公式为

$$\mathrm{CDR}=\frac{P_{0\sim14}}{P_{15\sim64}}\times100\%$$

式中，CDR为少年儿童抚养比；$P_{0\sim14}$和$P_{15\sim64}$含义同上。

（5）总抚养比，也称总负担系数，按照国家统计局人口和就业统计司给出的定义，是指人口总体中非劳动年龄人口数与劳动年龄人口数之比，通常用百分比表示，说明每100名劳动年龄人口大致要负担多少名非劳动年龄人口，用于从人口角度反映人口与经济发展的基本关系。计算公式为

$$\mathrm{DR}=\frac{P_{0\sim14}+P_{65+}}{P_{15\sim64}}\times100\%$$

式中，DR为总抚养比；$P_{0\sim14}$为0~14岁少年儿童人口数；P_{65+}为65岁及65岁以上的老年人口数；$P_{15\sim64}$为15~64岁劳动年龄人口数。

（6）老年人口系数，是指某一人口中老年人口数与总人口数之比，用百分比表示，以反映每100名人口中老年人口的数量。

（7）人口年龄结构类型分类。联合国国际人口学会综合提供了人口年龄结构类型（年轻型、成年型、老年型）的通行标准：除了老年人口系数之外，还包括少儿系数、老少比、年龄中位数等指标。具体而言，当少儿系数低于30%，老少比超过30%，年龄中位数大于30岁，

则进入老年型社会（表3-1）。

表3-1 国际通用年龄结构类型标准

项目	年轻型	成年型	老年型
0~14岁少儿人口占总人口比重/%	>40	30~40	<30
65岁以上老年人口占总人口比重/%	<4	4~7	>7
老少比/%	<15	15~30	>30
年龄中位数/岁	<20	20~30	>30

资料来源：联合国国际人口学会. 1992. 人口学词典. 北京：商务印书馆

第二节 人口结构转变现状

一、世界人口结构基本特征

（一）世界人口性别结构特征

世界人口性别结构基本平衡。2010年全世界人口性别比平均值为101.6，其中，发达国家为94.3，发展中国家为103.2，最贫穷国家为99.6。2010年世界出生性别比平均值为108，其中，发展中国家略高于发达国家。世界人口性别比的变化是一个趋于平稳的动态发展过程，出生性别比也保持在正常范围之内。

具体到不同国家和地区，从总人口性别比指标来看，欧洲等发达地区"男少女多"的现象较为普遍，例如，俄罗斯的总人口的性别比是85.9，波兰、法国、意大利等都低于95。亚洲地区男女性别比平均值超过100，为104.8。其中，中国和印度十分接近，分别为107.4和107.2，反映出较为严重的男女性别失衡（图3-1）。

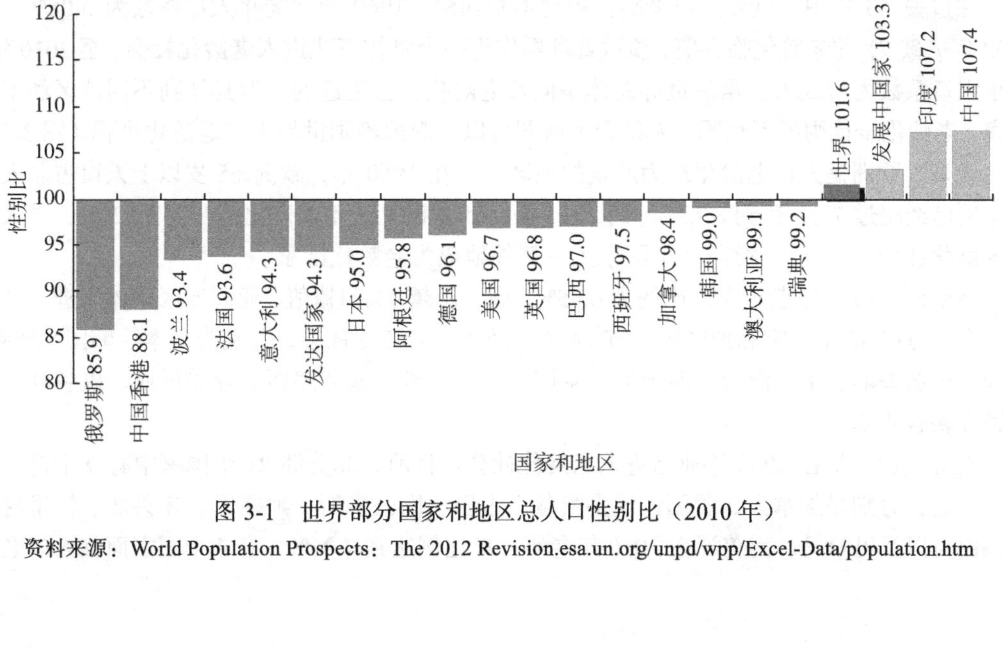

图3-1 世界部分国家和地区总人口性别比（2010年）

资料来源：World Population Prospects：The 2012 Revision.esa.un.org/unpd/wpp/Excel-Data/population.htm

从出生性别比来看，大部分发达国家和地区处于正常的103~107范围之内，平均值为105；发展中国家超出正常范围的上限值，为108，剔除最贫穷的国家后，发展中国家的出生性别比为109。在亚洲，中国和印度的人口出生性别失衡十分严重，中国“六普”数据显示，中国人口出生性别比为118.1（图3-2）。

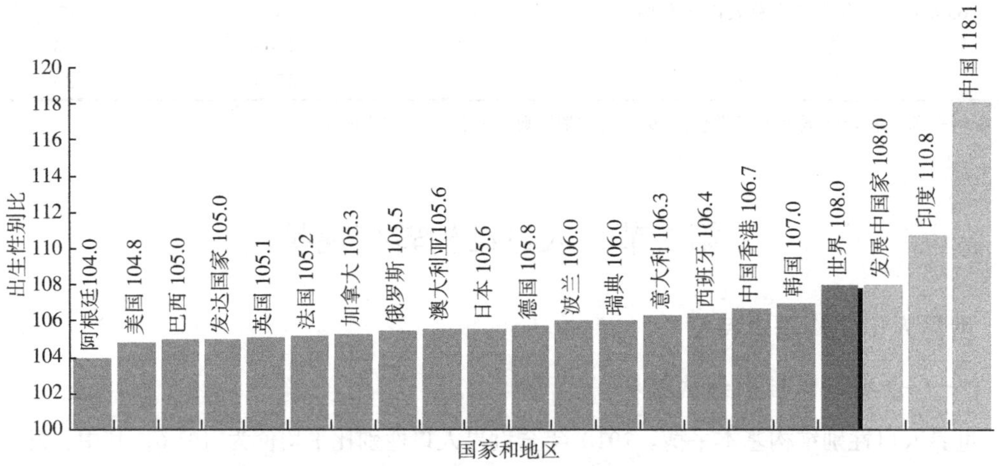

图3-2 世界部分国家和地区出生性别比（2005~2010平均值）

资料来源：World Population Prospects： The 2012 Revision.esa.un.org/unpd/wpp/Excel-Data/population.htm

总体而言，世界的人口性别结构基本平衡，但是，在一些发展中国家依然存在较为严重的人口性别比失衡现象。对于中国，性别比失衡尤为突出，这将直接影响婚姻市场的稳定，需要引起足够的重视。

（二）世界人口年龄结构特征

在过去50年中，世界人口老龄化程度不断加深。1960年，老年人口系数为5.08%，到2002年突破7%的老龄化临界值，预示着世界作为一个整体正式进入老龄化社会。至2010年，老年人口系数为7.59%。虽然世界总体是向着老龄化社会迈进的，但具体到不同地区和不同国家，老龄化步伐则各不相同。人口金字塔图可以直观地刻画世界人口老龄化进程（图3-3）。

无疑，欧洲是人口老龄化最为严重的地区。早在1960年，欧洲65岁以上人口占总人口的比例已经超过7%，达到8.72%。到2010年，65岁以上老年人口比例升至15.23%，进入深度老龄化社会。目前，欧洲42个国家无一例外地成为老龄化国家。

在亚洲，2010年老年人口比例为6.05%，尚未跨越7%门槛值，亚洲地区整体未进入老龄化社会。但在48个国家和地区中，有14个已经步入老龄化社会，分别为日本、韩国、朝鲜、中国、中国香港、中国澳门、新加坡、泰国、斯里兰卡、塞浦路斯、亚美尼亚、以色列、黎巴嫩和格鲁吉亚。

在北美洲，早在2000年业已进入老龄化社会。目前，北美洲21个国家中有9个进入老龄化社会，分别是加拿大、美国、波多黎各、古巴、巴巴多斯、阿鲁巴、牙买加、特里尼达和多巴哥以及巴哈马。南美洲在2010年老年人口比例达到7.06%，有4个国家面临人口老龄化的挑战，分别是乌拉圭、阿根廷、智利和巴西。

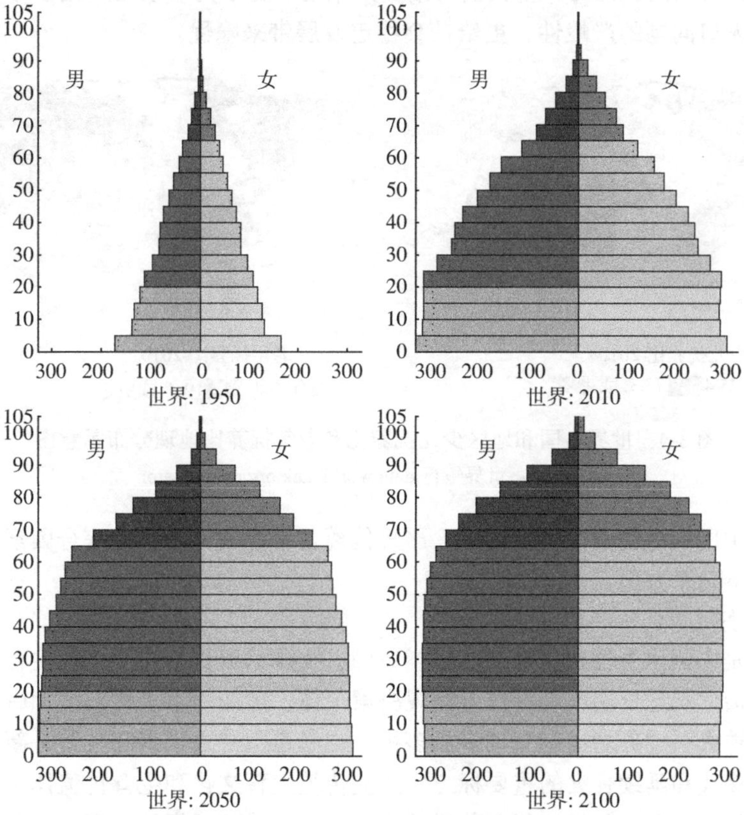

图 3-3 世界人口金字塔演变示意图

注：横轴代表人口数量（单位：百万人），纵轴代表年龄（单位：岁）

资料来源：世界银行. 2010 年健康营养与人口统计.databank.shihang.org/data/views/vaniable selection/seloct vanables.aspx?source=健康营养和人口统计

大洋洲 13 个国家中，65 岁以上人口比例超过 7%的国家有 4 个，分别为澳大利亚、新西兰、新喀里多尼亚和关岛。非洲 51 个国家中没有一个国家 65 岁以上人口的比例超过 7%，2010 年非洲地区老年人口比例仅为 3.45%，是世界范围内人口最为年轻的地区。

图 3-4 绘制了世界各大洲人口抚养比的分布图，继续佐证了人口年龄结构在不同国家和地区的差异性。无论如何，人口年龄结构老化已是一个不争的事实，“银发浪潮”深刻地影响着世界各国的经济社会发展。

二、中国人口结构基本特征

（一）中国出生性别比严重失衡

中国的出生性别比虽在一段较长时期保持在正常范围之内，但从 20 世纪 80 年代中期开始，出生性别比就出现逐渐升高的势头。根据 1982 年（三普）、1990 年（四普）、2000 年（五普）和 2010 年（六普）4 次全国人口普查的数据，中国出生人口的性别比分别为 108.5、111.3、116.9、118.08。出生性别比的严重失衡将给婚姻市场和劳动力市场带来诸多不利影响，这不仅加剧了中国人口问题的严峻性，更给社会稳定发展带来隐忧。

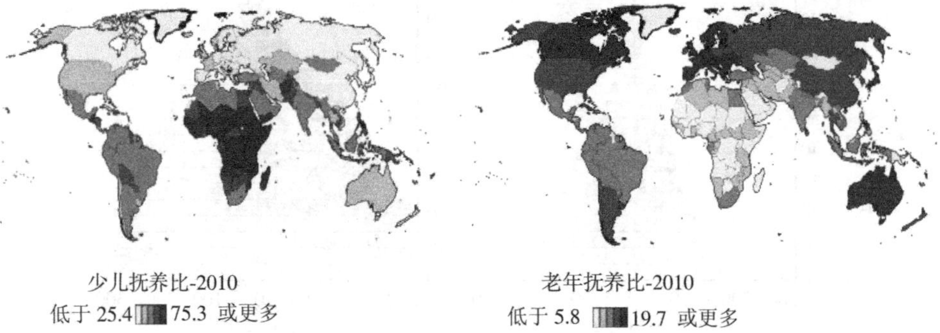

图 3-4　世界各国和地区少儿抚养比和老年抚养比地理分布示意图

资料来源：世界银行.data.worldbank.org.cn/indicator

近年来，中国出生性别比不断升高，严重偏离正常范围，是多种综合因素共同影响的结果，主要有以下几个方面。

1. 男孩偏好

男孩偏好是中国出生性别比畸高的根本原因。在源远流长的中国传统生育文化中，以男性为主的传宗接代观念长期影响着亿万微观决策个体，诸如“不孝有三，无后为大”、“男尊女卑”、“延续香火”、“养老送终”、“多子多福”、“孝道”、“人丁兴旺”等，新生儿沿袭父亲姓氏，是传宗接代和延续香火的重要标志。这些传统生育文化和生育价值体系，既是现实需求，又有文化传承。在一些经济相对落后的农村地区，男孩偏好的生育观念更是根深蒂固，儿子对于家庭的重要性已经超越了其自然性别的属性①，“母以子贵”是一个可被广泛观察到的现象。在一个具有强烈（甚至于扭曲）的男孩偏好的家庭，往往会采取堕胎、遗弃、溺婴和虐婴等手段选择生男孩，最终导致性别比失衡逐渐加深。一些地方性的计划生育决策机构为应对因姓氏传承和男孩偏好而导致的性别比失衡现象，试点出台“新生儿随母姓”可获得经济奖励的政策②，虽然这项政策的效果仍有待将来验证。

2. 性别选择性流产

性别选择性流（引）产是导致出生性别比偏高的直接原因，尤其是在“只生一个孩子”的计划生育政策背景下。在“B 超”尚未普及情形下，男孩偏好的实现常常是通过“逃生”、“躲生”等手段自然实现。自 20 世纪 80 年代中期以来，现代受孕技术、避孕节育技术、性别鉴定技术，以及人工流产等技术的推广，为人们选择孩子性别从而使男孩偏好变成现实提供了更大可能。尽管现实中国家有关法律已做出明确禁止，但这些技术却常被滥用于非法的胎儿性别鉴定。医学上一般认为，受孕性别比为 120~130，男胎流产概率较高，从而使得出

①原新. 2008. 出生人口性别比异常偏高与生育政策有关吗. 人口与发展，(2)：22-35.

②中国新闻网. 2014-08-01. 安徽长丰试点“姓氏改革”新生儿随母姓奖励千元. www.chinanews.com/sh/2014/08-01/6451817.shtml.

生性别比趋于 105 左右。由此可推算，正常自然流产和早产胎儿的性别比应在 120 以上，而中国 2000~2006 年引产的性别比却在 70 左右，可见有大量女婴是由于性别选择而被人工引产掉了。①男胎保留，女胎引产，造成人为的“女孩失踪”现象。

3. 社会供养制度缺失

社会供养制度缺失是造成出生性别失衡的一个重要原因。在我国人口转型和家庭变迁过程中，家庭规模小型化和结构简单化导致家庭养老资源短缺，而国家相应的养老保障制度安排，严重滞后于老百姓的广泛需求。在此情形下，“养儿防老”的家庭养老模式依然是当前中国主要的社会养老方式，在偏远的农村地区甚至可能是唯一方式。因此，男性是作为家庭抵御外部风险的主要劳动力而存在，自然，人们在生育行为上的理性选择是重男轻女，最终结果是导致出生性别比严重失衡。

4. 女性的相对经济地位

成年女性在家庭中的相对地位是决定女孩存活率的重要原因。最近的一项研究提供了直接而确凿的经验证据，女性经济学家、耶鲁大学经济学教授钱楠筠（Nancy Qian）十分巧妙地利用中国农业改革后茶叶的价格作为女性经济地位的刻画，实证考察“丢失的女人”现象。在中国，茶叶主要由女性采摘。采茶工作往往需要小巧且灵活的手指，因而成年女性在采茶过程中比成年男性和儿童具有绝对优势。通常，茶芽越嫩价值越高，成年女性比儿童拥有特殊的优势，儿童被认为是粗心的，在采摘过程中容易损伤嫩芽而使茶叶变得不值钱。另外，茶树平均只有 2. 5 英尺（0.762 米）高，这对身材更高的男性来说，采摘工作有些不便。钱楠筠估计表明，种植茶叶使女孩的存活率提高了 1.3 个百分点，意味着茶叶的价格每提高 10%，将会使女孩在同一队列中的比例提高 1.3 个百分点。进一步地，如果女性相对工资提高 20%，则可消弭中国与西欧国家在男女性别比的差异。换言之，中国数千万的“丢失的女人”在此情形下“回来了”。②总之，女性经济地位的相对提升能够极大地缓解性别比失衡的现象。

（二）中国老龄化速度加快

从历次人口普查得出的数据来看（表 3-2 和图 3-5），我国一直朝着老龄化社会迈进，历经年轻型—成年型—老年型过程。在新中国成立初期，我国人口结构十分年轻，第一次人口普查（1953 年）和第二次人口普查（1964 年）的数据显示，65 岁以上的老年人口比例分别为 4.4%和 3.6%。到第三次人口普查（1982 年），我国 65 岁以上老年人口比例增长到 4.9%，人口年龄结构由年轻型初步过渡到成年型。至第四次人口普查（1990 年），我国 65 岁以上老年人口比例已经达到 5.6%，属于典型的成年型。我国正式进入老龄化社会（65 岁以上人口比例超过 7%）是在 1999 年。进入 21 世纪后的第五和第六次人口普查显示，我国 65 岁以上老年人口的比例分别达到 7.1%和 8.9%，表明我国已迈入成年老年型国家行列。

根据全国老龄工作委员会办公室发布的《中国人口老龄化发展趋势预测研究报告》，21 世纪的中国将不可逆转地进入老龄社会。从 2001 年到 2100 年，中国人口老龄化发展过程可以划分为三个阶段：2001~2020 年为第一阶段，是快速老龄化阶段。2021~2050 年为第二阶段，

---

①翟振武，杨凡. 2009. 中国出生性别比水平与数据质量研究. 人口学刊，(4)：3-10.

②钱楠筠. 2006. 丢失的女人与茶叶价格——与特定性别有关的收入对性别失衡的影响. 中国劳动经济学，(2)：3-38.

是加速老龄化阶段。2051~2100年为第三阶段，是稳定的重度老龄化阶段。

表3-2　历次人口普查年份人口年龄结构

项目	1953年	1964年	1982年	1990年	2000年	2010年
0~14岁少儿比例/%	36.3	40.7	33.6	27.7	22.9	16.6
65岁以上老年比例/%	4.4	3.6	4.9	5.6	7.1	8.9
老少比/%	12.2	8.8	14.6	21.0	30.4	53.4
年龄中位数/岁	22.7	20.2	22.9	25.3	30.8	35.2

资料来源：国家统计局. 2009. 新中国60周年报告：人口总量适度增长结构明显改善. http://www.stats.gov.cn/ztjc/ztfx/qzxzgcl60zn/200909/t20090911_68637.html

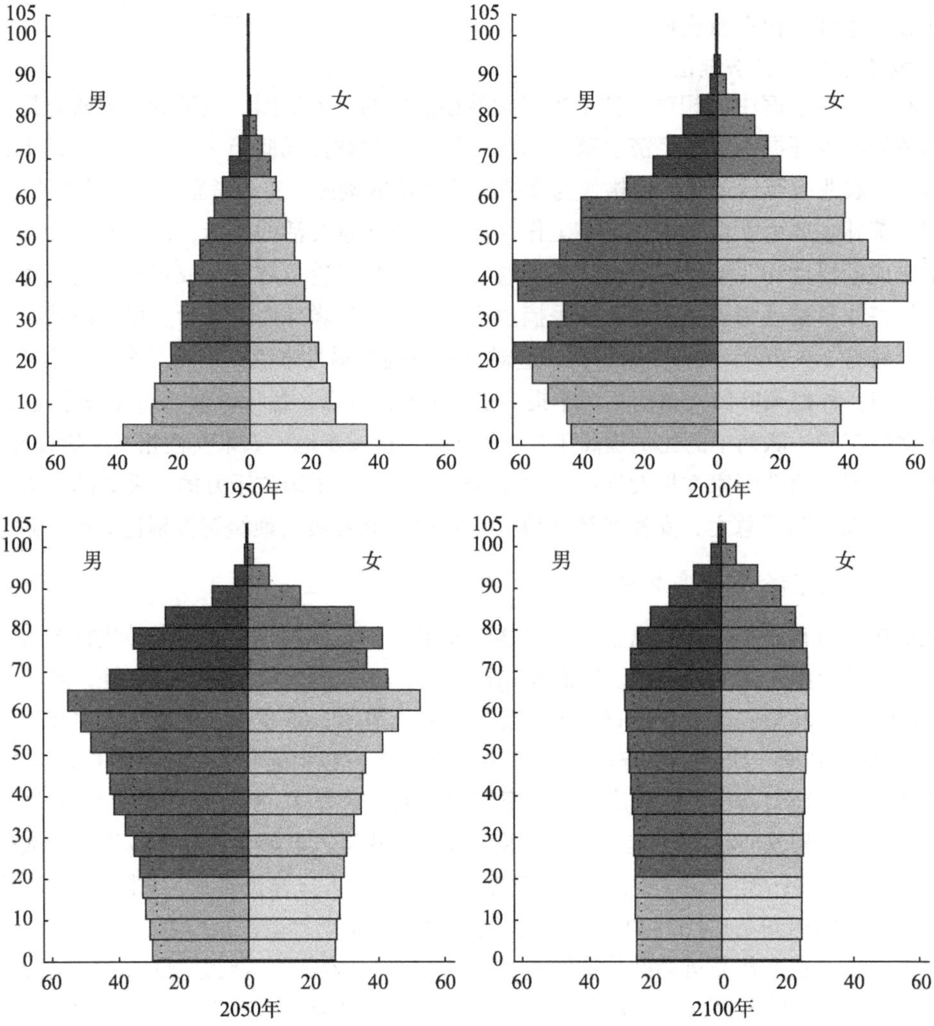

图3-5　中国人口金字塔演变

注：横轴代表人口数量（单位：百万人），纵轴代表年龄（单位：岁）

资料来源：World Population Prospects：The 2010 Revision.esa.un.org/unpd/wpp/Documentation/pdf/wpp/wpp2010-Volume-II–Demographic-profiles.pdf

同一时点对比，尽管目前我国老龄化状况仍不及欧洲国家、美国、日本等发达国家那么严重，但老龄化势头汹涌，仅用18年左右即已实现由劳动人口占比高到老年人口占比高的转变，而这在发达国家则要花上几十年甚至上百年时间。①据《中国老龄事业发展报告（2013）》，截止到2013年，我国65岁以上老年人口已达到1.23亿人，占世界老龄人口的1/5。另依据联合国发布的*World Population Ageing 2013*报告，我国是世界上80岁以上人口最多的国家，高龄人口持续增长，预计在2050年将达到9000万人。②高龄化人口增加将给社会保障体系带来巨大冲击。

与其他发达国家有所不同，我国的人口年龄结构转变，是在经济发展和生育政策的双重作用下，特别是以后者效果为主的情况下实现的。一方面，生育政策直接影响着亿万家庭的生育行为，"少子化"现象十分普遍。另一方面，我国在较低经济发展水平下，实现了人口转变过程，过早地迎来了人口老龄化③，这使得我国面临"未富先老"、"未备先老"局面。

我国农村人口老龄化比城市更严重，形成了"城乡倒置"格局，这与近年来大量农村青壮年劳动力进城务工有较大关系。我国第六次人口普查数据显示，60岁以上的老年人口数量已经达到17 759万人，占我国总人口的13.26%。在这17 759万名老年人中，城镇60岁以上老年人口数量为7829万人，农村60岁以上老年人口数量为9930万人。在我国60岁人口比重中，城镇和农村所占的百分比分别为44%和56%，农村60岁以上老年人口为城镇的1.27倍，远高于城镇老年人口。城镇60岁以上老年人口比例为11.68%，农村60岁以上老年人口比例为14.98%，相差了3.3个百分点。从老龄人口结构的数据上可以看到，城镇60~64岁的相对年轻的老年人口占60岁以上老年人口的比例比农村的比例要高；其他年龄段的老龄人口比例则差异不大（表3-3）。农村老龄问题日益突出，传统的家庭赡养功能和养老模式日渐羸弱，也将遭遇严重挑战。

表3-3 中国农村与城镇人口老龄化程度的比较 单位：%

项目	60+老年人口比重		增长幅度
	"五普"（2000年）	"六普"（2010年）	
农村	10.92	14.98	4.06
城市	9.68	11.69	2.01
农村－城镇	1.24	3.29	2.05

资料来源：国家统计局第五、第六次人口普查数据

总结我国人口老龄化特征，可归纳为以下几点：①人口老龄化速度快，老年人口规模庞大；②高龄趋势明显，高龄化人口比重攀升；③落入"低生育率陷阱"，"少子化"现象凸显；④"未富先老"、"未备先老"特征明显；⑤相对于城市地区，农村的老龄化现象更加严重。

①国家人口发展战略研究课题组. 2007. 国家人口发展战略研究报告. 人口研究，(1)：1-10.

②www.un.org/en/development/deta/population/publications/agency/worldpopulation Agency2013.shtml.

③蔡昉，王美艳. 2006. "未富先老"对经济增长可持续性的挑战. 宏观经济研究，(6)：6-10, 51.

第三节　人口结构转变与经济发展

一、性别比失衡的经济影响

（一）性别比失衡对储蓄的影响

男女比例失衡会造成居民储蓄率的上升，是最近出现的有关中国高储蓄的一种新解释。来自哥伦比亚大学的魏尚进和北京大学的张晓波两位学者提出了竞争性储蓄动机假说，其基本逻辑是：男女性别比例失衡（适婚男性数量与适婚女性数量之比）导致婚姻市场竞争激烈，人们通过增加储蓄可提高其在婚姻市场的相对地位。具体而言，当性别比例提高时，有儿子的家庭相互竞争，提高各自的储蓄率，以应对来自婚姻市场不断累积的压力。而对于有女儿的家庭，可能不会降低储蓄率，主要在于两个相互抵消的因素：一方面，有女儿的家庭倾向于减少储蓄，在将来可利用女婿家庭的储蓄；另一方面，婚后家庭生活中夫妻双方的话语权很大程度上取决于夫妻双方财力比较，有女儿的家庭并不希望减少储蓄，从而避免女儿为人妻后遭遇委屈。这样两个因素对女方家庭储蓄决策的影响是相反的。此外，有儿子的家庭储蓄竞争可能推高房价，没有儿子的家庭受到房价的压力，也可能被迫储蓄。从现实数据看，我国安徽省男女比例失衡程度比内蒙古高，与之相对应，前者的储蓄率比后者高出许多。①

（二）性别比失衡对企业家精神和经济增长的影响

创新与企业家精神普遍存在于任何社会形态中。一个社会出现严重的男女比例失衡，会使“婚姻市场”的竞争变得十分激烈，而这将激励更多的男性去创业或承担风险工作，进而产生更多的企业家精神。首先，成功企业家往往更容易获得婚姻，而失败者则不然。随着性别比失衡增加，男性未婚概率也将增大，婚姻挤压催促适婚男青年更加接受风险和劳累工作。其次，有儿子的父母成为企业家的可能性也会随着地区性别比上升而增加。根据魏尚进和张晓波两位学者的研究，部分地区的新增私营企业数量与该地区青年男女性别比存在很强的正向关系。男女青年性别比失衡越严重的地区，该地区就有更多的人去创业，企业家精神就更强烈。

进一步地，性别比失衡越高的地区，由于创新和企业家精神越强烈，从而为经济增长提供重要源泉，其地区 GDP 增长也就越快。②

二、人口老龄化的经济影响

（一）人口老龄化对劳动力供给的影响

在人口转变过程中，出生率和死亡率下降在时间上的相互继起，使得人口年龄结构出现三个阶段性变化，即高少儿抚养比、高劳动年龄人口比、高老年抚养比。因而，人口老龄化

---

①Wei S, Zhang X. 2011. The competitive saving motive: evidence from rising sex ratios and savings rates in China. Journal of Political Economy, 119(3)：511-564.

②Wei S, Zhang X. 2011. Sex ratios, entrepreneurship and growth in the People’s Republic of China. NBER working paper 16800.

不仅表现为老年人口比重的提高，还表现为少儿人口比重的下降，以及劳动年龄人口比重的下降。人口年龄结构变化自然成为影响劳动供给的主要因素，它在长期里决定劳动供给的总量。[①]图 3-6 可直观表现这一点。

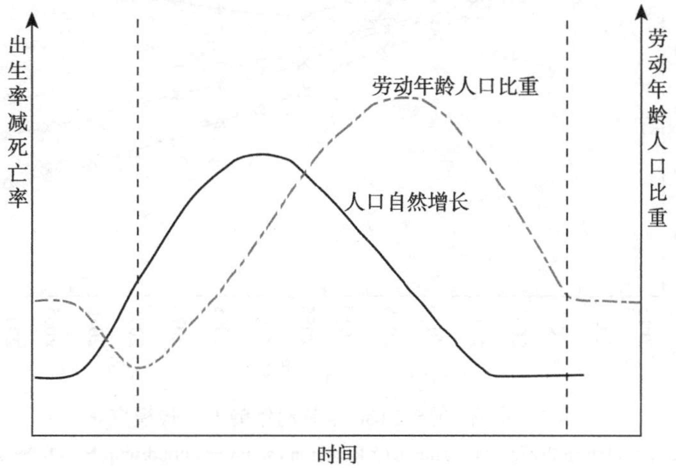

图 3-6　人口转变中的两条“倒 U”形曲线

资料来源：蔡昉. 2008. 刘易斯转折点——中国经济发展新阶段. 北京：社会科学文献出版社

如图 3-7 所示，依据联合国人口预测，无论采取哪种生育率方案，我国劳动年龄人口出现下降的时间节点都是 2015 年前后。随后，劳动力年龄人口规模变化出现显著的阶段性特征：2015~2030 年，劳动年龄人口规模出现窄幅下降，在四种不同的预测方案下，年均劳动人口减少量依次为 89 万人（高方案）、180 万人（中方案）、270 万人（低方案）和 192 万人（生育率不变）。从 2030 年开始，劳动年龄人口规模出现急剧下降，四种方案对应的劳动人口年均减少量分别为 286 万人、690 万人、1107 万人、813 万人。[②]到 2060 年，生育率高方案、中方案和低方案以及生育不变方案下的劳动力规模将分别减少到 9.15 亿人、7.89 亿人、6.05 亿人和 7.11 亿人，分别是 2015 年的 90%、74%、60%和 70%。之后，高方案下的劳动力规模又将缓慢增长，到 2100 年将达到 10.4 亿人，但是，其他三个方案的劳动力规模还是持续下降的，到 2100 年分别是 2015 年的 61%、31%和 47%。因此，可以看出在老年人口比重持续上升的同时，劳动年龄人口规模在快速下降，劳动力的潜在供给下降幅度和数量都很大。

伴随着人口老龄化和劳动年龄人口规模下降，我国中、青年劳动力也出现急剧缩减的迹象。老龄化作为一种“年龄移民”的过程，不仅意味着有众多的年轻人逐渐转移到老年人队伍，还意味着劳动年龄人口中高年龄组的劳动力人口不断增加。根据联合国（2012 年）人口预测的中方案（表 3-4），2015~2100 年，25~49 岁优质青壮年劳动力逐年趋减，由 2015 年的 40.6%下降到 2030 年的 34.3%，至 2100 年则进一步下降至 27.8%的谷底。中、青年劳动力衰

①蔡昉. 2008. 刘易斯转折点——中国经济发展新阶段. 北京：社会科学文献出版社.

②童玉芬. 2014. 人口老龄化过程中我国劳动力供给变化特点及面临的挑战.人口研究，(2)：52-60.

减会导致较低的劳动生产率，同时也影响整体技术进步和创新效率。

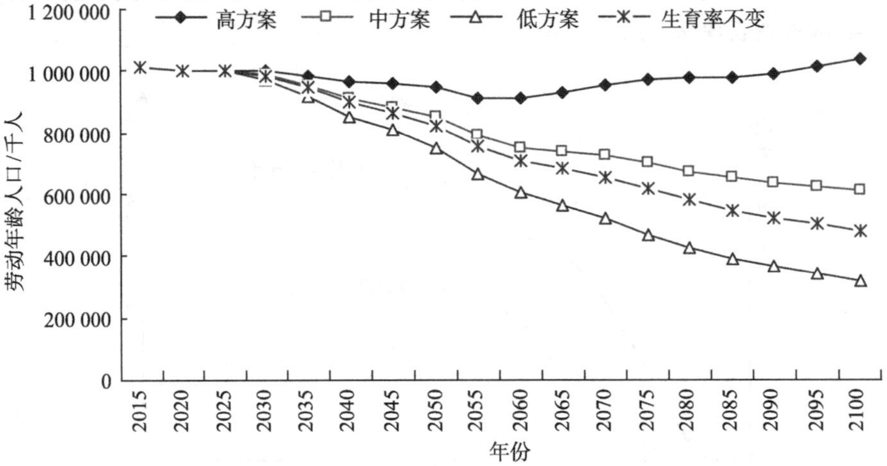

图 3-7　我国 2015~2100 年劳动年龄人口规模变化

资料来源：World Population Prospects：The 2012 Revision.esa.un.org/unpd/wpp/Excel-Data/population.htm

表 3-4　不同年龄段劳动年龄人口的比重（中方案）　　单位：%

年份	15~24 岁	25~49 岁	50~65 岁	年份	15~24 岁	25~49 岁	50~65 岁
2015	13.6	40.6	18.22	2060	10.4	29.2	17.67
2020	11.2	38.6	20.28	2065	10.5	28.4	18.88
2025	11.2	35.6	22.33	2070	10.5	27.9	20
2030	12	34.3	21.59	2075	10.4	28.1	19.83
2035	12.1	33	20.62	2080	10.4	28.4	18.76
2040	11.1	30.3	21.92	2085	10.4	28.4	17.99
2045	10.2	29.2	23.15	2090	10.5	28.2	17.9
2050	10	29.3	22.01	2095	10.6	28	18.1
2055	10.2	29.5	18.71	2100	10.6	27.8	18.21

（二）人口老龄化对储蓄的影响

人口老龄化与储蓄率的关系可以用生命周期理论加以说明。理性经济人会按照其终身的预期总收入来平滑各期消费，以实现整个生命周期的效用最大化。具体而言，每个个体实际上存活了三个时期：幼年、成年和老年。少儿不需要也无法做出任何决策；消费和储蓄的经济决策是个体在青年时期做出的；老年时只接受自己在青年时决策的后果，只有消费没有储蓄。理性经济人会在成年工作期将一部分收入储蓄起来，以备步入老年时期的消费。对于宏观总体，加总国民储蓄率由人口年龄结构及其变动而定，当老年人口占比增加时，总国民储蓄率将下降。储蓄可以直接转化为投资，在任何经济形态中，投资反映经济增长潜力。因此，人口老龄化可以通过影响储蓄最终反映在经济增长层面。

从全球范围看，对于那些高收入经济体，储蓄率因老年人口抚养比上升而被压制，使经济缺乏高速增长的动力，甚至陷于长期停滞。而对于受困于“马尔萨斯均衡陷阱”的国家，其储蓄率因高人口增长和低收入而处于较低水平，也难以实现经济起飞。

图 3-8 显示的是 135 个国家 2005~2010 年总抚养比与总储蓄率的散点关系，可分为三类情形：一是受困“马尔萨斯均衡陷阱”的低收入国家，兼具高抚养负担和低储蓄率特征；二是总抚养比低，但老年抚养比高（在 20%以上）和储蓄率低，主要来自高收入国家及东欧国家；三是人口红利国家，典型特征是低抚养比和高储蓄率并存，如过去几年间的中国。①

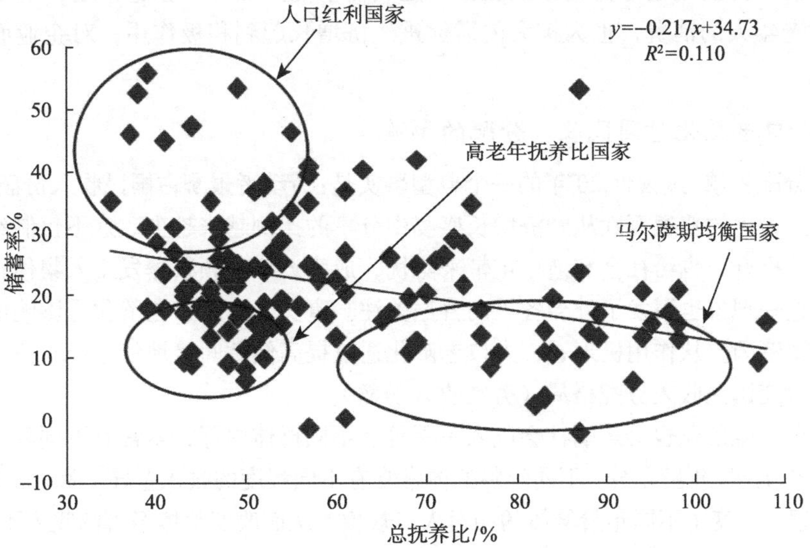

图 3-8 世界部分国家人口抚养比和储蓄率的散点图

注：抚养比和储蓄率是 2005~2010 年的算术平均数

资料来源：李建民. 2014. 中国人口与经济关系的转变. 广东社会科学，(3)：5-14

（三）人口老龄化对消费结构的影响

消费是推动经济增长的“三驾马车”之一，对整个国民经济的健康长远发展具有重要作用。经济体中的人口是由异质的群体构成的。不同年龄群体的消费偏好、消费方式和消费类型显然存在较大差异。整个社会老龄人口比重逐渐增加，必然要求形成一个老龄消费市场。按照国家统计局给出的定义，消费是指居民日常生活中（衣、食、住、用、行等），以满足自身和家庭成员需要为目的，经常性、多次性的消费支出（不包括资本投资类支出、以保值增值为目的的支出），包括八大类：食品烟酒、衣着、居住、生活用品及服务、交通和通信、教育文化和娱乐、医疗保健、其他用品服务等方面的支出。消费结构将因人口逐步老化而发生动态变迁。

人终究会变老。这一过程中，人体的生理自动调节功能和免疫力都将下降（包括知觉

①李建民. 2014. 中国人口与经济关系的转变. 广东社会科学，(3)：5-14.

衰退，消化器官功能减退，视力、听力减弱，身体的运动速度和协调功能减退等），心理情感方面也容易产生孤独感。正是由于生理和心理方面的诸多变化，老年人在消费需求方面与青年人和中年人有显著区别。相比而言，老年人的消费购买指向较为明确且稳定，休闲和保健性服务消费所占比重较大，主要集中于医疗保健、生活用品、家政服务、休闲娱乐、居住等。这些除了具有普通功能之外，还兼具有利于老年人身心健康和减轻劳动强度的功能。老龄社会必然要求新的消费类型和消费结构。因此，发展“银色产业”和“银色市场”值得重视，通过细分市场，譬如，针对60~70岁、70~80岁、80岁以上的不同年龄段的细分市场，开发创立专为老年人服务满足其需求的产品。“银色市场”的发展不仅能够满足亿万老年人的消费，也为扩大内需促进经济增长起到积极作用；对企业而言，则蕴藏很大商机。

（四）人口老龄化对国民收入分配的影响

在收入分配领域，过去近20年的一个典型事实是：劳动者报酬占国民收入份额持续下降，依靠工资收入为生的普通百姓从经济增长盛宴中分享的比例越来越少。这不仅制约了居民消费能力的有效提升，也给社会和谐稳定带来隐忧，成为近年来频频爆发工人集体行动的重要诱因之一。这一现象也引发了社会各界的普遍关注。事实上，人口老龄化是影响国民收入分配格局的重要肇因。从作用机理看，人口老龄化通过提高储蓄间接地促进资本集约，资本集约度提升则改变国民收入分配格局（劳动收入份额）。

不仅如此，老龄化也会影响社会收入不平等。不同群体内部，常常有不同程度的收入不平等。若群体乃是以年龄划分，不同年龄群体常常有不同程度的收入差异，而老龄化作为“年龄移民”过程，改变了不同年龄群体的相对人口规模，从而改变整体经济的收入不平等程度。

来自中国的案例确认了人口老龄化对劳动收入份额的影响，即少儿抚养比下降、老年抚养比上升，以及老年人口比重增加对于劳动收入份额下降的显著效应。图3-9从统计关系角度反映了人口老龄化与劳动收入份额的关系。①

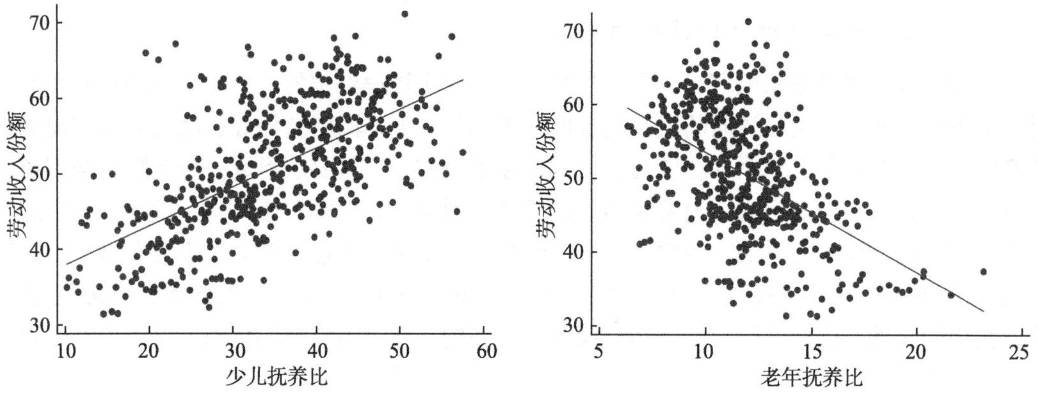

图3-9　中国劳动收入份额与人口年龄结构的散点图

①魏下海，董志强，赵秋运. 2012. 人口年龄结构变化与劳动收入份额：理论与经验研究. 南开经济研究，(2)：110-119.

第四节 案例专题

一、案例：人口老龄化与日本“失去的十年”①

第二次世界大战结束以后，日本人口开始了加速老龄化的过程，随着日本人平均寿命的延长和人口出生数量的逐年下降，日本的老龄化率逐年攀升，2007年日本老龄化率达21.5%，进入了超老龄社会。截至目前，全世界仅有日本一个国家进入了超老龄社会，超老龄社会对日本的经济结构产生了影响，带来多方面经济因素的变化。②

从图3-10中我们可以观察到日本人口年龄结构变化与经济增长之间的关系：20世纪50年代和60年代，日本经历了抚养比的大幅度下降，60年代末降到了谷底（44.7），在此期间日本经济增长获得了高速发展，尤其是60年代，GDP的年均增长率超过了10%。在70年代，抚养比出现窄幅回升，经济增长率则出现大幅下滑，但主要是受1973年世界爆发的石油危机的影响。80年代，人口抚养比出现窄幅下降，而该时期的经济增长率也出现了回升。人口抚养比与经济增长率之间的负向关系在90年代变得十分明显，尽管日元升值和经济泡沫是造成日本“失去的十年”的主要原因，但是人口抚养比升高的影响不容忽视，其中老年人口抚养比快速提高的影响尤甚，1980年日本老年抚养比为13.5，1990年和2000年分别提高到了17.3和25.5，2010年达到了36，日本经济则陷入了长期停滞状态。

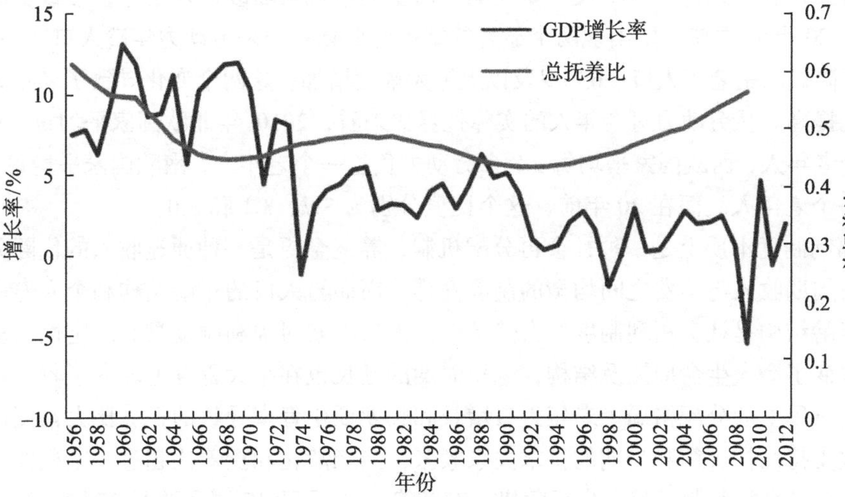

图3-10 日本GDP增长率与人口抚养比（1956~2012）

资料来源：李建民. 2014. 中国人口与经济关系的转变. 广东社会科学，(3): 5-14

如果以日本为参照对象，我国经济已经进入了第一个风险期，目前的情况与日本70年代初

①李建民. 2014. 中国人口与经济关系的转变. 广东社会科学，(3)：5-14.

②王晓璐，傅苏. 2012. 日本超老龄社会及其影响. 现代日本经济，(5)：65-71.

的情形很相似，即人口红利终结和世界经济不景气，同时也兼具了日本“失去的十年”前夕的特征，即人民币升值和经济泡沫。事实上，自 2011 年以来，我国经济增长已出现了明显的减速，连续两年低于 8%，比 2005~2010 年的年均增长率降低了 4.7 个百分点，下降了 38%。第二个风险期将会在 2020 年左右出现，届时我国老年抚养比将达到日本 90 年代初的水平，并且加速提高，到 2035 年将会超过日本 2005 年的水平，经济是否会因此而陷入长期停滞，非常值得警惕。

二、案例：人口老龄化与欧债危机①

欧债危机是第二次世界大战以来欧洲最严重的一场社会危机。自 2009 年 12 月债务危机首现希腊以来，葡萄牙、西班牙、意大利等国家陆续身陷其中。这场危机并不是一个孤立的事件，很多分析家认为这是欧洲经济、社会和政治矛盾的一次集中式爆发，是一场系统性、结构性的震荡。

其实，欧债危机的种子早在 20 世纪 80 年代甚至更早时候就已经埋下，那就是超低生育率和老龄化。第二次世界大战结束后，欧洲发生了两个具有深远影响的事件，为今天的欧债危机埋下了历史伏笔。一是英国制定了“贝弗里奇计划”，开始建立福利国家，随后欧洲发达国家都相继建立了号称“从摇篮到坟墓”完备的社会保障体系；二是第二次世界大战后欧洲出现了一个“婴儿潮”，生育率水平超过了战前水平，50 年代许多国家妇女总和生育率水平都高于 2.5，芬兰、荷兰、葡萄牙等国甚至超过了 3。随后人口出现了转折性变化，“婴儿潮”中出生的一代人成年后在生育行为上并没有步其父辈的后尘，而是走向低生育率甚至超低生育率。人口寿命延长、超低生育率及“婴儿潮”出生的一代人陆续进入老年，导致了西欧和南欧的人口在 80 年代中期开始出现两个显著的结构性变化：一是劳动力年龄人口（15~64 岁）比重快速下降；二是老年人口（65 岁及以上）大幅度增加。这两个变化导致了老年人口抚养比的大幅度提高。从劳动力对老年人的实际抚养比来看，2010 年北欧国家平均每 2.9 个劳动力负担一个老年人，西欧国家平均每 2.8 个劳动力负担一个老年人，南欧国家平均每 2.4 个劳动力负担一个老年人。而在 20 年前，这个比值分别为 3.7、3.1 和 3.0。

社会福利制度本质上是一种社会再分配机制，养老金更是一种通过收入的代际分配来实现个人生命周期收入与消费之间均衡的制度安排，因而与人口的年龄结构和个人寿命密切相关。人口年龄结构是社会福利制度的自然基础。人口因素对福利制度具有决定性的影响：寿命的延长改变了个人生命周期及结构，老年时期的延长也在很大程度上转变了收入在个人生命周期不同阶段上的分配格局。老年人口增长和长期低生育率导致的抚养比大幅度提高，使得代际梯次支持结构失衡和当期的供求关系紧张，当老龄化和抚养比超过一定程度时，国家财政乃至整个社会福利制度就会出现危机。2009 年，欧元区 17 国和欧盟 27 国的社会保护支出占 GDP 的比重分别为 30.41%和 29.61%，其中养老金支出占 GDP 的比重都超过了 13%，而意大利、法国、西班牙、希腊等国家都超过了这个平均水平。因此，随着抚养比的不断攀升，高福利制度也就失却了应有的人口条件。欧债危机正是源于高度的老龄化和沉重的抚养比从根本上撼动了高福利制度的人口基础，不仅拖累了经济增长，也抬高了福利成本，加剧了财

①吴帆. 2013. 基于人口视角对欧债危机的社会观察——对中国的警示和启示. 人口研究，(3)：71-81.

政负担，造成了公共债务不断上升。

欧债危机实际上是欧洲人口结构与经济结构、福利结构之间的系统性失衡。当一个国家发生着系统性的结构变化时，就会面临着一种特殊的危机关联风险，即社会某一个方面因素的变化可能会引起整个社会的震荡。而且这种危机的根源可能不在当下，而是在历史。这对于中国来说是一个警示。目前，中国已进入一个人口结构、经济结构和社会结构的系统性变化时期，面临着人口老龄化和抚养比的提高、经济增长减速和中等收入陷阱威胁、社会转型和社会利益关系格局重构等多重挑战。另外，中国正处于社会福利制度重构时期，如何汲取欧债危机教训，建立一种激励型并适应未来人口结构变化的社会制度安排，应该成为中国社会发展的战略选择。

CHAPTER 4

第四章　人口红利与经济发展

[内容提要]

本章阐述人口红利与经济发展之间的联系，首先对人口红利以及人口红利在中国的形成与演变进行概述，然后详解人口红利何以影响经济发展，最后就中国人口红利的经济效应进行全面探究。

[学习要点]

1. 领会何为人口红利；
2. 掌握人口红利的度量标准；
3. 熟悉中国人口红利的特征及演变过程；
4. 领会人口红利对经济增长的作用机制；
5. 领会人口红利促进经济增长的条件；
6. 熟悉人口红利对实际汇率及国际收支的影响；
7. 熟悉中国人口红利的经济效应。

第一节 人口红利概述

一、人口红利

人口红利（demographic dividend），又称为人口红利期或人口机会窗口，是指人口结构从“高出生率、低死亡率、高自然增长率”向“低出生率、低死亡率、低自然增长率”转型的过程中，所形成的一种劳动年龄人口比重高、少儿和老年人口比重低的人口年龄结构。[①]人口红利的概念最初是由 David E. Bloom，Jeffrey G. Williamson 在研究东亚经济奇迹时所提出的，他们认为，1965~1990 年，人口转变是导致东亚经济增长的部分原因。1998 年，联合国人口基金会在《世界人口现状（1998）》中正式使用人口红利一词，此后人口红利的概念开始被学界认同和广泛使用。[②]

目前，国内对人口红利的经济效应的研究也逐渐增多，但是对人口红利的具体定义仍是众说纷纭。对此，《国家人口发展战略研究报告(2007)》指出：“人口再生产类型转变使人口年龄结构变化依次形成从高少儿、低老年型的高人口抚养比，到低少儿、低老年型的低人口抚养比，再到低少儿、高老年型的高人口抚养比三个不同阶段。在第二阶段，劳动年龄人口比重高，人口抚养负担轻，人口生产性强，社会储蓄率高，有利于经济增长。这一人口年龄结构最富生产性的过渡时期通常被称为人口红利期，人口年龄结构对经济增长的这种潜在贡献就是人口红利。”虽然学者们对人口红利的看法不同，但是基本都认同其所包含的两大要素：一是劳动力规模和所占比重大；二是少儿与老年人的抚养负担较轻。[③]

随着学者对人口转变的经济影响的研究逐渐深入，人口红利的概念被扩展为“两次人口红利”。第一次人口红利是指人口转变造成的劳动年龄人口比重上升、总抚养比逐步下降的利于经济发展的人口结构。第二次人口红利这一概念最早由梅森和李（Mason and Lee）[④]提出，是指由于人们预期到人口年龄结构的变化，比如，随着老龄化速度加快、程度加深，总抚养比将大幅上升，个人行为和公共政策会相应做出调整，从而增加资本积累，提高资本-劳动比，进而推动经济增长。[⑤]

二、人口红利度量

要衡量人口红利的程度与期限，首先要明确人口红利的度量标准。对于如何测度人口红利，学术界具有不同的看法，主要有如下几点。

（一）用“理论抚养比”衡量

人口红利的标准测度一般采用理论抚养比、老龄化率、有效抚养比、社会抚养比等单指

①雷晓康，张楠. 2011. 近年我国人口红利问题的研究综述. 理论学刊，(6)：77-81.

②王洪春. 2006. 从“人口红利”到“健康红利”. 医学与哲学（人文社会医学版），(5)：21-22.

③王颖，佟健，蒋正华. 2010. 人口红利、经济增长与人口政策. 人口研究，(5)：28-34.

④Mason A, Lee R. 2006. Reform and support systems for the elderly in developing countries: capturing the second demographic dividend. Genus, 62(2): 11-35.

⑤刘士杰. 2010. 人口转变对经济增长的影响机制研究——基于人口红利理论框架的深入分析. 南开大学博士学位论文.

标。理论抚养比是指某个国家被抚养人口与抚养人口之比，其中包含少儿抚养比、老年抚养比和总抚养比，这是衡量人口红利最简单、最常用、最基本的指标。田雪原就曾指出，人口抚养负担(抚养比)是衡量人口红利的重要尺度。按照国际上的惯例，即总抚养比低于50%为人口红利期。从中国人口转变情况来看，自20世纪80年代开始，我国劳动年龄人口比重开始逐渐上升，而总抚养比却在不断下降；到90年代，15~64岁劳动年龄人口比重高达65%以上，总抚养比则下降到50%以下，这意味着，至此我国已经进入了“人口红利”期。①

（二）用“标准人口”来衡量

人口负担的轻重是衡量人口红利的重要尺度。但是，人口负担是一个相对值，其是过重还是较轻，都是相对于“标准人口”（参照人口）而言的，换言之，考察相比于“标准人口”人口红利期的抚养比到底是低还是高。“人口红利”期或“人口负债”期就是指抚养比低于或高于“标准人口”抚养比一定的值的时期。那么何为“标准人口”，其确定的标准是什么？人类自身发展的要求是向现代静止人口转变的，也就是说，无论抚养比如何变化，人口都处于“盈亏平衡”期。因此，应该把现代静止人口当作“标准人口”。

对于现代静止人口的确定，有以下几点值得注意：①现代静止人口（一种生命表形式的人口）是指预期寿命到达或超过目前世界平均水平的国家生命表人口；②标准人口的选取要考虑不同国家的情况，因为不同国家的人口预期寿命差别很大；③选取的标准人口要具有一定的稳定性，不仅适用于现在，还有未来一段时间。陈友华就以瑞典1957年生命表人口为标准人口，并把少儿抚养比、老年抚养比以及总抚养比分别低于30%、23%、53%（以65岁为老年起始年龄）时作为人口红利期。②

（三）利用“有效生产者”和“有效消费者”之比来衡量人口红利

有些学者认为单纯以年龄组人口计算抚养比是不合理的。因为，当劳动年龄人口增加时，并不意味着所有这个年龄段的人都将进入劳动力市场，成为能增加产出的有效劳动力。同理，老年人口的增加，也不一定意味着消费人口或被抚养人口的增多，随着人口寿命的延长和老年人身体素质的上升，许多老年人口仍在从事各种生产活动、创造收益。因此，应该用“有效生产者”和“有效消费者”之比来代替按年龄组人口计算抚养比。也就是说，抚养比的计算需要以每一时点的分年龄组人口对年龄别作生产和消费的加权处理。有效生产者人数为以年龄别劳动生产率加权的人口数；有效消费者人数为以年龄别消费水平加权的人口数。③有效生产者数量的定义为 $L(t)=\sum_{a} w(a)P(a,t)$，其中，$w(a)$ 表示不同年龄阶段的生产力，$P(a,t)$ 指 t 年年龄为 a 岁的人数。有效消费者数量可以定义为 $N(t)=\sum_{a} c(a)P(a,t)$，有效消费者的人均产出 $y(t)=\dfrac{Y(t)}{N(t)}=\dfrac{L(t)}{N(t)}\times\dfrac{Y(t)}{L(t)}$，也可以表达为抚养比（$L/N$）和劳动者人均产出（$Y/L$）的乘积。有效

①田雪原. 2005-11-14. 人口与经济社会发展过程中值得关注的一个大趋势——从“人口红利”到“人口亏损”. 北京日报, 第17版.

②陈友华. 2005. 人口红利与人口负债: 数量界定、经验观察与理论思考. 人口研究，(11)：23-29.

③王丰. 2007. 人口红利真的是取之不尽、用之不竭的吗?. 人口研究，(11)：76-83.

消费者人均产出的增长率（$\dot{y}$）等于抚养比的增长率，即有效劳动者增长率与有效消费者增长率之差，有效生产者与人均产出的增长率（$\dot{y}^l$）之和，即 $\dot{y}(t)=\dot{L}(t)-\dot{N}(t)+\dot{y}(t)^l$。①

第二节 人口红利的产生与消失

一、中国人口红利的产生及其特征

中国的人口转变始于新中国成立初期。人口转变初期的表现主要是死亡率大幅下降。1950年中国的人口死亡率高达 18‰，出生率也高达 37‰，因而人口自然增长率处于高位，达到19‰。除了 1960 年前后的三年“大饥荒”所引致的高死亡率之外，随后年份中国人口死亡率持续下降，而出生率的下降空间十分有限，因而人口的自然增长率大幅度上升，贯穿整个 20 世纪 60 年代并达到峰值。自 70 年代开始，由于计划生育的严格执行以及整体经济社会的全面发展，中国人口态势发生根本性变化，人口出生率快速下降，“少子化”现象普遍。自 1998 年以来，人口自然增长率一直处于 1‰之下。

伴随着人口转型的是人口年龄结构的改变，少儿人口所占比例大幅下降，劳动年龄人口所占比重上升，同时，老龄化程度在一段较长的时间内并不严重。这种人口结构的变动导致人口结构富有生产性，同时大大降低了总抚养比。国际上通常把总抚养比下降到 50% 以下称为人口红利期。从总抚养比的变化来看，我国从 20 世纪 60 年代开始少儿抚养比和总体抚养比迅速下降，自此，中国开始享受人口红利。②

二、中国人口红利的消失

学术界和政策界对中国的人口红利到底可以持续多久这一问题可谓众说纷纭、见仁见智。一些学者认为人口红利将长期存在，他们以总抚养比的变动来判断，认为人口红利在出现拐点之后还可以再持续 20 年以上，因为 2010~2035 年，中国总抚养比仍低于 53%。而另一些学者则认为在 2013 年左右，中国的人口抚养比在出现拐点之后，将会迅速上升，从那时起人口红利便消失了。③可以看出，存在争议的主要是人口红利的延续期到底是多久，也就是说，究竟是在 2013 年左右结束，还是再持续 20 年以上才会结束。④

我国的总抚养比在 20 世纪 60 年代很高，高达 80%以上，自 1970 年开始一直都呈下降趋势，但在 2010 年之后出现了转折。从 2010 年的全国第六次人口普查可以看出，劳动年龄人口在 2010 年达到最大值后开始下降。而抚养比则从 2010 年开始上升，成为人口动态变化的转折点。⑤

尽管目前我国仍处于低抚养比时期，但抚养比提高趋势及其对经济的影响预期是不容乐观的。从图 4-1 中可以看出，根据联合国的预测，总抚养比在 2020 年将高达 43%，2035 年超

①王丰，梅森. 2006. 中国经济转变过程中的人口因素. 中国人口科学，(3)：2-18, 95.

②蔡昉. 2004. 人口转变、人口红利与经济增长可持续性——兼论充分就业如何促进经济增长. 人口研究，(2)：2-9.

③蔡昉. 2010. 人口转变、人口红利与刘易斯转折点. 经济研究，(4)：4-13.

④蔡昉. 2011. 中国的人口红利还能持续多久. 经济学动态，(6)：3-7.

⑤蔡昉. 2013. 从人口学视角论中国经济减速问题. 中国市场，(7)：49-53.

过 50%，2045 年将达到 60%，届时我国将处于高抚养比状态。同时，还可以看出我国老年抚养比在 2010 年之后的提升速度非常快。在 20 世纪下半叶，我国老年抚养比上升幅度比较小，只是从 7%提高到 9%，而在 21 世纪的第一个 25 年里，老年抚养比就将从 10%提高到 20%，2035 年和 2040 年甚至高达 30%和 40%。老年抚养比的大幅度提高，对于我国经济来说是一个严峻的挑战。[①]如果仅以抚养比的高低来判断人口红利期，以 45%作为依据时，在 2030 年之前，我国都可以继续收获人口红利。如果以 50%的抚养比为依据，则人口红利还可以继续延续到 2035 年左右。但是，如果同时考虑资本积累的情况和人口抚养比，中国的人口红利在跨过拐点之后就开始迅速衰减。[②]

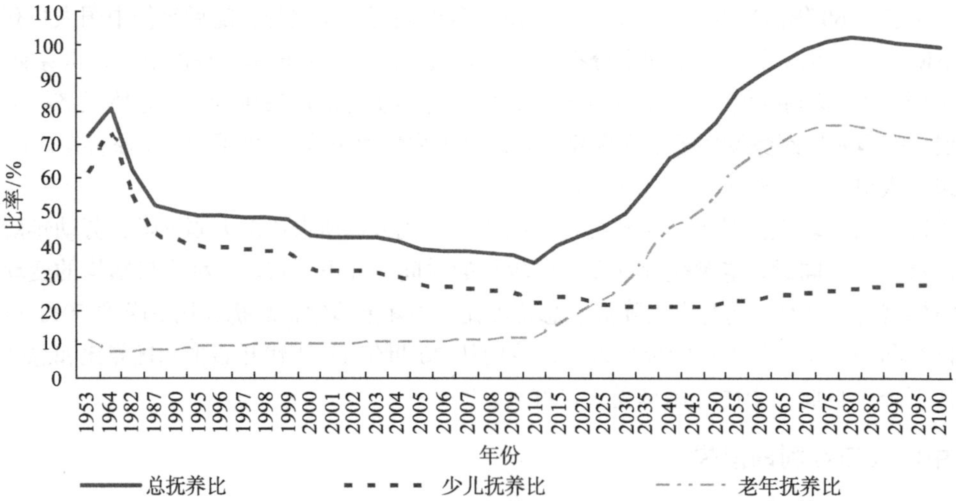

图 4-1　中国人口红利期示意图

资料来源：中国统计年鉴 2012、World Population Prospects: The 2010 Revision

新古典增长理论假设劳动力是短缺的，当物质资本的投入超过一定点后，就会出现边际报酬递减，经济增长就无法持续。因此，打破资本边际报酬递减规律主要有两个途径：①通过技术进步，以全要素生产率的不断提高来保持经济增长的可持续性；②破除劳动力供给短缺的约束。人口红利与资本积累的关系在于：人口红利的劳动力无限供给性质打破了新古典增长理论的劳动力供给短缺约束，因而可以避免资本边际报酬递减现象的出现。资本积累是一个不断扩大的过程，总抚养比下降所带来的人口红利恰好可以为经济增长提供一个使其不出现资本报酬递减的要素条件。因此，如果人口红利逐渐衰减，资本扩张从而使资本集约度提高，资本边际报酬递减将会出现。

从现实来看，2010~2015 年之前的一段时期是中国最大限度“摘取”人口红利果实的时期，也就是人口抚养比降到 37%~39%水平之前的时期。自 2010~2015 年开始，随着人口结构的变动，人口红利所带来的对资本边际报酬递减的抑制作用将迅速减弱，特别是随着资本积

①李建民. 2014. 中国人口与经济关系的转变. 广东社会科学，(3)：5-14.

②蔡昉. 2004. 人口转变、人口红利与经济增长可持续性——兼论充分就业如何促进经济增长. 人口研究，(2)：2-9.

累速度的加快，经济增长就会在更高的程度上依赖投资，人口红利将过早终结。[①]

第三节　人口红利与经济发展

一、人口红利对经济增长的作用机制

当人口年龄结构处在人口红利期时，丰富的劳动力供给和高储蓄率将为经济增长提供一个额外的源泉。但是，一旦人口转变超过这个阶段，人口因年龄结构老化而在总体上不再富有生产性时，人口红利便会逐步消失，随之而来的便是人口负债的出现。总和生育率可作为反映人口转变阶段的变化最综合的指标，从理论上预期人口转变与经济增长的关系为：当总和生育率水平很高时，经济增长率会相应地在很低的（假设没有人口转变和技术进步）稳态水平上；随着总和生育率下降，会产生富有生产性的人口年龄结构，经济增长率将加快，从而获得人口红利；而当生育率持续下降到更低的水平时，老龄化程度将提高，经济增长率会慢慢回落到较低的稳态水平上。如图 4-2 中虚线所示，生育率下降形成富有生产性的人口年龄结构这一特定人口转变阶段，即所谓的“人口机会窗口”。[②]

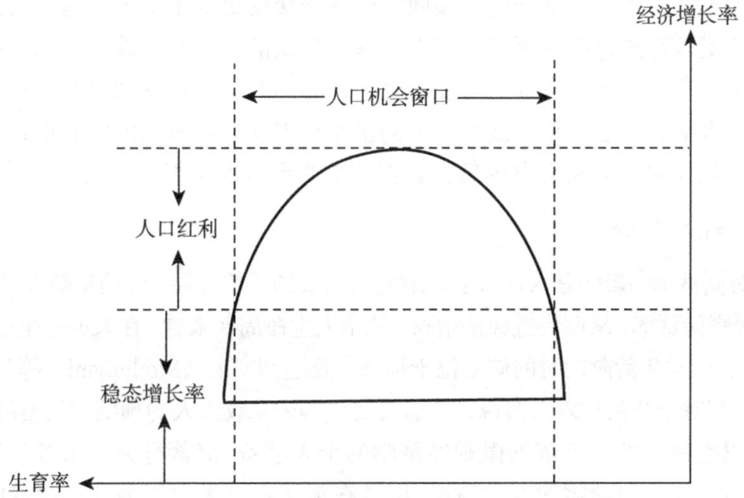

图 4-2　生育率与经济增长率之间的关系示意图

资料来源：蔡昉. 2010. 人口转变、人口红利与刘易斯转折点. 经济研究，(4)：4-13.

（一）人口红利与劳动力供给

人口红利的显著标志是劳动力规模庞大和所占的高比例，这种显著的特点提高了人口的生产性，促进了经济增长。[③]人口红利期的人口结构变化对劳动力的供给主要有两种影响途径：一种最根本的途径是在人口红利期之前“婴儿潮”时期的出生人口陆续进入劳动力市场。随

①蔡昉. 2011. 中国的人口红利还能持续多久. 经济学动态，(6)：3-7.

②蔡昉. 2010. 人口转变、人口红利与刘易斯转折点. 经济研究，(4)：4-13.

③钟水映，李魁. 2009. 人口红利与经济增长关系研究综述. 人口与经济，(2)：55-59.

着这些人口步入 20~54 岁的劳动高峰期年龄段，劳动年龄人口的迅速增加对降低人口抚养比的影响将达到顶峰。如果劳动力市场能够收纳这些新增加的劳动人口，那么人均收入将随之提高；另一种途径是，人口红利期，家庭规模将趋于缩小，女性进入劳动力市场的机会将增加。家庭规模缩小会导致女性受教育机会增加，教育水平的提高会提升她们的劳动生产率并导致家庭规模的进一步缩小。①

人口红利所带来的劳动力供给增加主要通过两种途径作用于经济增长：①规模效应和分工效应。劳动力比例和规模增大会带来总产出的增加。同时劳动力人数的上升也会促进劳动分工，而劳动分工又能够带来规模效应；②劳动参与率的上升。劳动参与率会随着人口年龄结构的变化而变化。高劳动供给会带来高劳动参与率，从而将促进储蓄率和投资率的提高，进而推动经济发展。②

（二）人口红利与人力资本

人口红利对人力资本的投资有明显的促进作用。这种影响在当下的时效性可能不强，但对未来有显著的影响。人口转变始于人口死亡率的下降，这代表着人们健康状况的改善和平均预期寿命的延长。平均预期寿命的延长将会影响人们对家庭、教育、工作和退休的态度。首先，随着平均寿命的延长，家长们更倾向于让孩子接受更高水平的教育。另外，身体更健康的孩子每年接受教育的时间将更长。其次，孩子数量的减少意味着平均每个孩子可享受的教育资源将更多。家庭对教育投资的增加对整个社会的劳动生产率的提高也有积极作用，从而可以提高收入水平和生活水平。最后，人们虽然会因受教育时间的延长而推迟进入劳动力市场，但是一旦他们进入劳动力市场后，其劳动生产率将处于更高的水平。③

（三）人口红利与储蓄

人口红利对储蓄率的影响是人口转变影响经济增长的重要途径。劳动年龄人口的增多和总抚养比的下降会提高储蓄率，从而促进经济增长。从个人生命周期来看，在人的一生中储蓄呈现“倒U”形变化特征，劳动年龄阶段时的储蓄位于顶峰。莫迪利安尼（Modigliani）等于 1954 年提出生命周期假说。相对于持久收入假说，该假说更强调未来收入的预期对消费的影响。

莫迪利安尼生命周期理论依据微观经济学的个人消费–储蓄行为，来考察消费者一生中各个不同阶段消费支出与储蓄的变动情况，以及在消费者一生中年龄和资产等因素如何影响其消费及储蓄决策。生命周期假说的基本内容是：消费者会将其一生的收入与财富在生命期的各个阶段做合理消费和储蓄安排，以实现效用最大化。因此，消费并不单纯地由现期收入决定，而取决于整个生命期的总收入与财富。这也意味着个人生命期储蓄取决于生命期收入资源，并受生命期的阶段性特征影响。按照效用最大化原则，个人生命期的储蓄积累在临近退休时达到顶峰，退休后储蓄为负，财产逐渐减少。随后，生命周期理论将这一理论推广到对一国宏观经济的层面的研究，提出了引入人口年龄结构变量的生命周期储蓄函数，计算公式为

---

①刘士杰. 2010. 人口转变对经济增长的影响机制研究——基于人口红利理论框架的深入分析. 南开大学博士学位论文.
②刘士杰. 2010. 人口转变对经济增长的影响机制研究——基于人口红利理论框架的深入分析. 南开大学博士学位论文.
③刘士杰. 2010. 人口转变对经济增长的影响机制研究——基于人口红利理论框架的深入分析. 南开大学博士学位论文.

$$s=\frac{S}{Y}=\frac{\alpha\chi_m+\beta\chi}{1+\alpha\chi_m+\beta\chi}\times\frac{M}{W}-\frac{\chi}{1+\alpha\chi_m+\beta\chi}\times\frac{R}{W}$$

用w和r分别表示一个人在有经济意义的生命期内期望的工作年数和退休年数，并令β表示比率$\frac{w}{r}$，β反映退休年数与工作年数的变化情况；用C_w和C_r分别表示工作期间和退休期间的平均消费率，$\chi=\frac{C_r}{C_w}$；W和R分别表示某一年的工作和退休年龄人口；M表示人口中尚未达到工作年龄的年轻人口部分，这一部分人口一般情况下只会增加消费而没有收入；用m表示一个人没有收入只有消费的年幼时期的年数，并令$\alpha=\frac{m}{w}$；用C_m表示每个年幼人口的平均消费率，并且$\chi_m=\frac{C_m}{C_w}$。

从公式中可以看出，在非稳态人口的前提下，储蓄率s是反映人口年龄结构变化情况的两个变量$\frac{M}{W}$和$\frac{R}{W}$的线性减函数，而$\frac{M}{W}$和$\frac{R}{w}$恰恰就是我们常用的少年抚养比和老年抚养比变量。因此，在引入年龄结构变量的生命周期储蓄模型中，社会总储蓄率是少年抚养比和老年抚养比的减函数。在总消费与总储蓄的变动上，若少儿和老年人口比重上升，则消费倾向提高；若劳动年龄人口比例增大，则消费倾向会下降。简言之，储蓄和消费依赖于人口年龄结构。①

（四）人口红利与公共投资

人口红利会影响公共投资方向。不同年龄段群体对公共服务的需求也不一样，少儿对健康和教育方面的服务需求更高，老年人对健康和生活照料方面的服务需求更高。如果少儿抚养比高，那么国民收入中用于子女养护、教育等的公共投资将增加；如果人口老龄化程度高，那么国民收入中用于非生产性消费支出（如养老、老人的护理、医疗等）将大幅度上升，用于生产性投资的公共投资比例将减少，私人储蓄和公共投资的减少会导致总产出和人均国民收入增长速度的下降。如果总抚养比较低，那么无论是公共部门还是私人部门都会加大生产性投资，从而提高社会的总产出水平。②

二、人口红利促进经济增长的条件

人口结构所带来的人口红利意味着劳动力供给十分充裕，如果能充分加以利用，将促进经济的增长。但是，人口红利并不必然导致经济增长，原因在于，人口红利的兑现具有一系列严格的社会制度和政策条件。

（一）第一次红利利用的条件

1. 实现人口红利的关键是劳动力资源被充分利用

如果人口红利所带来的丰富的劳动力资源未得到充分利用，那么人口红利就很难兑现，

---

①徐晟. 2008. 人口年龄结构影响国际收支的传导机制：中国人口红利的削减与国际收支双顺差. 财贸经济，(5)：33-38.
②钟水映，李魁. 2009. 人口红利与经济增长关系研究综述. 人口与经济，(2)：55-59.

社会也将承受巨大的就业压力。对此，政府应该提供足够多的岗位，使充分就业得以实现。人口红利所带来的优势要充分发挥，劳动参与率需保持较高的水平，同时失业率维持在较低的水平。如果丰富的劳动力资源得不到充分利用，不仅无法发挥劳动力优势，反而会加重社会的负担。因此，实现人口红利和经济持续高速增长的关键是充分就业。①

2. 实现人口红利的保障是劳动力可以自由流动

劳动力的自由流动是保证人口红利实现的重要保障。目前，我国实行的劳动力市场制度严重阻碍了劳动力流动，导致大量适龄劳动力滞留在农村，没有转化为有效生产力，因此人口红利所带来的丰富劳动力资源并没有被充分利用，人口红利难以兑现。为了保证人口红利的实现，急需建立健全具有可持续性的社会保障体系，破除农村劳动力向城镇转移的制度障碍。逐步放松户籍制度，抓住战略机遇期，是实现人口红利的必要条件。我国制造业主要是劳动密集型产业，只有劳动力的自由流动得到保障，劳动力密集型产业才能坐稳人口红利这趟“高速列车”，得以充分发展。②

3. 最大化人口红利的重要举措是鼓励劳动力质量的提高

人口红利只是人口转变的一个特殊阶段，伴随着人口转变的继续，它终将消失。人口红利可分为两个阶段：第一阶段，由于劳动力充分供给，因此成本低廉的劳动力和较充分就业成为经济发展的助推器；第二阶段，劳动力规模逐渐减少，这时必须以劳动力质量的提高来弥补数量的减少，提高劳动生产率，从而为经济发展注入新的活力。随着人口健康状况的改善和受教育程度的提高，人口质量红利将逐渐形成，从而可以补偿逐渐消失的人口数量红利，为未来经济增长提供更持久的动力。但是，第二阶段的劳动力质量替代战略的实现也是有条件的，主要依赖于第一阶段积累的经济成果是否能很好地通过教育、培训、医疗等转化为人力资本。因此，最大化兑现人口红利的重要举措是大力提高人力资本积累和全民素质。③

（二）第二次人口红利实现的条件

第二次人口红利较之第一次人口红利，除了会产生有利于生产要素投入的数量效果，即可以提供保持经济持续增长所需要的高储蓄率和充分的劳动力供给，更重要的意义在于其可以开发更持久的经济增长源泉，也就是说，通过提高人力资本积累、技术进步和体制改革，实现人口红利发展阶段上的全要素生产率的改进。④因此，第二次人口红利的条件要求更高，涉及教育制度、就业制度、户籍制度和养老保障制度的改革，以及资本市场的发育。⑤

1. 完善养老保险制度，保持储蓄率的可持续性

目前，中国的养老模式以依靠家庭为主，养老保险制度多实行现收现付制。家庭养老模式主要依赖于资源的代际转移，因而不会产生激励储蓄的效应。同理，我国养老保险制度的现收现付模式也不会激励储蓄，只有具有积累性质的养老保险制度才会产生对高储蓄的激励。此外，只有养老基金进入资本市场，这种储蓄积累才能够有效地转化为资本形成的源泉。然

---

①雷晓康，张楠. 2011. 近年我国人口红利问题的研究综述. 理论学刊，(6)：77-81.

②车士义. 2009. 人口红利问题研究. 西北人口，(2)：11-14.

③钟水映，李魁. 2009. 人口红利与经济增长关系研究综述. 人口与经济，(2)：55-59.

④蔡昉. 2012. 未富先老与中国经济增长的可持续性. 国际经济评论，(1)：82-95, 5.

⑤蔡昉. 2009. 未来的人口红利与中国经济增长源泉的开拓. 中国人口科学，(1)：2-10, 111.

而，只有比较成熟的市场经济国家才有这些条件。对于“未富先老”的中国来说，这些条件目前尚不具备，我们仍有很长的路要走。[①]

2. 延长退休年龄，增加未来的劳动力供给

综合考虑身体健康因素与人力资本积累（包括教育、培训和干中学）因素，有效工作年龄应伴随预期寿命的提高而延长。也就是说，可以通过延长实际退休年龄，从而扩大劳动年龄人口规模，使单位劳动年龄人口供养的退休人数减少。以中国2030年的情况为例，如果延长实际退休年龄，那么每百名20岁以上的工作年龄人口需要供养的老年人口将会大幅下降：从55岁退休情形下的74.5人降低到60岁退休情形下的49.1人,进而65岁退休情形下的30.4人。[②]

虽然在许多发达国家，为应对老龄化及其带来的养老基金不足问题，提高法定退休年龄的做法被广泛采用。但是，相对于发达国家，在两个重要条件上中国的情况有明显的不同，这个做法不应成为中国近期的选择。

首先，在退休后不同劳动者群体的预期寿命不同。预期寿命是反映人口健康状况的综合性指标，在总体水平上与经济和社会发展水平有关，在个体层面上受到不同人口群体的收入、医疗乃至受教育水平的影响，因此，在同样的退休年龄下，不同群体退休后的余寿不同，从而会导致享受养老金的时间长短各异。

其次，以人力资本来看劳动力总体特征有很大差别。延长退休年龄以增加劳动力供给的前提是，老年劳动者与年轻劳动者的教育程度没有显著差别，同时，前者具有丰富的工作经验，因而在劳动力市场上具有竞争力。在发达国家这种情况较为常见，在美国，60岁人口的平均教育年限（为13.7年）比20岁（12.6年）的高。但是，在中国，由于目前临近退休的劳动力群体是过渡和转轨的一代，由于某些历史原因，年龄越大受教育水平越低，在劳动力市场上他们的人力资本禀赋使得他们处于不利竞争地位。目前在中国劳动年龄人口中，60岁人口的平均受教育年限仅6年，远远低于20岁人口（9年）。[③]

从以上两个方面的分析可以看出，目前延长退休年龄的政策对中国不合适。在发达国家，劳动力市场的供给不足可通过延缓退休年龄得到缓解，而在中国，类似政策不但不会增加劳动力供给，甚至很可能会使高年龄组的部分劳动人口处于更糟糕的境地，本应退休却遭遇失业。随着中国刘易斯转折点的到来，总量上的就业压力得到缓解，劳动力短缺现象频频发生。劳动力供求的结构性矛盾非常突出，结构性失业和摩擦性失业现象凸显。显然，刘易斯转折点的到来，并没有提高劳动力市场对高年龄组的劳动人口的需求。

3. 改善教育水平，提高劳动生产率

在人口转变的过程中，随着少儿抚养比的下降， 4~15 岁的接受基础教育的人口，数量及占比都会下降。而劳动年龄人口的变动趋势显然慢于在学年龄人口的变动趋势，导致在学年龄人口抚养比降低。一方面，教育资源的制约会有所缓解；另一方面，家庭会更重视对孩子的教育，政府也会投入更多的资源用于教育的发展。改革开放以来，中国的教育水平发展

---

①蔡昉. 2009. 未来的人口红利与中国经济增长源泉的开拓. 中国人口科学，(1)：2-10, 111.

②蔡昉. 2012. 未富先老与中国经济增长的可持续性. 国际经济评论，(1)：82-95, 5.

③蔡昉. 2009. 未来的人口红利与中国经济增长源泉的开拓. 中国人口科学，(1)：2-10, 111.

很快，九年义务教育迅速普及，职业教育和高等教育也得到很好发展，但是与发达国家相比还有较大的差距，区域与城乡教育水平发展也不平衡。教育水平的整体改善是提高劳动生产率的重要源泉，随着人口年龄结构的转变，加大对教育的投资，重视教育的发展，是第二次人口红利得以开发的重要倚仗。[①]

三、人口红利对实际汇率的影响

人口年龄结构的变动对储蓄率和生产率都会有影响，而储蓄率、生产率与实际汇率都有密切的关系，因此，人口红利对实际汇率也会产生影响，其影响机制可以归纳为以下两点。

（一）需求结构效应

人口年龄结构的变化，会影响消费需求结构。不同的年龄段，主要消费的物品不同，对于少儿和老人来说，对教育、医疗和保健服务等非贸易品的需求会较高。人口红利的表现就是总抚养比的下降，即少儿和老年人口的比重降低。由于非贸易品的价格对实际汇率有直接的正向影响。总体人群对非贸易品的需求减少时，非贸易品价格会下降，因而实际汇率下降。随着人口红利的衰退，总抚养比的上升，对非贸易品的需求提高，实际汇率将升值。此外，人口红利还会影响国家的公共财政支出方向，当少儿和老年人口比重比较低时，公共财政支出倾向于生产性投资，而如果总抚养比过高，政府的财政开支也会偏向于非贸易品消费，实际汇率也会升值。值得注意的是，需求结构效应的发挥需要完善的社会保障机制。对于发达国家来说，需求结构效应比较明显，而对于中国来说，由于社会保障机制不健全，相关的财政转移支付严重不足，而且金融系统尚不发达，需求结构效应的发挥受到很大制约。

（二）经常账户效应

人口年龄结构的变化会影响储蓄和投资，而储蓄和投资又会影响经常账户，从而对实际汇率产生影响。根据生命周期理论，少儿和老人只有消费，没有储蓄或储蓄为负，只有工作的劳动年龄人口才有储蓄。随着老年抚养比的上升，经常账户将出现赤字，实际汇率也将随之升值。此外，国际投资与经常账户状况也有着直接联系，在总抚养率比较低的阶段，实际汇率也较低，人们的海外资产存量也会相应增加。但是随着人口老龄化程度的上升，海外资产所提供的利息收入会进一步促进老年人口的消费，提高实际汇率。不过，由于中国经济变动比较急剧，人口红利所带来的“经常账户效应”并不显著。[②]

四、人口红利对国际收支的影响

（一）人口红利通过储蓄、投资行为来影响国际收支

根据生命周期理论，人们会根据一生的收入和财富合理安排不同人生阶段自己的消费和储蓄，以期达到最佳配置。从储蓄和投资行为来看，人口红利对国际收支的影响机制可总结为两点：①总抚养比下降，劳动年龄人口数量上升，储蓄率上升，在封闭经济中，会导致投资率上升；②在劳动生产率不变的条件下，总抚养比下降，劳动年龄人口数量上升，会导致

①蔡昉. 2012. 未富先老与中国经济增长的可持续性. 国际经济评论，(1)：82-95, 5.

②杨长江，皇甫秉超. 2010. 人民币实际汇率和人口年龄结构. 金融研究，(2)：52-67.

投资回报率上升，总人口的就业需求增加，最终导致投资需求上升。在开放经济中，储蓄可以在国际上流动，储蓄率与投资率的关系会受到影响，国际收支的变动情况取决于储蓄和投资变动的相对幅度。不过，总的来说，储蓄效应的影响比投资效应明显。当劳动年龄人口足够大，储蓄率超过投资率时，国际收支会上升。

（二）人口红利通过提升生产率来影响国际收支

人口红利期，劳动年龄人口比重大，劳动参与率上升。在资本自由流动的情况下，大量廉价的劳动力会吸引国际资本的投入，增加生产设备，从而提高生产率和产品产量，促进更多产品出口，从而增加国际收支。随着人口红利式微，老龄化程度加剧，社会劳动生产率下降，国内产品和服务的产量下降，在总需求不变的情况下，国内产品价格会上升，从而使本国产品的国际竞争力中的价格优势慢慢散失。同时，老年人口增加，对一些非生产性产品的需求增多，在供给减少的情况下，大量产品依赖于进口，国际收支余额减少。

（三）人口红利通过改变一国资产价格来影响国际资本流动

从长期来看，资产价格取决于资本的真实回报率，而从短期来看，资产价格则取决于供求关系。此外，人口年龄结构的变动也会影响资本价格。相比于少儿和老年人，劳动年龄人口的储蓄能力和抗风险能力最强。在人口红利期，人们将储蓄投资于股票、债券和基金的倾向比较大，从而推动资产价格的上升以及金融资产的供给。随着人口红利的消散，储蓄率下降，导致金融资本品供给过剩，金融资产价格下降。在开放的金融市场，如果不考虑风险溢价及资本自由流动，高年龄组人口为了保证自己的养老金等社会资金的保障作用和回报率，会把资金投入资本品价格较低的国家以寻求更高的收益，造成国际资本流出。[①]

第四节 中国人口红利的经济效应

一、中国人口红利对经济发展的影响

中国的人口红利期，人口红利的果实被充分摘取，其对经济增长的作用非常显著。一些学者的研究表明，改革开放以来，人口红利对经济增长的推动作用很大。王丰、梅森认为，中国的经济增长 15%可归功于人口贡献[②]，蔡昉、王德文对 1978~1998 年中国经济增长因素进行分析，认为其中 21%是人口作用[③]。“人口红利”可以从三个方面推动中国经济增长。

1. 高劳动参与率

自 20 世纪 80 年代以来，中国社会的总抚养比持续下降，劳动年龄人口比重不断提高，人口结构发生了很大的变化。丰富的劳动力人口促使我国劳动参与率一直很高。从表 4-1 中可以看出，我国的劳动参与率一直比世界平均水平高，高出发达国家很多。这一方面有赖于我国庞大的劳动年龄人口，另一方面，我国的制造业主要是劳动密集型行业，可以吸纳大量的劳动力。加之我国

①林博，王川. 2013. 国际收支的人口结构效应研究. 南方金融，(10)：49-53.

②王丰，梅森. 2006. 中国经济转变过程中的人口因素. 中国人口科学，(3)：2-18, 95.

③蔡昉，王德文. 1999. 中国经济增长的可持续性与劳动贡献. 经济研究，(10)：62-68.

劳动力的成本比较低廉，劳动力资源禀赋上的优势成为这一时期经济增长的主要推动力。

表 4-1　2004~2012 年世界部分国家劳动参与率　　单位：%

国家	2004 年	2005 年	2006 年	2007 年	2008 年	2009 年	2010 年	2011 年	2012 年
中国	74	73	73	72	72	71	71	71	71
德国	58	58	59	59	59	59	59	60	60
英国	62	62	62	62	62	62	62	62	62
法国	56	56	56	56	56	56	56	56	56
美国	65	65	65	65	65	64	64	63	63
意大利	50	49	49	49	49	49	48	48	49
日本	61	61	60	61	60	60	60	59	59
韩国	62	62	61	61	61	60	60	61	61
新加坡	64	65	66	66	67	67	67	68	68
世界	64.8	64.8	64.5	64.2	64	63.7	63.4	63.5	63.6

资料来源：根据世界银行数据库的数据整理（http://data.worldbank.org.cn/indicator/SL.TLF.CACT.ZS）

2. 高储蓄率

人口红利为中国经济增长提供的不仅是充足的劳动力，还有高储蓄率，这也是经济增长的源泉之一。在过去的 30 多年中，资本积累对我国经济增长的作用最大。资本投入对经济增长的贡献率达到 71%，资本积累与人口红利有直接的密切关系：①人口红利所带来的劳动力的无限供给可以打破新古典增长理论的劳动力不足的限制，从而保证资本边际报酬递减不会到来。②人口红利带来的高储蓄率为高水平资本积累提供了保障，使投资率得以提高，进而促进经济快速发展。改革开放以来，我国的储蓄率一直处于较高水平，为我国经济的高速增长提供了有利条件。

3. 较高的劳动力配置效率

劳动力的配置效率是指技术水平不变的条件下，重新配置现存的资源而带来的效率。在中国，资源的重新配置和优化主要通过三大产业的重新配置来实现，我国工农业的生产率存在巨大差异，农业中有大量的劳动力剩余，产值也明显低于其他产业。而我国的人口红利主要在农村，因此，如果把这个部门的劳动力转移到其他部门，资源配置的效率会大大提升。改革开放后，大量的农民工涌入城市，劳动力的配置效率在提升，成为经济增长的主要推动力。由于户籍制度的限制，目前仍有大量的劳动力滞留在农村，这无疑是一种巨大的浪费。完善户籍制度和农民工等弱势群体的社会保障机制，对进一步提高劳动力配置效率有积极的作用。①

二、人口红利消失对中国经济的影响

（一）中国劳动力规模缩减以及劳动力供求关系改变

1. 劳动年龄人口数量开始减少

从 2015 年开始，我国劳动年龄人口开始负增长，在未来几十年，这个减少的趋势将不会

①汪小勤，汪红梅. 2007. “人口红利”效应与中国经济增长.经济学家，(3)：104-110；蔡昉. 2013. 从人口学视角论中国经济减速问题. 中国市场，(7)：101-131.

改变。劳动年龄人口的持续减少将给我国劳动力市场、经济增长以及社会经济其他方面带来深远影响，我国在剩余劳动力无限供给条件下的劳动力市场制度设计、收入分配制度、经济增长模式等都需要做出调整和改变。

2. 农村剩余劳动力已经十分有限

自改革开放以来，我国农村剩余劳动力一直持续向城市转移，特别是进入21世纪以后，转移的规模和速度迅速增加。在2013年，我国农民工总计已达到26 894万人，占全国就业人员的34.94%，占农村15~64岁劳动年龄人口的55.59%，并超过了农村15~39岁青年劳动人口的数量。这意味着，农村剩余劳动力已经十分有限，青壮年劳动力资源甚至出现短缺。另一组数据也可以证明这种情况的存在，自2010年以来，农民工的增长速度已经连年下降，2010年为5.4%，2011年为4.4%，2012年为3.9%，2013年为2.4%。①

3. 经济活动人口开始减少

首先，相比于2012年，2013年我国经济活动人口减少了303万人。经济活动人口代表的是实际的劳动力供给，导致我国实际劳动力供给减少的直接原因：一是我国劳动年龄人口已开始减少；二是劳动参与率逐年下降。在20世纪90年代，我国经济活动人口占15~59岁劳动年龄人口的比重基本保持在85%左右，但是，进入2000年以后，开始明显下降。到2013年，降至78%。其次，随着老龄化程度的加剧，我国已进入退休高峰期。这两方面的变化都意味着我国劳动力市场的供求关系将发生显著改变。②

（二）中国经济增长率下降

在改革开放后的30多年中，中国以年均近10%的经济增长速度快速发展，其中贡献最大的是资本积累。可以说，经济增长的源泉，约70%来自于资本积累。资本积累与人口红利密切相关，没有人口红利的支持，资本贡献不可能一直维持这么高的水平。随着人口红利式微，储蓄率、投资率、资本形成率都在下降，这必然会减少资本积累。同时，人口红利的存在，可以打破新古典增长理论的资本边际报酬递减的限制。由于拥有充足的劳动力供给，即使没有技术进步与生产率提高，也可以通过不断的投入资本与劳动力匹配来避免资本边际报酬递减。但是，随着人口红利的衰退，这种现象终究还是会出现，增长的速度也会受其影响。③

（三）中国潜在经济增长率下降

全要素生产率包括两部分，一部分是技术进步，另一部分是资源配置效率。人口红利主要影响的就是劳动力资源的配置效率，劳动力从落后的农业部门向先进的工业部门转移，无疑会提高劳动力的资源配置效率，从而提高全要素生产率。中国过去30年的经济增长，人口红利的推动作用是非常显著的。如果人口年龄结构发生了变化，那么对整个中国的经济增长将会产生影响，导致潜在经济增长率的下降。对企业来说，劳动力资源不再是无限供给，甚至会出现短缺，资本回报率也会下降，这些都会减少投资意愿。因此，我国的经济增长速度必然会减缓。从以下数据就可以看出，自改革开放以来到1995年，我国平均潜在经济增长率

---

①李建民. 2014. 中国人口与经济关系的转变. 广东社会科学，(3)：5-14.

②李建民. 2014. 中国人口与经济关系的转变. 广东社会科学，(3)：5-14.

③蔡昉. 2013. 人口因素如何影响中国未来经济增长. 科学发展，(6)：4-13.

为 10.29%，1995~2009 年，平均潜在增长率为 9.8%，其中“十一五”期间平均潜在增长率是 10.5%。估计“十二五”期间平均潜在增长率只有 7.2%，“十三五”期间平均潜在增长率更低，仅为 6.1%，潜在增长速度将进一步下降。①

三、人口红利告罄后的“华丽转身”：经济增长模式的新选择

人口红利消失并不意味着经济增长的源泉消失。人口红利只是人口转变的一个特殊阶段，随着劳动力年龄人口数量的减少，国家会进入一个新的发展阶段，可以开发其他的经济增长源泉来代替劳动力，如技术，这个转折点并不是坏事。人口红利可以分为第一次人口红利和第二次人口红利，第一次人口红利是人口转变初期，劳动年龄人口增加的阶段，第二次人口红利是在人口红利逐渐消失之后，也就是在老龄化的时期，通过相关制度的改进，我们可以继续享受人口红利的果实。②

（一）继续挖掘第一次红利的潜力

目前，我国的第一次人口红利只消耗了一半左右，实际上，还有一半的潜力可供挖掘。中国人口红利主要在农村。人口红利的具体表现就是，农村剩余劳动力向城市大量转移，形成“民工潮”，推动中国城市建设和经济的增长。农民工进城后，不仅提供丰富的劳动力，还是一支巨大的消费群体。但是，受到户籍制度等因素的制约，他们享受到的社会保障不多，而且对养老保障制度的贡献很少，这在很大程度上限制了他们的生活方式的转变，他们对消费的贡献和对劳动力素质的贡献并没有完全发挥出来。这也正是另一半人口红利所在，即把城市的农民工真正市民化，使其成为城市的居民，从而激发新的增长源泉。此外，除了改善制约劳动力流动的制度性障碍以外，提高教育和培训水平，从而改善劳动力质量也属于另一半人口红利开发的任务。③

（二）开发和利用第二次人口红利

人口红利的成分利用有着严格的社会制度和政策条件。从总抚养比的变化来看，20 世纪 60 年代中期，中国的总抚养比就开始下降，但是真正被利用是改革开放之后，因为一些经济和政策上的改革给第一次人口红利的利用创造了条件。第二次人口红利的开发，需要创造更多的条件，涉及教育、社会保障、就业和户籍等一系列相关领域的改革。④第二次人口红利开发的重要基础是人口老龄化，即人口预期寿命的延长，可以成为人口红利的新源泉。第二次人口红利包括三个主要来源：①养老保障需求的上升，保持了高储蓄率。如果建立起完善的、具有积累功能的养老保险制度，加上金融市场的不断完善，可以将储蓄率维持在较高水平。②教育资源投入增加，促使劳动生产率的提高。少儿抚养比的下降，会导致在学人口抚养比降低，这也意味着教育资源投入的加大，将大幅度地提高劳动力质量。③劳动参与率范围扩大，缓解劳动年龄人口减少的问题。随着人的寿命的延长，延缓退休是扩大劳动力供给、缓

---

①蔡昉. 2013. 人口因素如何影响中国未来经济增长. 科学发展，(6)：4-13.

②蔡昉. 2010. 另一半人口红利. 农产品市场周刊，(5)：16-17.

③蔡昉. 2010. 另一半人口红利. 农产品市场周刊，(5)：16-17.

④蔡昉. 2009. 未来的人口红利——中国经济增长源泉的开拓. 中国人口科学，(2)：2-10, 111.

解养老负担的重要途径。目前中国还没有足够的条件实施这个政策，但是随着人口受教育程度的提升，老年人口和青年人口的教育水平差距逐渐缩小，制定关于延缓退休的政策便逐渐成为可能。总的来说，第二次人口红利的开发可以为经济增长提供另一个源泉，在面临人口红利 “低垂的果实”时，完善相关制度和政策，为第二次人口红利开发创造有利条件刻不容缓。[①]

（三）通过改善人口素质和技术进步提高全要素生产率

根据新古典增长理论，由于假设劳动力供给是短缺的，随着资本投入的增加，会出现资本边际报酬递减的现象。要想保持经济增长的可持续性，需要不断提高全要素生产率的贡献份额。人口红利与资本积累的关系主要在于，其劳动力无限供给的特性打破了增长模型中劳动力的制约。但是，随着人口红利式微，资本边际报酬递减的现象还是无法避免的。这时，就需要开发另一个增长源泉，即全要素生产率。通过提高人口素质，依靠技术进步和生产率的提高，保持经济增长的可持续性。[②]如何提高全要素生产率，需要注意以下几点。

1. 提高人口素质

我国正处于产业结构转型期，如果从第二产业的劳动密集型向第三产业劳动密集型转变，则相对应的劳动者平均受教育年限要由 9.1 年提高到 9.6 年；转向第二产业的资本密集型要求劳动者平均受教育年限需升至 10.4 年；而若要转向第三产业资本密集型，劳动者平均受教育年限需上升到 13.3 年。俗话说“十年树木，百年树人”，虽然看似变化不大，但是根据人口普查资料可以发现，中国成年人平均受教育年限在十年内只增长了 1.3 年。就业结构升级是一个长期的过程，仅仅是初等义务教育的普及显然不足以支撑这一过程，因此需积极发展高等教育和职业技术教育，让更多的人接受更高层次的教育，方能实现就业结构的顺利转变。[③]

2. 推动技术进步

和发达国家相比，我们在技术水平上还有很大的差距。但是，作为发展中国家，我们可以采用更方便、廉价的方式实现技术上的快速发展。所以，我们不能盲目地在所有领域都过分强调创新，而是应该好好利用后发优势，厚积薄发，实现技术水平的快速提升。

3. 提高资源配置效率

全要素生产率的提高，还可以通过资源配置效率的提升来实现。人口红利期，我们通过劳动力转移来实现劳动力资源配置的优化。随着农村剩余劳动力的减少，我们可以采用其他的方式促进配置效率的提升。比如，产业内部的不同行业之间存在着生产力的差距，行业内部的不同企业间也存在生产力的差距，如果能通过重新配置资源来缩小其间的差距，就可以实现总的效率提升。[④]

---

①蔡昉. 2010. 人口转变、人口红利与刘易斯转折点. 经济研究，(4)：16-17.

②蔡昉. 2013. 人口因素如何影响中国未来经济增长. 科学发展，(6)：101-113.

③蔡昉. 2013. 人口因素如何影响中国未来经济增长. 科学发展，(6)：101-113.

④蔡昉. 2009. 未来的人口红利——中国经济增长源泉的开拓. 中国人口科学，(2)：2-10, 111.

CHAPTER 5

第五章 人口质量、人力资本与经济发展

[内容提要]

本章阐述人口质量、人力资本与经济发展之间的联系，首先对人口质量与人力资本这两个范畴进行概述，其次，引入经典理论模型来论证人力资本作用机制，最后通过事实真相对人口质量、人力资本与经济发展之间的联系加以总结。

[学习要点]

1. 掌握人口质量的相关概念及度量指标；
2. 熟悉人力资本理论的主要观点；
3. 掌握人力资本的性质、主要特点及测度方式；
4. 熟悉人力资本的生产功能；
5. 领会人力资本作用机制的相关理论模型；
6. 熟悉人口质量、人力资本与经济发展的现状及联系。

第一节 人口质量与人力资本概述

一、人口质量

人口质量（population quality）是人口经济学研究的一个重要范畴，是一个与人口数量相对应的概念。从人口动态和统一的发展过程来看，人口质量是人口各方面素质综合发展水平的概括，包括社会成员的文化程度、技能水平、智能和身体素质等因素。对一国和地区的经济社会发展来说，人口质量提升既是手段，也是最终目的。人口质量的提高体现在一般劳动者能够通过人力资本的积累转化为较高层次劳动者，从而成为推动经济持续增长的强劲引擎。

由于人们对“人口质量”概念的界定尚未完全达成共识，见仁见智，因而测算和评估一定时空下人口质量的发展水平并非易事。目前国际上用得较为广泛的有三个指标：生命质量指数（The Physical Quality of Life Index，PQLI）；美国社会健康学会指标（American Social Health Association，ASHA）；人类发展指数（Human Development Index，HDI）。

1. 生命质量指数

生命质量指数（PQLI）是由美国华盛顿海外发展委员会在 1975 年提出的。起初，PQLI 指标被提出仅仅用于评估各国之间物质福利水平和生活质量状态的差异，但由于这一指标可以反映出人口健康素质和文化素质的高低，且计算简便，所以为一些人口学家所借鉴，应用于人口质量指标测度。

PQLI 指标由 1 岁平均预期寿命、婴儿死亡率、15 岁以上成人识字率三项指数构成，按照相等的权数平均算出。具体计算方法是，先计算各单项指标的指数值，然后求它们的平均数。各单项指标计算方法如下。

（1）1 岁平均预期寿命，指一名新生儿如果其出生时各年龄组的死亡率在其终生保持不变的话，他可能存活的年数。换算方法如下：

$$A = \text{某地1岁平均预期寿命指数} = \frac{\text{某地某年1岁平均预期寿命}-\text{某年世界各国最低的1岁平均预期寿命}}{\text{换算系数}}$$

其中，$\text{换算系数}=\dfrac{\text{世界最高的1岁预期寿命}-\text{世界最低的1岁预期寿命}}{100}$。

比如，1990 年世界最高的 1 岁预期寿命为 79 岁（日本），最低的为 41 岁（塞拉利昂、埃塞俄比亚），故而换算系数为 0.38（=（79–41）/100）。这表明，1990 年 1 岁预期寿命每增加 0.38 岁，则预期寿命指数就增加 1 个百分点，简言之，设为 100 点，则每 0.38 为 1 点。

（2）婴儿死亡率，指每千个婴儿死亡率，换算方法如下：

$$B = \text{某地婴儿死亡率指数} = \frac{229-\text{每千个婴儿死亡数}}{\text{换算系数}}$$

其中，$\text{换算系数}=\dfrac{\text{世界最高婴儿死亡率}-\text{世界最低婴儿死亡率}}{100}$。

例如，世界最高婴儿死亡率为 229‰设定为 0，世界最低婴儿死亡率 7‰设定为 100，得到婴儿死亡率换算系数为 2.22‰。这表明，当一国和地区婴儿死亡率比最高的婴儿死亡率 229‰低 2.22‰时，则婴儿死亡率生命指数就提高 1 个百分点。需要注意，如果某一年世界最高和最低的婴儿死亡率发生变化，则换算系数也要相应发生调整。

（3）15 岁以上成人识字率（百分比），是指 15 岁及以上人口中有一定理解、阅读、使用文字能力的人口占总人口的百分比（用 C 表示），可直接作为指数值（0~100），不用换算。

根据三项指标，最后可计算出生命质量指数，即

$$\text{PQLI}=\frac{A+B+C}{3}$$

PQLI 值分布于 0~100 范围内，数值越大表明一国和地区的人口质量越高。

2. 美国社会健康学会指标

ASHA 是美国社会健康学会（American Social Health Association）的字母缩写，这一指标用于反映一国和地区社会经济发展水平以及在实现人口质量提升方面所取得的成就。相比 PQLI，这一指标增加了额外的 3 个子项，一共由 6 个子项指标值构成，计算公式为

$$\text{ASHA}=\frac{\text{人均国民收入增长率}\times\text{就业率}\times\text{识字率}\times\text{预期寿命}}{\text{出生率}\times\text{婴儿死亡率}}$$

这 6 个子项指标的理想目标值为：人均国民收入增长率为 3.5%，就业率为 85%，识字率为 84%，平均预期寿命为 70 岁，出生率为 25‰，婴儿死亡率为 50‰，由目标指标值算出的 ASHA 指数等于 20.23。

由 6 个子项指标共同构筑而成的 ASHA 指数，可以较好地刻画一国和地区的经济发展和人口质量状态，该指数计算方法简便，且具有国际可比性。

3. 人类发展指数

人类发展指数（HDI）是联合国开发计划署（UNDP）在《1990 人类发展报告》中首次提出的，就像“三条腿的凳子”，该指数由三项指标组成，并以此作为构建人类发展指数的基础（图 5-1）。HDI 自然就成为衡量世界各国和地区人类社会发展的统一标尺。长寿根据出生时的预期寿命测定；教育成就根据平均受教育年限测定；生活标准用人均国民收入（购买力平价换算成美元）测定。需要说明的是，HDI 计算公式并不是一成不变的，而要根据时代所需发生动态调整。比如，教育成就，在 2009 年之前采取成人识字率、综合粗入学率表示，在 2010 年则采取平均学校教育指数表示。

为了比较方便，此处采用 2010 年的计算公式。在计算 HDI 之前，有必要补充说明几个概念：①成人平均受教育年限（MYS），是指 25 岁及以上人口已经获得的文化程度转换成理论教育年限的平均值。②儿童预期受教育年限（EYS），是指在现有入学率保持不变的情况下适龄儿童预期获得的受教育年限。③人均国民总收入（GNIpc），是指用美元计量的国民总收入除以年终人口。

人类发展指数的计算公式如下：

$$\text{预期寿命指数 LEI}=\frac{\text{LE}-\text{LE}_{\min}}{\text{LE}_{\max}-\text{LE}_{\min}}$$

式中，$\text{LE}_{\max}$、$\text{LE}_{\min}$ 分别为世界各国最高预期寿命、世界各国最低预期寿命。

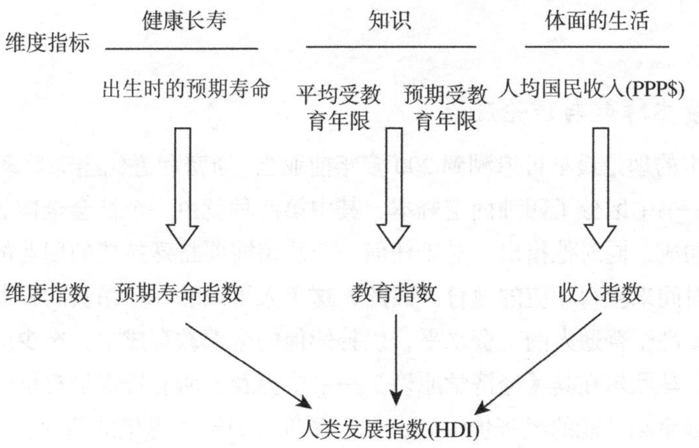

图 5-1 人类发展指数

$$\text{教育指数 EI}=\frac{\sqrt{\text{MYSI}\cdot\text{EYSI}}}{\sqrt{\text{MYS}_{max}\cdot\text{EYS}_{max}}}$$

式中，成人平均受教育年限指数 $\text{MYSI}=\frac{\text{MYS}}{\text{MYS}_{max}}$；儿童预期受教育年限指数 $\text{EYSI}=\frac{\text{EYS}}{\text{EYX}_{max}}$。

$$\text{收入指数：II}=\frac{\ln(\text{GNIpc})-\ln(\text{GNIpc}_{min})}{\ln(\text{GNIpc}_{max})-\ln(\text{GNIpc}_{min})}$$

因此，HDI 值为三个基本指数的几何平均数，即 $\text{HDI}=\sqrt[3]{\text{LEI}\cdot\text{EI}\cdot\text{II}}$。

对比上述有关人口质量的三种测度指数（PQLI、ASHA、HDI），方法上略有不同，但共同反映人口质量状态。通过研究可知，前两个指标计算较为简便，但实际计算结果缺乏敏感性，国家之间数值接近，难以真实刻画国别差异，HDI 则更能够真实反映国家之间的人口质量差异，因而也就被更加广泛地使用。从 1990 年起，由联合国开发计划署每年发布全球和分国别人类发展报告，包括世界各国在人类发展方面所取得的成就、差距以及未来奋斗目标，倡导人类发展的理念，将发展的核心从财富的增长转向人本身。在第三节分析人口质量现状时，我们着重采用 HDI 指数及其他重要变量进行分析（表 5-1）。

表 5-1 HDI 计算指标调整说明

一级指标	二级指标	维度	2010 年以前的三级指标	2010 年以前三级指标单位	2010 年以后的三级指标	2010 年以后三级指标单位
人类发展指数（HDI）	预期寿命指数	长寿	出生时预期寿命	年	出生时预期寿命	年
	教育指数	教育成就	成人识字率	%	平均受教育年限	年
			毛入学率	%	预期受教育年限	年
	收入指数	生活标准	人均国内生产总值	US$	人均国民收入	PPP$

资料来源：Klugman J, Rodriguez F, Chol H J. The HDI2010: New Controversies, Old Critiques. Human Development Research Paper.2011/01

二、人力资本[①]

（一）人力资本缘起与理论观点

有关人力资本的理论最早可追溯到200多年前亚当·斯密和近代经济学家马歇尔。亚当·斯密在《国富论》一书中区分了四种固定资本，其中第四种就由一个社会全体居民或成员所具有的有用的能力所构成，同时他指出，对于任何一个从事需要特殊技能的职业的人来说，他必须花费许多劳动和时间来获得相应的教育。因此，这个人可以和一台昂贵的机器相比。他所从事工作的收入必须要高于普通人的工资水平，以补偿他的全部教育成本，至少应该等于与其同等价值资本的利润。马歇尔在其《经济学原理》一书中提及，所有资本最有价值的是对人本身的投资，同时强调健康和技能的经济价值。这里蕴藏着人力资本思想的萌芽。

在20世纪50年代末和60年代初，现代人力资本理论产生，其中最具代表性的人物当属西奥多·舒尔茨（T.W.Schultz）。舒尔茨在这一期间连续发表了多篇重要文章，奠定了现代人力资本的理论基础。这些文章包括《关于农业生产、产出与供给的思考》、《教育与经济增长》、《人力资本投资》和《对人投资的思考》等。在1960年美国经济学年会上，舒尔茨作为新任会长做了题为“人力资本投资”的演讲，引发反响，他系统阐述了人力资本的概念与性质、人力资本投资内容与途径、人力资本对经济增长的影响等思想，强调“生产的决定因素不是空间、能量和耕地，决定因素是人口质量的改善”。与舒尔茨同一时期的加里·贝克尔和雅各布·明瑟也在人力资本领域做出了重要的学术贡献。其后，经济学界掀起了人力资本研究的热潮，“人力资本”（human capital）这一概念开始见诸于国际学术界。

人力资本理论的主要观点包括以下几个方面：

第一，人力资本是体现在人身体上的知识、能力和健康。从个体角度定义为：人力资本是指存在于人体之中，后天获得的具有经济价值的知识、技术、能力和健康等质量因素之和。从群体角度的定义为：人力资本是指存在于一个国家或地区人口群体每一个人体之中，后天获得的具有经济价值的知识、技术、能力及健康等质量因素之和。

第二，人力资本是通过人力资本投资而形成的。通常，人力资本投资包括四条途径：教育、职业培训、医疗保健、迁移和流动。具体地，教育投资可以提高劳动者的知识水平和文化程度；职业培训可以提高劳动者的技能水平和熟练程度，从而使生产效率得以提升；医疗保健可以改善劳动者的身体素质，从而促进工作效能；迁移和流动（包括空间的、职业的等）能够为人力资本所有者带来更多的收入增长，提高人力资本配置效率。

第三，人力资本投资提高了劳动者的文化、技能和健康水平，从而增加了货币收入或者心理效用。人力资本不仅用来提高个人未来收入，而且对整体经济起到生产性的积极作用，促进国民收入增长。

第四，人力资本投资对于发展中国家经济增长至关重要，决定着一国经济实力和国际竞争力，是发展中国家缩小与发达国家之间差距的重要资本。人力资本之所以与经济增长之间存在着密切关系，关键在于人力资本具有特殊的生产功能，包括要素功能和效率功能。

---

①李建民. 1999. 人力资本通论. 上海：上海三联书店.

（二）人力资本的性质

第一，生产性。这是人力资本最基本的性质。人力资本是生产过程中必不可少的生产要素，特别是在现代经济中，人力资本较之物质资本更加重要。

第二，稀缺性。这种稀缺性体现在两点：一是无论在何种条件下，微观个体所能获得的人力资本及其维持的时间终究是有限的；二是人力资本形成需要投入时间、劳动和财富等稀缺性资源。存量水平越高的人力资本，其稀缺性也越大，人口按人力资本存量的分布呈现金字塔形状。

第三，可变性。无论是个体还是群体，人力资本存量和价值并非静止不变，原因在于，首先，人力资本存量和价值可以通过投资和社会需求增加而增大；其次，人力资本存量和价值也可能发生闲置和贬损，比如，健康的贬损。

第四，经济性。人力资本可以作为其所有者（载体）获取经济利益的重要手段和工具。

第五，外溢性。人力资本可以导致外部效益和非经济收益，在宏观意义上，人力资本的外溢性是一个国家内生经济增长的重要源泉。

（三）人力资本的主要特点

第一，人力资本是以各种形式存在于活的人体之中，不能脱离其承载者而独立存在。这是人力资本与物质资本的最本质的区别。

第二，在现代社会形态中，人力资本不能够直接交易买卖，而只能让渡使用权。

第三，人力资本的形成和效能发挥都与人的生命周期紧密联系，二者基本存在非线性的关系。

第四，由于人力资本效能的发挥需要彼此互补的各种形式人力资本的共同作用，因此其效能发挥的最大化取决于存量水平最低的人力资本，遵从“短边原则”。

第五，人力资本既是一种经济资源，又是一种含义更为丰富的社会资源。它不但可以带来经济收益，而且可以直接或间接地带来许多社会方面的收益。

（四）人力资本测度

由于人力资本具有多种形式，因而要准确测度它并非易事。迄今为止，有关人力资本的测度尚未形成完全一致的结论。根据人口经济学者王金营教授的总结，人力资本度量指标大体包括两大类：基于产出的度量方法和基于投入的度量方法。其中，基于产出的度量方法最常用的指标是劳动报酬法，但在实际运用中，由于存在收入与人力资本投入不对应、灰色收入、统计来源等问题，采用这种度量方法常常导致对人力资本价值的低估，一般较少使用；而基于投入的度量方法主要包括学历指数法、技术等级法、教育经费法、受教育年限法等。

需要说明的是，由于在各种人力资本形成途径中，教育起着关键作用，具有其他途径所无法比拟的优势。因此，一些经验研究多采用与教育有关的相关指标来度量人力资本水平。在早期的有关人力资本的经验文献中，成人识字率和入学率常作为人力资本水平的替代指标而出现。①

①有关人力资本度量的详细讨论进一步参考：唐纳德·A.R.乔治等. 2009. 经济增长研究综述. 马春文等译. 长春：长春出版社.

第一，成人识字率指标。由于识字一般被定义为与理解联系在一起的读写能力，是一个与日常生活相关的简单陈述，因此，用成人识字率度量成人识字者（如 15 岁及以上人口）人数占相应年龄人口数的百分比。早期一些研究曾以成人识字率作为人力资本的代用指标。然而也有人指出，成人识字率只能反映人力资本形成的一个很小部分，而大部分（如数字能力、逻辑分析推理能力、科学知识等方面的获取）都被遗漏了，因此用这一教育指标度量人力资本不能令人满意。

第二，入学率。入学率是指入学总人数（不考虑年龄）与适龄入学人数之比。入学率度量在某一年级水平上的入学学生人数与相应年龄组的总人数的比率，用于描述一个国家教育的普及程度，是评价国民受教育状况的一项标准。需要说明的是，入学率是一种流量形式，当前入学的儿童尚未成为劳动力的一部分，他们当前接受的教育还不能用于生产。换言之，当前入学率与当前劳动力的人力资本存量之间并不必然存在着直接和稳定的关系，而表现出明显的滞后效应。因此，入学率作为人力资本替代指标存在缺陷。

第三，平均受教育年限。既然成人识字率和入学率都存在缺陷，那么何种教育指标更适于度量人力资本呢？一些学者通过构造劳动者最高教育水平的数据，来对劳动力的平均受教育年限进行量化。由于受教育年限是一个存量的概念，它考虑了劳动力所接受的正规教育的总量，因此，相比于成人识字率和入学率，平均受教育年限作为人力资本替代指标显得更为合理。总体而言，受教育年限法有诸多优点，主要有：①劳动力受教育年限的相关数据具有较强的可得性和精确性；②劳动力受教育年限与接受教育或培训的人力资本投资成本具有较强的正相关性，从而排除了用货币计算人力资本投资成本的价格因素的影响；③劳动力受教育年限与劳动力在“干中学”的人力资本积累正相关，劳动力受教育年限越长，其积累经验的能力就越高，并越容易接受新技术知识；④劳动力受教育年限与劳动力的收入正相关；⑤劳动力受教育年限越长越有利于自身健康。[①]

从某种意义上讲，平均受教育年限在一定程度上捕捉到其他不能观测到的人力资本。[②]正是由于平均受教育年限具有诸多优点，它也就成为目前研究文献中较为流行和通用的人力资本度量指标。平均受教育年限的计算公式如下：

$$H = \sum_{i=1}^{n} p_i y_i \tag{5-1}$$

式中，H 为平均受教育年限；p_i 为与某一受教育水平相对应的人口比例；y_i 为与某一受教育水平相对应的教育年限。

第二节　人力资本、技术进步与经济增长

一、人力资本的生产功能

在经济领域，人口质量的改进体现在普通劳动者通过人力资本的积累升级为较高层次的

①王金营. 2001. 人力资本与经济增长——理论与实证. 北京：中国财政经济出版社.

②姚先国，张海峰. 2008. 教育、人力资本与地区经济差异. 经济研究，(5)：47-57.

劳动者，从而成为推动经济持续增长的强劲引擎。作为经济增长的决定性因素，关键在于人力资本具有特殊的生产功能。从生产过程角度看，人力资本具有要素和效率两个方面的生产功能。

第一，人力资本的要素功能，是指人力资本是生产过程必不可少的先决条件或投入要素。在现代经济增长中，人力资本这种要素功能作用愈发重要。例如，在一些欠发达的国家和地区，由于人力资本匮乏，无法将科学技术转变为现实生产力，新技术、新方法也无法得以充分利用，最终无法实现经济持续发展。

第二，人力资本的效率功能。在生产过程中人力资本不仅具有要素功能，而且还是提高生产效率的关键因素。人力资本的效率功能主要通过两个途径来实现：一是人力资本投入的增加可以提高人力资本自身的生产效率；二是人力资本投资增加可以提高其他生产要素的生产效率。

二、人力资本作用机制的理论模型

（一）卢卡斯模型[①]

1988 年卢卡斯（Lucas）在其影响深远的论文“*On the Mechanism of Economic Development*”中强调了人力资本积累的重要性，认为人力资本积累是经济长期增长的发动机。在该文中，卢卡斯沿袭舒尔茨（Schultz）和贝克（Becker）的思路在经济模型中引入人力资本，并吸收 Uzawa 模型的基本思想，假定每个生产者用一定比例 μ 的时间来从事生产，而用 $1-\mu$ 比例的时间从事人力资本积累。因此卢卡斯提出如下形式的生产函数为

$$N(t)c(t)+\dot{K}(t)=AK(t)^{\beta}[u(t)h(t)N(t)]^{1-\beta}h_a(t)^{\gamma} \tag{5-2}$$

式中，$h_\alpha(t)^\gamma$ 为人力资本的外部效应；$\dot{K}(t)$ 为物质资本的增长率，技术水平为 A。目前假设不变。

进一步地，卢卡斯假设人力资本存量的增长 $\dot{h}(t)$ 取决于原有的人力资本存量和新的人力资本投资。所以，人力资本存量的变化为

$$\dot{h}(t)=h(t)G(1-u(t)) \tag{5-3}$$

在以上两个约束条件下求解效用最大化问题

$$\max\int_0^\infty \mathrm{e}^{-\rho t}\frac{c^{1-\delta}}{1-\delta}N(t)\mathrm{d}t \tag{5-4}$$

最终，卢卡斯推导出经济均衡增长率（等于人力资本均衡增长率）为

$$v=[\sigma(1-\beta+\gamma)+\gamma]^{-1}[(1-\beta)(\delta-(\rho-\lambda))] \tag{5-5}$$

式中，λ为人口增长率。

卢卡斯模型避免了“没有人口增长就没有经济增长”这一“令人不愉快的结果”，也就是说，即使人口增长率等于零，经济持续增长仍然有可能实现。正是人力资本的外部效应（这种外部效应可以理解为向他人学习或相互学习，一个拥有较高人力资本水平的人能够对其他人产生正向影响，提高他人的边际生产率，但自己并没有因此获得任何补偿），才使得生产

①Lucas R E. 1988. On the mechanics of economic development. Journal of Monetary Economics，(22)：3-42.

具有递增收益，从而成为“增长的发动机”。然而，外部性不得不面临着竞争性均衡问题，这就造成最优增长路径与均衡增长路径存在一定偏差。如果不存在政府干预，经济增长均衡将是一种社会次优，人力资本投资将过少。因此，政府的干预是必要的。此外，根据卢卡斯模型，发达国家由于拥有较高的人力资本水平，使得物质资本的边际效率和劳动者工资水平相对较高，这就造成了物质资本生产的收益递增诱使外国资本和工人不断地向发达国家流动。同样道理，在一个国家内部，资本和劳动也会向经济发达地区转移，从而使一国的资本和人口集中于一些大的城市和发达地区。①

总之，卢卡斯模型的基本观点是：人力资本作为投入要素直接进入生产过程，经济持续增长主要是由人力资本积累所推动的，跨国间的增长率差异归根结底是由这些国家的人力资本积累速度的差异造成的。

（二）纳尔逊–菲尔普斯（Nelson-Phelps）模型②

与卢卡斯所认为的人力资本作为投入要素进入生产过程而对经济增长产生影响的观点不同，1966 年纳尔逊和菲尔普斯在一篇论文“*Investment in Humans, Technological Diffusion, and Economic Growth*”中提出了一种新的解释经济增长的假说，强调人力资本是通过对全要素生产率这一中介影响经济增长的。具体而言，一国的经济增长主要依赖于技术创新以及对技术前沿的吸收与扩散，而人力资本水平是影响这两方面的关键性因素。

纳尔逊和菲尔普斯所提出的假说由两部分组成：假说一，当前技术前沿的增长反映了新发明的速度。一国全要素生产率的增长速度取决于这些发明的应用、现有生产率水平与技术前沿之间的差距，且与差距呈同方向变化。在技术扩散过程中，那些引领世界全要素生产率增长的国家就代表技术前沿。假说二，技术前沿与现有的生产率水平的缺口闭合速度取决于人力资本水平。同时，某种类型的教育人力资本的提高不仅仅可以使得一个人更有效率地完成某项工作或执行某项职能，而且更为重要的是，它提升了个人在接收、解析与理解信息方面的能力。在一个技术不断进步的动态经济中，劳动者接受的教育程度越高，其引起的生产技术增长的速度就越快，技术扩散速度也就越快。总体而言，纳尔逊-菲尔普斯模型突破了人力资本作为生产过程中一种投入的观点。模型表述如下。

假设存在一个引领世界全要素生产率增长的技术前沿 $A_m(t)$，以指数形式增长，且其外生的增长率为 g，即为

$$A_m(t) = A_m(0)e^{gt} \tag{5-6}$$

世界上其他国家可以通过把这种技术前沿融入到自己的生产过程并从中获益。但是这种融合是一种人力资本密集型的活动，例如，一国需要高技能的工程师把世界性技术转化为适应本国条件的技术，然后组织实施，包括训练工人使用这些技术。因此，模型假设国家 i 的技术演进遵循如下微分方程：

---

①朱勇. 1999. 新增长理论. 北京：商务印书馆.

②Nelson R, Phelps E S. 1966. Investment in humans, technological diffusion, and economic growth. American Economic Review,（56）：67-75.

$$\frac{\dot{A}_i(t)}{A_i(t)} = c(H_i)\frac{[A_m(t) - A_i(t)]}{A_i(t)} \tag{5-7}$$

式中，H_i为国家i的人力资本，它随着时间的变化而变化，且满足$c(0)=0$, $c(H)>0$。这个方程表明一国离世界技术前沿越远，其技术进步率就越快。其理由是，离世界技术前沿越远意味着该国学习模仿的先进技术选择集就越大，该国也就越可能利用技术落后优势获得更多的技术模仿收益，即存在技术后发优势，并且，由于$c(H)>0$，一国的人力资本水平越高，它追赶前沿的速度就越快。这里H_i可以表示为平均受教育年限、高技能劳动力（大学生或工程师）所占比重，或者人力资本分布的其他特征等。

式（5-7）的第一个含义如下：

$$\frac{\partial^2 \dot{A}_i(t) / A_i(t)}{\partial A_m(t) \partial c(H_i)} > 0 \tag{5-8}$$

这个式子表明当技术进步得越快时，人力资本就变得更有价值。

式（5-7）的第二个含义是，从长期来看，对所有国家而言，只要$H>0$，实际技术$A_i(t)$都会以同样的速度g增长，并且这种稳态跨国分布由以下给定：

$$A_i^*(t) = \frac{c(H_i)}{g + c(H_i)} A_m(t) = \frac{c(H_i)}{g + c(H_i)} A_m(0)e^{gt} \tag{5-9}$$

在一个技术停滞的经济中($g=0$)，对于每个$H>0$，技术差距接近于0；在一个技术不断进步的经济中($g>0$)，对于每个H和g而言，均衡差距随g递增，随H递减。如果假定每个国家的产出水平与$A_i(t)$成比例，那么式（5-9）就意味着低人力资本水平的国家将会陷入贫穷，因为它们将会较少地吸收世界前沿技术。这种效应再加上人力资本对产出增长的直接贡献，表明人力资本差异在解释国家间的收入差异方面比基于教育私人回报率的解释更重要。

（三）本哈比–施皮格尔（Benhabib-Spiegel）技术扩散模型

在纳尔逊–菲尔普斯框架下，本哈比和施皮格尔先后在1994年和2002年推广技术扩散的两种形式：限制指数形式（confined exponential technology diffusion）和逻辑斯蒂形式（logistic technology diffusion）。在1994年，本哈比和施皮格尔[①]在其发表的“*The Role of Human Capital in Economic Development: Evidence from Aggregate Cross-Country Data*”一文中强调，人力资本主要通过两个渠道对全要素生产率产生直接影响：一是遵循罗默[②]的思想，假定人力资本决定一国国内技术创新能力而对生产率产生直接影响；二是依据纳尔逊和菲尔普斯[③]的思想，人力资本直接影响到一国的技术追赶与技术扩散的速度。换言之，一国的技术创新能力是该国人力资本水平的函数，同时，在任何一个时点上总会存在着一个世界技术领先国，追随国对领先国的追赶速度依赖于追随国的人力资本水平。模型介绍如下：

---

①Benhabib J, Spiegel M M. 1994. The role of human capital in economic development: evidence from aggregate cross-country data. Journal of Monetary Economics, (34): 143-173.

②Romer P. 1990. Human capital and growth: theory and evidence. Carnegie-Rochester conference Series on Public Policy, (32)：251-286.

③Nelson R, Phelps E S. 1966. Investment in humans, technological diffusion, and economic growth. American Economic Review，(56)：67-75.

$$\frac{\dot{A}_i(t)}{A_i(t)} = g(H_i(t)) + c(H_i(t))\left(\frac{A_m(t)}{A_i(t)} - 1\right) \quad (5\text{-}10)$$

式中，I 为追随国；m 为领先国；$A_i(t)$为全要素生产率（TFP）；$g(H_i(t))$为 TFP 增长中取决于人力资本水平 $H_i(t)$的部分；$c(H_i(t))\left(\frac{A_m(t)}{A_i(t)} - 1\right)$为从领先国 m 到追随国 i 的技术扩散率。假定 $c_i(\cdot)$ 和 $g_i(\cdot)$ 都为递增函数，人力资本水平 $H_i(t)$ 会影响技术缺口 $\left(\frac{A_m(t)}{A_i(t)} - 1\right)$ 闭合的速度。如果跨国间的 $g(H_i(t))$ 排序不变或者 $H_i(t)$ 为常数，那么技术领先国开始将以 $g_m = g(H_m(t)) > g(H_i(t)) = g_i$ 的速度增长，最后在某一个时点过后，追随国将与领先国一样以 g_m 的速度增长，虽然追随国的 TFP 水平仍然落后于领先国。当 H_i 为常数时，微分方程式（5-10）的解是

$$A_i(t) = (A_i(0) - \Omega A_m(0))\mathrm{e}^{(g_i - c_i)t} + \Omega A_m(0)\mathrm{e}^{g_m t} \quad (5\text{-}11)$$

式中，$c_i = c(H_i), g_i = g(H_i), \Omega = \frac{c_i}{c_i - g_i + g_m} > 0$。显然，由于 $g_m > g_i, \lim\limits_{x\to\infty}\frac{A_i(t)}{A_m(t)} = \Omega$，即将所有因素参数化，在一个世界均衡增长路径上，领先国扮演着增长“发动机”的角色。技术扩散和技术追赶保证了所有国家最终在同一速度上增长。

第三节　人口质量、人力资本与经济发展的事实

一、人口质量和人力资本发展现状

人类发展应当是所有经济和社会的终极目标。《2014 人类发展报告》的数据显示，全球约有 12 亿人每天的生活成本不超过 1.25 美元，这些人口正在遭受健康、教育和生活水准方面的多重剥夺。尽管贫困总人口正在逐渐减少，但仍有近 8 亿人，一旦遭受冲击便会面临重新陷入贫困的风险。为此，联合国开发计划署署长 Helen Clark 特别强调，“通过解决脆弱性问题，所有人将可以共享发展成果，人类发展也将变得更加平等和可持续”。

现实中，世界（包括中国）的人类发展现状如何？本节旨在从人类发展指数、健康以及教育投资等方面进行考察，从而提供人口质量和人力资本发展的真实面貌。

（一）人类发展指数

人类发展指数（HDI）是一个具有战略意义的因素。作为健康、教育成就和收入的综合刻画标准，它可以用于评估人类进步和发展水平。虽然它没有完全覆盖人类发展的方方面面，却体现了关于人类发展的思维的转变（过去，仅仅关注经济增长目标），将关注焦点转向以人为中心的发展。

1. 世界人类发展历程与现状

在过去的 40 年间，大多数国家在人类发展的许多方面都取得明显进步。相比以前，现在的大多数人更加长寿，接受更多的教育，享受更好的物质生活，甚至在经济不景气的国家，人们的健康和教育状况也能得到改善。

HDI 可以说见证了人类发展的历程和进步足迹。1990~2010 年，世界平均 HDI 提高了 18%

（相比 1970 年则提高了 41%），这表明人们在健康、教育成就、生活标准方面的显著提升。根据《2013 人类发展报告》对 1970~2010 年 135 个样本国家和地区（占世界总人口的 92%）的研究发现，只有 3 个国家 2010 年的人类发展指数比 1970 年的低。其中，在进步最快的排名前十的国家中出现了 5 个阿拉伯国家（阿曼、沙特阿拉伯、突尼斯、阿尔及利亚和摩洛哥）。这些国家均取得了不同程度的进步，而这主要归功于健康及教育方面的改善。贫穷国家在 HDI 方面正呈现出对高收入国家的追赶势头。

当然，并不是所有的国家都享有快速的增长，国家间差距依然存在。即使在同一起跑点，不同国家也经历着显著不同的人类发展历程。比如，1970~2010 年，中国的人均收入增长了 1200%，但是刚果民主共和国却下降了 80%。再如，1970 年突尼斯的人均寿命低于刚果民主共和国，其接受教育的儿童人数少于马拉维国，但到 2010 年，突尼斯却一举跃升至高 HDI 国家行列。从截面比较看，世界各国（地区）在 HDI 方面仍存在差异。表 5-2 提供了直接的证据，在 2010 年 HDI 世界排名中，排名前十的多属欧美发达国家，其中挪威、澳大利亚、新西兰排名全球前三甲，在亚洲，日本、韩国和中国香港的 HDI 水平较高，中国则居世界第 89 位，仅比世界平均水平值略高。显然，中国在健康、教育和国民生活等方面的改进仍需付出更多的努力。

表 5-2 2010 年世界部分国家 HDI 情况

排名	国家和地区	HDI	LE	MYS	EYS	GNIpc	LEI	EI	II
1	挪威	0.938	81.0	12.6	17.3	58 810	0.97	0.94	0.91
2	澳大利亚	0.937	81.9	12.0	20.5	38 692	0.98	1.00	0.84
3	新西兰	0.907	80.6	12.5	19.7	25 438	0.96	1.00	0.78
4	美国	0.902	79.6	12.4	15.7	47 094	0.94	0.89	0.87
5	爱尔兰	0.895	80.3	11.6	17.9	33 078	0.96	0.92	0.82
6	列支敦士登	0.891	79.6	10.3	14.8	81 011	0.94	0.79	0.96
7	荷兰	0.890	80.3	11.2	16.7	40 658	0.96	0.87	0.85
8	加拿大	0.888	81.0	11.5	16.0	38 668	0.97	0.86	0.84
9	瑞典	0.885	81.3	11.6	15.6	36 936	0.97	0.86	0.84
10	德国	0.885	80.2	12.2	15.6	35 308	0.95	0.88	0.83
65	俄罗斯	0.719	67.2	8.8	14.1	15 258	0.7	0.7	0.7
73	巴西	0.699	72.9	7.2	13.8	10 607	0.8	0.6	0.6
89	中国	0.663	73.5	7.5	11.4	7 259	0.8	0.6	0.6
110	南非	0.597	52.0	8.2	13.4	9 812	0.5	0.7	0.6
119	印度	0.519	64.4	4.4	10.3	3 337	0.7	0.4	0.5
	世界	0.624	69.3	7.4	12.3	10 631	—	—	—
	极高人类发展国家	0.878	80.3	11.3	15.9	37 225	—	—	—
	高人类发展国家	0.717	72.6	8.3	13.8	12 286	—	—	—
	中等人类发展国家	0.592	69.3	6.3	11.0	5 134	—	—	—
	低人类发展国家	0.393	56.0	4.1	8.2	1 490	—	—	—

注：HDI 为人类发展指数，LE 为预期寿命，MYS 为成人平均受教育年限，EYS 为儿童预期受教育年限，GNIpc 为人均国民总收入，LEI 为预期寿命指数，EI 为教育指数，II 为收入指数

资料来源：国家统计局《国际统计年鉴 2011》

2. 中国人类发展历程与现状

自改革开放以来，中国发生了翻天覆地的变化，实现人类发展史上鲜见的“经济奇迹”。从经济指标看，过去30多年来的GDP年均增长率为9.8%，人均收入增长了50倍，使得约5亿人口脱离贫困。世界银行的一份报告指出，若按人均1天消费1美元的绝对贫困的标准，从1981年到2004年，中国绝对贫困人口从6.52亿人下降到1.35亿人，贫困人口占总人口的比例从65.2%降低到10.4%。联合国确定的“千年发展目标”（Millennium Development Goals）中的许多内容在中国境内已经得以实现。[①]当今的中国人民比以往任何时候都更加长寿，并接受更好的教育，而且生活得更加富足。[②]

整体来看，过去30年来中国人类发展水平显著提高，增长速度也非常快（图5-2）。HDI由1980年的0.423提升到2010年0.701，在1980~1990年的年均增长率约为1.72%，1990~2000年的十年间年均增长率约为1.66%，2000~2010年的十年间的年均增长率约为1.5%。

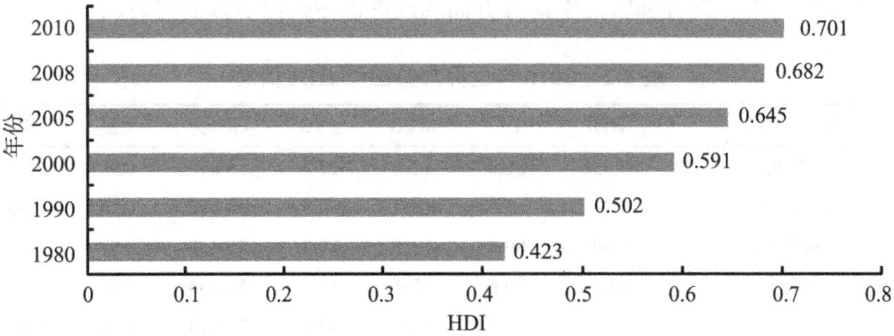

图5-2　1980~2010年中国HDI的提升

中国幅员辽阔，各地发展不平衡，存在明显的地域差异，具体表现为各地在收入、教育和健康状况上都存在着差距，而且这种差距还有不断扩大的势头。就HDI而言，最高的省份上海（不包括台湾、香港和澳门）比最低的省份西藏要高出44%。北京、上海等直辖市和浙江、江苏等东部发达地区的发展水平要明显高于西部地区（图5-3、表5-3）。如果把中国的每个省（自治区、直辖市）都看作一个国家，那么北京、上海等地区的人类发展水平已经与葡萄牙、捷克等高HDI的国家相当，而贵州等西部地区的人类发展水平则仅相当于非洲的纳米比亚和刚果（金）等国家。[③]无疑，如此发展将会带来不公平、不稳定的经济和社会效应，势必影响中国经济的持续、快速、健康发展，以及社会的和谐稳定。

①2000年9月，联合国举行千年首脑会议，189个成员方与会并通过了《千年宣言》。《宣言》为人类发展制定了一系列具体目标，统称为“千年发展目标”。千年发展目标涉及8个领域以及相关的18项具体目标和48项指数。其中8个领域分别是：消灭极端贫穷和饥饿；普及小学教育；促进两性平等并赋予妇女权利；降低儿童死亡率；改善产妇保健；与艾滋病毒/艾滋病、疟疾以及其他疾病对抗；确保环境的可持续能力；全球合作促进发展。千年发展目标是当今国际社会在发展领域最全面、最权威、最明确的发展目标体系（《2009/2010中国人类发展报告》，2010）。

②参见《2009/2010中国人类发展报告》。

③参见《2009/2010中国人类发展报告》。

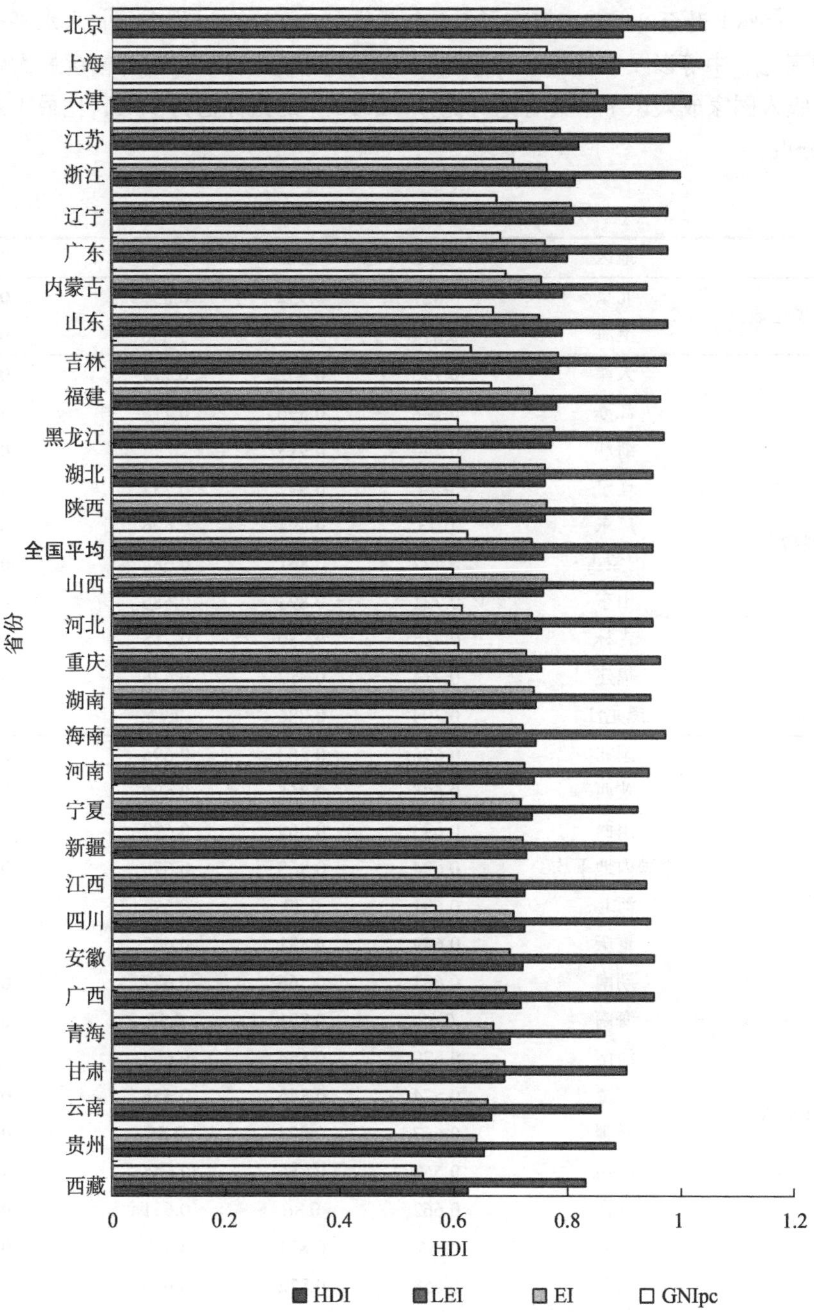

图 5-3　中国各省份 HDI（2010 年）

资料来源：《2010 中国人类发展报告》，详细数据见表 5-3

（二）其他的有关教育发展和卫生健康指标比较

1. 教育发展

从识字率来看，在过去一段时期，世界取得明显的整体进步。1990~2012 年，世界的平均识字率由 75.8%上升至 84.3%，提高了 8.5 个百分点。在这个过程中，收入水平处于中等区间（包括中高等、中等以及中低等）国家贡献最大，其成人识字率提升幅度最大。从横向比较来看，高收入国家成人识字率具有绝对优势，2010 年的指标值为 98.2，比最不发达国家高出 40 个百分点。

表 5-3　2010 年各省份人类发展指数

类别	地区	HDI	LEI	EI	GNIpc
极高人类发展指数	北京	0.821	0.952	0.837	0.694
	上海	0.814	0.953	0.808	0.699
高人类发展指数	天津	0.795	0.932	0.779	0.692
	江苏	0.748	0.896	0.719	0.65
	浙江	0.744	0.913	0.7	0.645
	辽宁	0.74	0.892	0.737	0.618
	广东	0.73	0.894	0.696	0.624
	内蒙古	0.722	0.861	0.689	0.634
	山东	0.721	0.893	0.686	0.613
	吉林	0.715	0.889	0.715	0.576
	福建	0.714	0.882	0.676	0.61
	黑龙江	0.704	0.886	0.71	0.554
中人类发展指数	湖北	0.696	0.868	0.696	0.558
	陕西	0.695	0.865	0.699	0.554
	山西	0.693	0.869	0.699	0.547
	中国内地平均	0.694	0.868	0.676	0.569
	河北	0.691	0.87	0.676	0.561
	重庆	0.689	0.881	0.667	0.556
	湖南	0.681	0.866	0.677	0.539
	海南	0.68	0.891	0.66	0.536
	河南	0.677	0.864	0.664	0.54
	宁夏	0.674	0.845	0.658	0.552
	新疆	0.667	0.828	0.66	0.542
	四川	0.662	0.866	0.645	0.52
	江西	0.662	0.86	0.651	0.519
	安徽	0.66	0.871	0.64	0.516
	广西	0.658	0.872	0.634	0.516
	青海	0.638	0.791	0.613	0.537
	甘肃	0.63	0.826	0.631	0.48
	云南	0.609	0.784	0.604	0.476
	贵州	0.598	0.809	0.586	0.452
	西藏	0.569	0.762	0.498	0.487

注：中国香港、澳门、台湾地区未计入

资料来源：《2009/2010 中国人类发展报告》

图 5-4 显示，入学率包括多个指标。首先是小学入学率①，这一指标自 20 世纪 70 年代以来一直保持快速增长，由 1970 年的 88.6%上升到 2012 年的 108.4%，基本实现小学学龄儿童入学人口全覆盖；其次是中学入学率，从 1970 年到 2012 年，由 43%上升到 73%，涨幅高达 30 个百分点，这可能与各国减免小学和初中等教育阶段的学杂费有密切关系。最后是高等学校入学率有明显改善，尤其进入 21 世纪之后得到快速增长，由 1970 年的 10%上升到 2000 年的 19%，到 2012 年进一步提高到 32.1%。各国政府重视教育投资，保证有足够的教育投资，使得每个人都能获得初等教育的机会，也增加了获得高等教育的概率。

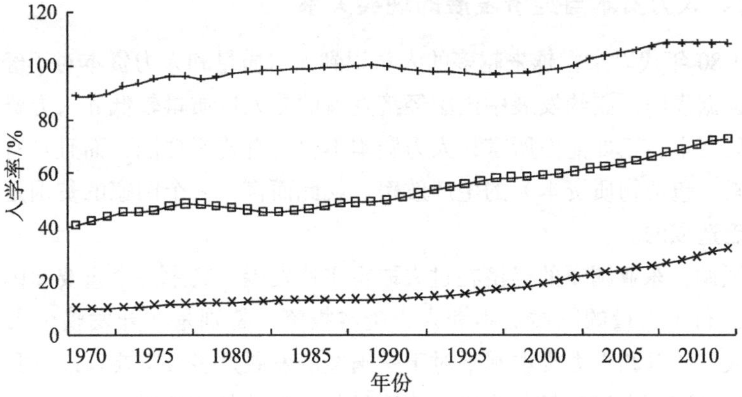

图 5-4 世界各种教育阶段入学率变动情况

资料来源：世界银行. data.worldbank.org.cn/indicator

当然，不同国家之间的教育水平分布也是不平衡的。欧美发达国家教育发展水平明显高于世界平均值，许多发展中国家人口平均受教育年限仍然处于中等教育水平，甚至于一些非洲地区的平均受教育水平仅达到小学水平。世界各国教育发展呈现鲜明的阶梯特征，这个阶梯正与这些地区国家经济发展水平的阶梯相契合。

对于中国，九年义务教育的普及，通过采取在农村和城市地区免除学生学杂费以及高校扩招等举措，极大地推进了我国教育事业的发展，也使得每个人都平等地享受接受教育的权利。一系列的指标变化反映了这一点。根据世界银行发布的报告，从成人识字率来看，我国由 1982 年的 65.5%上升到 2010 年的 95%，超过国际平均水平。从各个教育阶段的入学率来看，我国教育发展速度快于世界平均水平。从 1970 年到 2012 年，小学入学率由 108%上升到 127.9%，中学入学率由 28.3%上升到 89%，高等学校入学率由 0.13%迅速上升到 26.7%。

2. 健康卫生成就

世界在公共卫生和健康上的成就主要体现在平均预期寿命的大幅度增长、孕产妇死亡率下降、婴幼儿死亡率以及营养不良发生率下降等方面。根据世界银行公布的数据，1960 年，世界人均预期寿命仅为 52.5 岁，到 2012 年上升到 70.8 岁。世界孕产妇死亡率则由 1990 年的

①小学总入学率是指无论年龄大小，小学的总入学人数与官方规定的小学适龄总人口的百分比。总入学率可能超过 100%，因为包含了较早或较晚入学及复读的超龄和小龄学生。

每 10 万例中死亡 380 例下降到 2013 年的 210 例。[①]世界婴幼儿死亡率由 1960 年的 120.3‰下降到 2012 年的 34.9‰。[②]营养不良发生率有两种指标，分别按照年龄体重和年龄身高计算，按照年龄体重，营养不良发生率由 1990 年的 24.9%下降到 2012 年的 15.1%；按照年龄身高，营养不良发生率由 1990 年的 39.8%下降到 2012 年的 24.8%。[③]这些数据表明，世界整体的健康状况正在改善。

在中国，公共健康领域同样取得令人瞩目的成就，包括预期寿命的大幅增长、儿童和孕产妇死亡率的显著下降、营养不良发生率的降低等。

二、人口质量、人力资本与经济发展的现实关系

自 20 世纪 80 年代以来，越来越多的人意识到人口质量和人力资本对于经济发展的重要性。有许多的证据表明，制约发展中国家经济发展的是人口质量较低和人力资本存量不足，而不是缺乏物质资本。正如前面所言，人力资本不仅具有要素功能，而且具有效率功能，直接影响其他要素（包括物质资本）的生产效率。就此而言，一个国家的贫困是由人口质量低和人力资本匮乏造成的。

世界银行强调，东亚国家的经济在过去取得飞速发展，其中一个重要原因就是“所有这些东亚国家都进行了大量的物质资本和人力资本投资，特别是在开发整个人口的人力资源上”。可见，人口质量和人力资本水平对于一国经济发展是多么重要。以下我们利用当今一些国际案例数据来印证人口质量与人力资本对于经济发展的重要性。

1. 人类发展指数与经济增长的统计关系

人口质量与经济发展二者之间具有良好的互动关系。人口质量提升是经济发展的目的，毕竟经济发展要满足人的需要，从而实现人的全面发展。同时，人口质量提升是经济发展的重要工具。人口质量的提高体现在一般生产过程中，普通劳动力通过人力资本积累转化为高级劳动力，成为推动经济持续增长的强劲引擎。正如舒尔茨所强调的，人口质量与贫穷密切相关，提高人口质量能显著改善穷人的福利和经济状况。低收入国家之所以长期地挣扎于“贫穷均衡”中，其原因在于高质量人口的匮乏。在现实世界，世界平均人口质量在过去一段时期有了长足进步，的确对经济社会发展产生了积极的基础性和全局性影响。

图 5-5 利用世界 73 个国家的人类发展指数和经济发展水平（用人均国民收入度量）绘制散点图，发现随着人口质量提升，经济发展水平也随之上升，而且这种正向关系在统计上达到 1%高度显著水平。

---

①孕产妇死亡率是指每 10 万例活产中在妊娠和分娩期间死亡的妇女的数量。数据是通过回归模型得出的估计值，使用了生育、分娩护理以及艾滋病流行率等方面的信息。

②婴儿死亡率是指在一个特定年内每千例活产儿中在活到 1 岁之前死亡的婴儿数量。

③营养不良发生率有两种计算方法，第一种是年龄体重（占 5 岁以下儿童的百分比）儿童营养不良发生率，是指年龄体重比 0~59 个月大的国际参考年龄组儿童的中间值低两个标准差以上的 5 岁以下儿童人数的百分比，该数据是根据世界卫生组织（WHO）2006 年发布的新的儿童发育标准得出的。第二种是年龄身高（占 5 岁以下儿童的百分比）儿童营养不良发生率，是指年龄身高比 0~59 个月大的国际参考年龄组的儿童的中间值低两个标准差以上的 5 岁以下儿童（身材矮小）人数的百分比。2 岁和 2 岁以下儿童的身高是躺位时测量的身体长度，年龄较大的儿童的身高是站位时测量的高度，该数据是根据世界卫生组织 2006 年发布的新的儿童发育标准得出的。

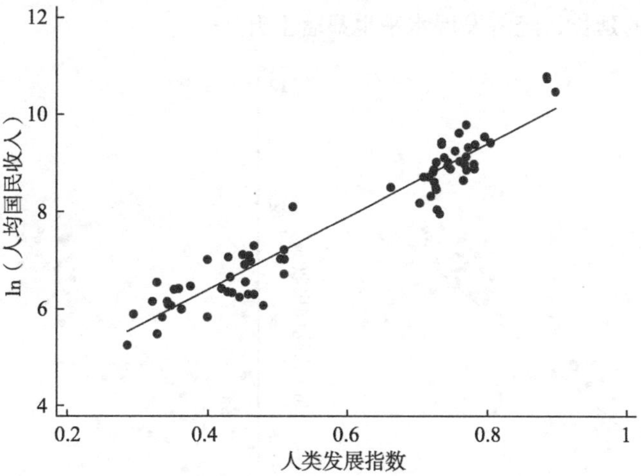

图 5-5 世界 73 个国家人类发展指数与经济发展水平的关系（2011 年）

2. 教育和健康人力资本与经济发展的关系

在现代经济中，人力资本是经济增长的强劲引擎。其中，一个核心假说是人力资本的外部效应（溢出效应）。人力资本可以通过内部效应直接提升人力资本载体的劳动生产率，所有微观效应加总就表现为对宏观经济生产率的促进。同时，个体人力资本水平（知识和技能）上升会使整个社会人力资本存量增加，这就将对生产函数中投入要素（劳动和资本）的生产效率产生正向促进作用，从而产生规模经济。

现代的经济发展实际上是一种生产技术的转变过程。现代化技术发明、扩散与应用必须以相应的人力资本基础为条件。本哈比和施皮格尔两位学者强调，人力资本对技术进步从而经济增长的影响依赖两条途径：一是对本国技术发明的影响；二是对从国外引进技术速度的影响。这是因为技术进步和全要素生产率是人力资本存量的函数，一个国家从国外引进新技术的能力取决于本国所拥有的人力资本存量，一个技术落后国家赶上技术领先国家的速度与其人力资本存量也存在函数关系。一些研究表明，教育人力资本可以解释跨国收入差别的80%，平均受教育年限每上升一年会使全要素生产率提高 2.8%左右，教育的外部效应为1%~3%。①

健康与教育是人力资本形成的不同途径。同样，健康人力资本对于经济发展的影响也是至关重要的。对于微观个体，一个更加健康、更加长寿的个体往往具有更高的劳动生产效率以及更好的职业前景。中国社会科学院人口与劳动经济研究所张车伟研究员的一项研究发现，几乎所有的营养和健康方面的因素都会影响农村的劳动生产率。平均来看，卡路里拥有量每增加 1%，种植业收入会相应增加 0.57%；而家庭劳动力因病无法工作时间每增加一个月，种植业收入将减少 2300 元。因此，要想使农民摆脱贫困的束缚，营养和健康上的投资具有至关重要的作用。②

图 5-6 提供了人力资本与经济发展的统计关系，可以清楚地发现，随着人均受教育年限

①姚先国，张海峰. 2008. 教育、人力资本与地区经济差异. 经济研究，(5)：47-57.

②张车伟. 2003. 营养、健康与效率——来自中国贫困农村的证据. 经济研究，(1)：3-12, 92.

的提高，预期寿命的延长，经济发展水平也显著上升。

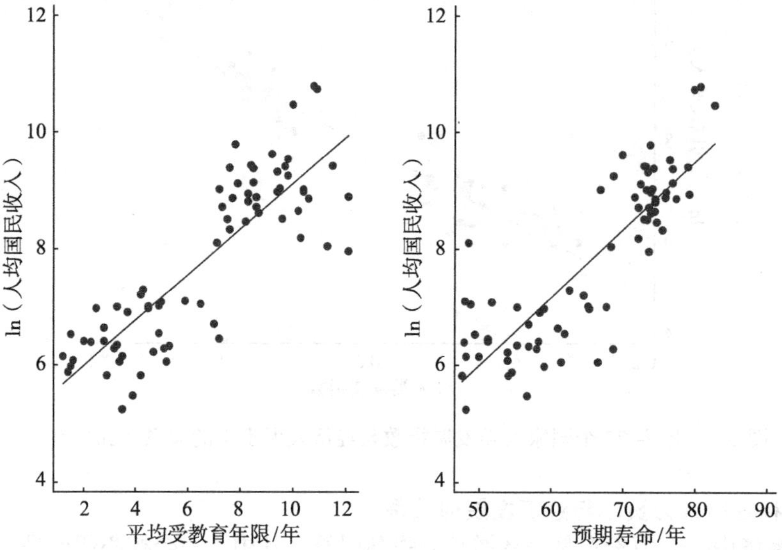

图 5-6　教育和健康人力资本与经济发展的关系（2011 年）

HAPTER 6

第六章　人口城市化与经济发展

[内容提要]

本章阐述人口城市化与经济发展之间的联系，首先对城市及人口城市化加以概述，然后详述人口城市化的发展历程，最后对人口城市化之于经济社会的影响加以总结。

[学习要点]

1. 了解城市的起源与定义；
2. 掌握人口城市化的定义、类型；
3. 了解人口城市化的历史轮廓；
4. 熟悉世界人口城市化的现状与特征；
5. 熟悉当今中国城市化的发展阶段及特征；
6. 领会城市化的经济社会影响。

第一节　人口城市化概述

一、城市

城市，自从出现以来便一直被视为文明的载体和重要标志，也是社会经济发展的必然产物。何谓城市，它何以产生，有何功能？目前来看，很难用一个统一的定义加以概括。从字面上看，城市是“城”与“市”的结合，“城”是一种防御设施，用城墙围砌起来的宽阔地域，《管子·度地》中指出，“内为之城，城外为之郭”；“市”则是商品交易的场所，《易·系辞下》中指出：“日中为市，致天下之民，聚天下之货，交易而退，各得其所。”这正是早期的城市起源之一。事实上，“城”与“市”的简单组合并不能覆盖城市所有的内涵、外延、性质与功能等，随着岁月的变迁，城市的发展形式和特征正在不断嬗变。为了对城市发展有更全面的了解，需要回溯城市的起源。

（一）城市的起源

城市起源是一种发展过程而非一次性突变事件，是坡状的渐变而非阶梯状的飞跃。关于城市起源的探寻，迄今大概有如下几种观点。①

（1）防卫说：认为城市是因聚居在一起的人们为了安全防卫需要而建造，通过夯筑围墙以防御外族入侵，以策安全。墙可以作为一种特殊的防卫手段，与战争密切相关。当然，有一些城市因具有天然屏障而不一定筑有围墙。

（2）水利说：认为早期城市的出现依赖于灌溉和控制洪水泛滥的农业地区，尤其是那些半干旱的气候地区更是如此。精心构建的灌溉工程需要大规模的集体协作，同时为保护价值很高的水利系统免遭破坏，因此大量的人就聚居在一起了。

（3）手工业和分工说：早期城市发展的一个特色之一是手工业专门化。城市手工业不同于家庭和部落的手工业，它要求合作经营、劳动分工以及组织化的职业，这有利于提高产品生产效率。在城市，贵族阶层所用的奢侈品由手工业定制，而平民的日用品也可以由手工作坊批量生产。

（4）贸易说：认为剩余产品的积累和分布不平衡，刺激贸易往来，使得一些地理位置相对重要的聚居点发展成为交易中心和产品集散地，从而出现了城市。在历史上，有些城市的盛衰与贸易密切相关。

（5）宗教说：宗教僧侣对祭坛的控制，祭祀地点的规模和布局反映了城市的政治和社会结构。正因为如此，宗教影响社会的变化，从而促进最初城市的发展。庙宇以及各种宗教建筑的存在反映出在早期城市中人们对宗教的重视。

（二）城市的定义

与城市起源有各种不同的观点一样，有关城市的定义也是众说纷纭、莫衷一是，不同学

①陈淳. 1998. 城市起源之研究. 文物季刊，(2)：59-65；陈恒. 2011. 城市起源理论. 博览群书，(1)：18-21；刘易斯·芒福德. 2005. 城市发展史——起源、演变与前景. 宋俊岭，倪文彦译. 北京：中国工业建筑出版社.

科基于各自背景有着不同的诠释。比如，人口学：城市是人口高度聚集的地区，人口规模和密度是判断城市的标准。地理学：城市是建筑物和基础设施密集地区，是一种本质上不同于农村的空间聚落。经济学：城市是工业和服务业经济活动高度聚集的结果，是市场交换的中心。社会学：城市之所以为城市，主要是城市形成了一种特有的生活方式——城市性。[①]

在对我国有关问题的研究中，“城市”一词有着多重含义，在不同的情况下，各种定义间也存在巨大差异，这使得对我国城市发展问题进行研究分析面临相当大的挑战。目前我国对城市本质和特征的最权威的提法见于《中共中央关于经济体制改革的决定》中，即“城市是我国经济、政治、科学技术、文化教育的中心，是现代工业和工人阶级集中的地方，在社会主义现代化建设中起主导作用”。

二、人口城市化

（一）人口城市化定义

“人口城市化”也可称为“城市化”。在下定义之前，有必要理清几个容易引发误解的概念性问题。中国城市体系中一种分类方法是对“城市”（cities）和“城镇”（towns）的划分，而目前经常遇到这两个词的混淆现象。我国《城市规划法》明确规定：“本法所称城市，是指国家按行政建制设立的直辖市、市、镇。”城市的法律含义，是指直辖市、建制市和建制镇。因此，对城市的理解应包括建制镇。

由于城市和城镇在概念上的不统一，人们经常在使用“城市化”和“城镇化”这两个词时摇摆不定。事实上，它们都是由一个相同的词汇（urbanization）翻译而来的。由于中国的城市人口中包含大量的建制镇人口，因此，结合中国现实，且在不引起歧义的情况下，城市化等同于城镇化。

在中国，“城镇化”一词见于报端和学术界要晚于“城市化”，仅在最近几年被频繁使用。1991 年，辜胜阻在《非农化与城镇化研究》中使用并拓展了“城镇化”的概念。中共第十五届四中全会通过的《关于制定国民经济和社会发展第十个五年计划的建议》正式采用了“城镇化”一词，是近 50 年来中国首次在最高官方文件中使用“城镇化”。中国共产党的十六大报告中明确指出，要“走中国特色的城镇化道路”。十七大报告进一步将“中国特色城镇化道路”作为“中国特色社会主义道路”的五个基本内容之一。十八大报告提出，“坚持走中国特色新型工业化、信息化、城镇化、农业现代化道路，推动信息化和工业化深度融合、工业化和城镇化良性互动、城镇化和农业现代化相互协调，促进工业化、信息化、城镇化、农业现代化同步发展”。2013 年，李克强总理提出，推进以人为核心的新型城镇化。

需要进一步确认，“城市化”并不是只针对大中城市，“城镇化”也不是只针对小城镇。为不造成概念模糊和歧义，同时考虑行文方便，本书统一采用“城市化”来表达。

按照联合国的定义，城市化是指农村人口不断向城市地区迁移的过程，是现代人口动态变化的一种自然客观现象。工业化是人口城市化的主要驱动力，在这个过程中伴随着农村人口的大量迁移。城市化的主要特征有两点：一是人口集中，二是经济活动聚集。衡量城市化水平高低的一个重要指标为城市化率，即一个地区常住于城市的人口占该地区总人口的比例。

---

①尤建新. 2006. 城市定义的发展. 上海管理科学，(3)：67-69.

城市化是世界各国工业化进程中必然经历的历史阶段。当前，世界作为一个整体其城市化率已超过 50%，具有标志性意义，有一半以上的人口居住在城市。根据联合国预测，从现在到2050 年，全球城市居民将增加 75%，届时将有 68%的人口生活在城市。目前亚洲城市化率尚未达到 50%，预计在 2020 年左右达到；而非洲将在 2035 年左右达到。

城市化的实现依赖于三个条件：①城市（中国包括建制镇）经济发展，城市数量增多、规模扩大并达到现代化的水平；②城市人口增长、农村人口相对减少，包括农村人口向城市转移并转变为城市人口，城市人口占社会总人口的比重不断提高并超过农村人口比重；③农村经济迅速发展，农业生产实现现代化，农村生产方式和生活方式与城市日益接近。只有同时具备上述三个条件，才有实现人口城市化的可能。①

在中国，由于户籍制度在计划经济时期和迄今为止的改革中阻碍着劳动力的流动和人口迁移，户籍成为理解中国城市的重要概念。由于户籍制度改革的进程不能与人口流动保持同步，一个人的户籍无法准确反映其实际的居住状态。为此，国家统计局对城市数据做相应修订和说明，城市人口被定义为：在城市居住 6 个月或以上的居民，无论其户口登记在哪里。②

（二）城市化的类型

按照不同的划分标准，城市化类型有不同的分类。

1. 按照城市空间形态和人口聚集方式分类

据此城市化可划分为集中型城市化、分散型城市化、旧地型城市化。集中型城市化的主要特点是，农村人口和非农经济活动不断向城市集中，且不会发生人口逆流现象，中心城市的作用日益凸显。分散型城市化的主要特点是，城市经济活动和人口逐渐向外扩散，意味着大城市城郊及其周围非城市地域的迅速发展。旧地型城市化的主要特点是，原来的农村地区，由于发现并开发某种资源或者由于生产结构的变化，广大农民脱离土地从事非农生产、农村地域转化为城市地域。

2. 按照城市化与工业化发展的同步性分类

据此城市化可分为同步城市化、过度城市化和滞后城市化。这是从城市和工业化发展水平的对比来划分的。同步城市化指城市进程与工业化和经济发展水平是同步协调、相互促进的正向关系，是一种比较合理的城市化类型，多见于西欧和北美发达经济体。过度城市化，亦称为超前城市化，是指城市化速度大大超过工业化速度，二者严重脱节，城市化超过国家经济所能承受的能力，大量的农村人口盲目涌入城市，造成城市人口过度膨胀，贫民窟、失业、交通、犯罪等问题严重，“城市病”是过度城市化的相伴特征。滞后城市化是指城市滞后于工业化发展水平，主要是政府为规避“城市病”或者人为采取户籍限制政策而导致人口无法正常迁入城市或融入城市中（流动人口“市民化”），城市发展滞后于工业化是当今中国经济的一个典型特征。

3. 按照城市化的推动力分类

据此城市化可分为自上而下的城市化和自下而上的城市化。前者指城市的推动力来自于城市经济的发展，来自于城市对乡村的巨大吸引力和辐射力，包括农业人口向城市的涌动以及城市经济和人口向周围地区扩散导致的乡村城市。后者指发展农业多种经营、发展乡镇企

①向洪，张文贤，李开兴，等. 1994. 人口科学大辞典. 成都：成都科技大学出版社.

②都阳，王美艳. 2010. 城市化进程中的人口、产业发展与就业//蔡昉. 中国人口与劳动问题报告 NO.11：后金融危机时期的劳动力市场挑战. 北京：社会科学文献出版社.

业，实行就近的空间转移和小规模的适当集聚，促进众多小城镇的形成和发展，这种城市主要来源于乡村经济发展的推动力，所以称自下而上的城市化。[①]

4. 按照城市化发展层次和阶段分类

据此城市化可划分为农村城市化、郊区城市化、逆城市化、再城市化。这反映了城市化四个连续的发展层次和阶段，其对应特征如表 6-1 所示。需要说明的是，直观地看，“逆城市化”似乎和城市化是背道而驰的。美国、英国和日本等发达国家分别于 20 世纪 40 年代、60 年代和 70 年代开始出现这种逆城市化的趋势[②]，表现为市区中心吸引力下降，城市人口向乡村和小城镇迁移的现象，人们迁向离城市更远的农村和小城镇，因而整个大都市区出现人口负增长。

表 6-1　按照城市化发展层次和阶段分类

项目	农村城市化	郊区城市化	逆城市化	再城市化
表现	人口由乡村迁往城市，农村地域转变为城市地域	人口由市区迁往郊区	人口由市郊迁往农村和城镇	人口迁回市区
成因	城市的拉动和乡村的推动	市区人口激增、地价上涨、交通拥挤	为追求更好的生存环境	中心区开发，高科技产业、第三产业的发展
图解	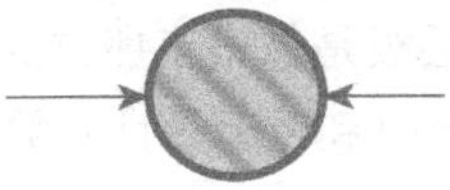	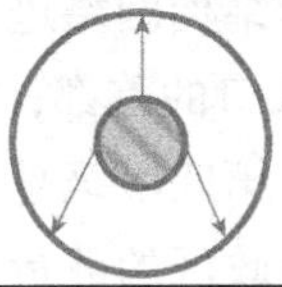	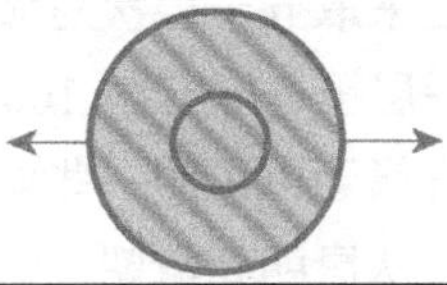	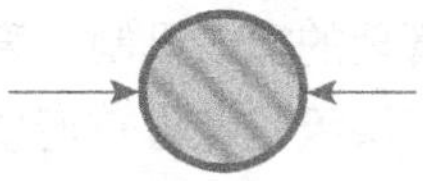

第二节　人口城市化的发展历程

城市化是世界发展的普遍趋势和潮流。世界各国的人口城市化进程可以用一条扁平的 S 形曲线来概括。[③]如图 6-1 所示，人口城市化进程可划分为三个阶段：初期、中期和后期阶段。

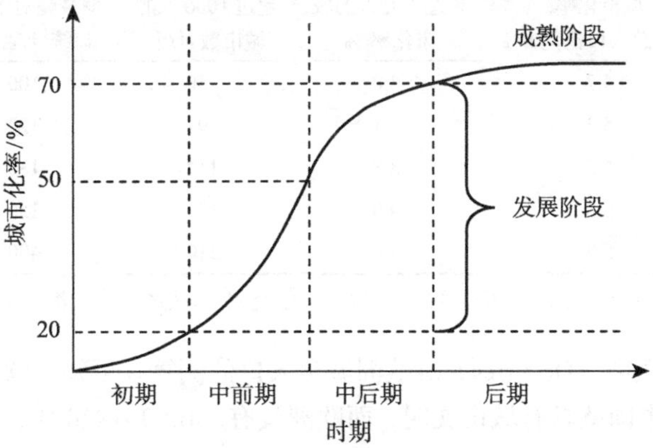

图 6-1　城市化发展阶段

①林国蛟. 2001. 城市化的类型、规律与特点. 观察与思考，(8)：46.

②谢文蕙，邓卫. 1996. 城市经济学. 北京：清华大学出版社.

③董利民. 2011. 城市经济学. 北京：清华大学出版社.

由 S 形曲线划分的人口城市化三个阶段的一般规律如下：①人口城市化初期阶段。表现为 S 形曲线的左下段，这一阶段城市化水平较低，城市人口占总人口比重低于 20%，城市人口增长缓慢。②人口城市化中期阶段。表现为 S 形曲线的中间段，曲线斜率较大，将 50%作为城市化率的一个拐点，可以将中期阶段划分为中前期阶段（城市化率为 20%~50%）和中后期阶段（城市化率为 50%~70%）。中前期阶段的曲线呈指数攀升，城市人口加速递增；当城市化率越过 50%后，进入中后期阶段，城市化率上升速度减缓，但城市化率的绝对值保持上升。③人口城市化后期阶段。表现为 S 形曲线的右上段，当城市人口比重超过 70%后，城市人口比重的增长又趋于缓慢，甚至出现停滞状态，曲线斜率较小。

一、人口城市化的发展历史[①]

要搜集千年来城市人口规模所占比例的数据十分困难，好在麦迪森、罗兹曼、德弗里斯等提供了过去千年城市发展的大致估计。

对于历史上的中国，帝国官僚对城市十分重要，它不仅是人口的组成部分，更是权力的重要组成部分。罗兹曼采取五个层次对城市的结构网络进行划分，以描绘中国封建王朝皇权管理的操纵机制。第一层级是拥有约 100 万人口的首都；第二层级是像南京那样的城市；第三层级是各省首府或直属于中央的一些城市；第四层级是一些港口和重要地区；第五层级也是最低一级的行政县。从唐朝到清朝，这些行政区的数量仅在窄幅波动，尽管人口数量获得较大增长。从历史进程来看，城市人口自唐朝到明代中期有所增加，但是从明代中期开始到清代结束并没有得到显著增长。具体地，在公元 762 年的中唐时期，城市化率为 4.7%，到明朝为 6.5%，到 1650 年的早清时期，城市化率为 6.8%，到 1820 年的晚清时期，城市化率反而降为 5.9%（表 6-2）。总之，从唐朝到清朝，中国城市化发展是“非常微弱的”。

表 6-2　罗兹曼关于中国从唐代到晚清城市化率的描述

朝代	考察年份	城市化率（占总人口比例）/%	超过 1 万人的城市化率/%	超过 1000 人的城市数量/个	罗兹曼对中国人口统计/百万人	麦迪森对中国人口统计/百万人
中唐	762	4.7	3.0	50	100	52
中宋	1120	5.2	3.1	91	120	78
中明	1506	6.5	3.8	112	130	124
早清	1650	6.8	4.0	136	150	123
晚清	1820	5.9	3.8	310	400	408

资料来源：安格斯·麦迪森. 2008. 中国经济的长期表现. 伍晓鹰，马德斌译. 上海：上海人民出版社

表 6-3 来自德弗里斯（De Vries）对欧洲城市人口的测算。可知，欧洲和中国人口情况有很大差异。在唐朝，中国就具有城市文明，而欧洲没有。1000~1820 年，中国城市化并没有得到显著增进，而欧洲城市化在 1000~1500 年却实现了巨大飞跃。在此阶段后期，欧洲比中国明代中期的城市化水平还高。到 1800 年，欧洲的城市化水平相对于 1500 年已经翻了一番，而中国依然停留在 1500 年的水平。

①安格斯 · 麦迪森. 2008. 中国经济的长期表现. 伍晓鹰，马德斌译. 上海：上海人民出版社.

表 6-3 德弗里斯对于欧洲城市人口的估计（1000~1800 年）

年份	具有 1 万名居民以上的城市占总人口的比重/%	具有 1 万名居民以上的城市数量/个	德弗里斯测算的欧洲的人口/百万人	总人口/百万人
1000	0.0	4	–	45.0
1500	5.6	154	61.6	72.3
1650	8.3	197	74.6	90.9
1800	10.0	364	122.7	149.6

资料来源：安格斯·麦迪森. 2008. 中国经济的长期表现. 伍晓鹰，马德斌译. 上海：上海人民出版社

二、世界人口城市化的现状与特征

城市化是全球性的时代潮流。表 6-4 显示了 1800~2025 年全球人口城市化率的发展历程。由表 6-4 可见，将全球视为一个整体，全球的人口城市化在 19 世纪末期才开始起步，到 20 世纪末期则进入加速发展阶段，到 21 世纪初期达到临界完成阶段（城市化率为 50%），在 21 世纪 20 年代中后期有望进入基本完成阶段。然而，对于不同的国家和地区，其城市化的发展模式和水平则不尽相同。有些国家城市化发展“滞后”（如中国），而有些国家城市化发展则“过度”（如拉美国家）。

表 6-4 全球人口城市化率发展历程（1800~2025 年）

年份	1800	1850	1900	1925	1995	2005	2025
城市化率/%	5.1	6.4	13.6	21	45	50	61

资料来源：刘传江. 1999. 世界城市化发展进程及其机制. 世界经济，(12): 36-42

1. 城市化率的时间趋势

根据联合国发布的数据，在 2007 年，世界作为一个整体的城市化率达到了具有标志意义的 50%（图 6-2）。目前各大洲城市化发展水平存在显著差异，从 2013 年的世界城市化率来看，亚洲为 46.9%、非洲为 39.6%、欧洲为 73.2%、北美洲高达 83.1%。从发展趋势来看，到 2030 年，世界城市人口比例将超过 60%。拉丁美洲将达到 83%，大洋洲 71.3%、亚洲 56.3%、非洲 47.1%、欧洲 77%、北美洲 84.2%。

2. 世界各国城市化水平对比

2014 年全球城市化水平为 54%，而如果将历史的年轮拨回到 1950 年，则只有 30%的人口居于城镇。按照联合国预测，到 2050 年全球城市化水平将达到 66%。图 6-3 显示，目前世界上城市化水平最高的地区包括北美（82%）、拉丁美洲和加勒比地区（80%）以及欧洲（73%）。而相比之下非洲和亚洲的城市化水平仅有 40%和 48%。在未来几十年里全球城市化水平将呈普遍的上升趋势，非洲和亚洲将有更快增速。

过去一段时期，中国城市化取得较快发展，但与世界其他地区相比仍有较大差距，尤其与高收入国家相比差距明显。由图 6-4 可见，到 2010 年中国城市化水平初步达到中等收入国家的水平，与高收入国家相差约 30 个百分点。当然，中国城市化仍有较大发展空间，预计到 2050 年城市化水平将达到 70%~80%。

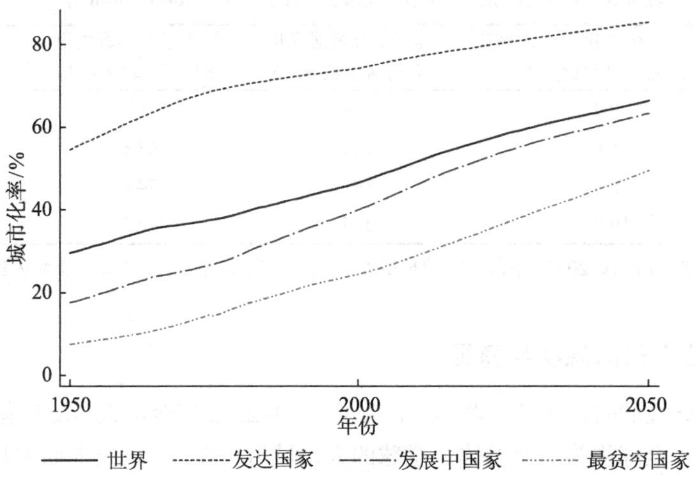

图 6-2　世界城市化发展趋势

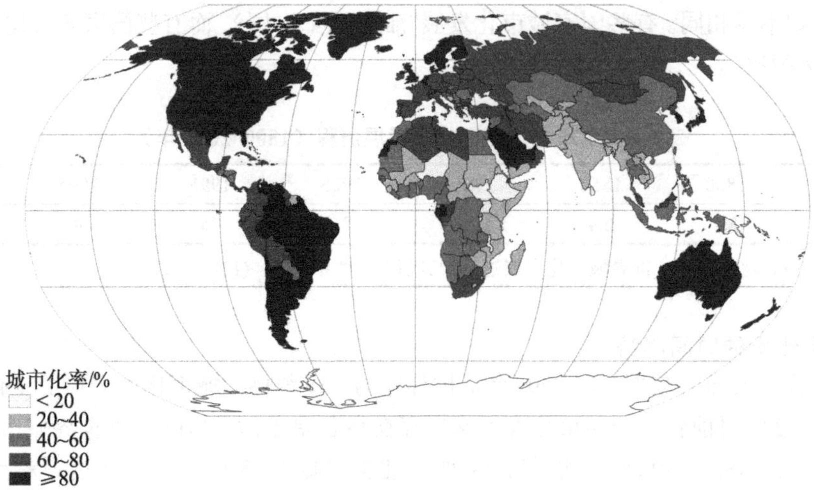

图 6-3　2014 年世界各国城市化率示意图

资料来源：World Urbanization Prospects 2014. United Nations

在亚洲范围进行比较，中国城市化进程尤为突出，在 20 世纪 90 年代超过南亚平均水平，2005 年之后陆续超过中亚地区和东南亚地区的平均水平，可以预见在未来几十年里与西亚地区的差距将逐步缩小（图 6-5）。

在过去 60 余年里，世界城市化发展进入快车道。世界城市化水平年均增长率在 1950~2010 年为 0.93%，其中，发展中国家和最贫穷国家的城市化发展贡献较大，前者为 1.6%，后者则为 2.25%，由于发达国家早已进入城市化发展较高级阶段，故而增速空间较小，平均年增速为 0.57%（图 6-6）。

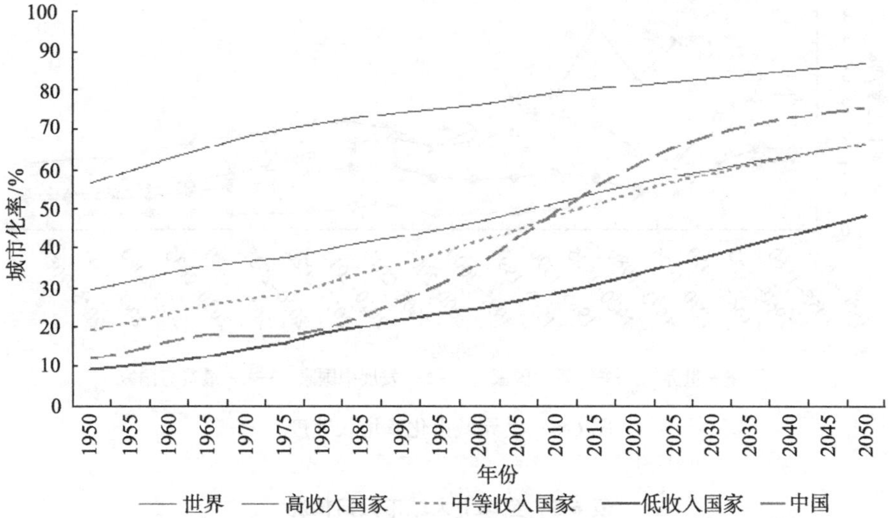

图 6-4 中国与其他国家城市化水平对比

资料来源：World Urbanization Prospects 2014. United Nations

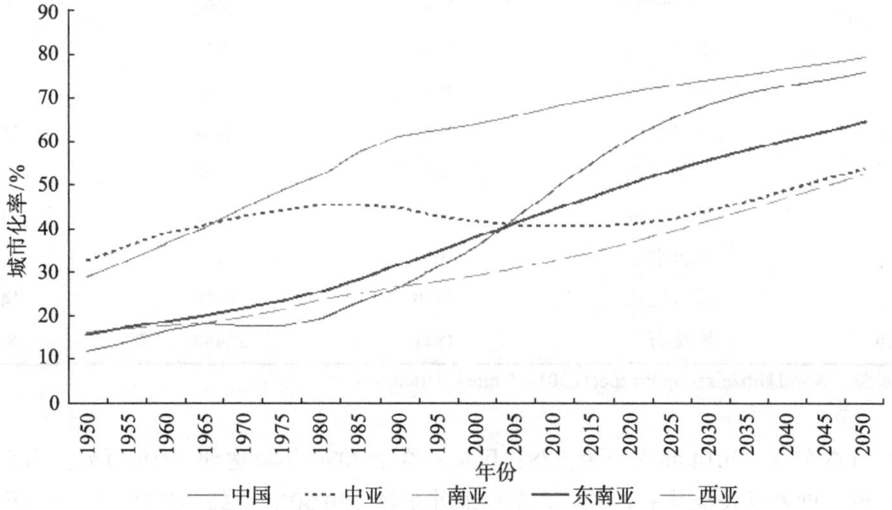

图 6-5 中国与亚洲其他国家城市化水平对比

资料来源：World Urbanization Prospects 2014. United Nations

3. 世界人口最多的十大城市

联合国《世界城市化展望》(*World Urbanization Prospects 2014*) 数据显示，城市人口最多的城市排名中，日本东京位列全球第一，印度的新德里次之，中国上海第三，曾被认为是“世界上发展最快的大城市”的达卡则居第十一位。根据预测，到 2030 年，圣保罗、大阪和纽约将跌出人口最多城市的前十名，取而代之的将是达卡、卡拉奇和拉各斯。

表 6-5 整理了联合国发布的 2014 年全球十大城市的人口情况及未来预测。①

①此部分关于各城市基本特征描述的部分内容引自维基百科与百度百科。

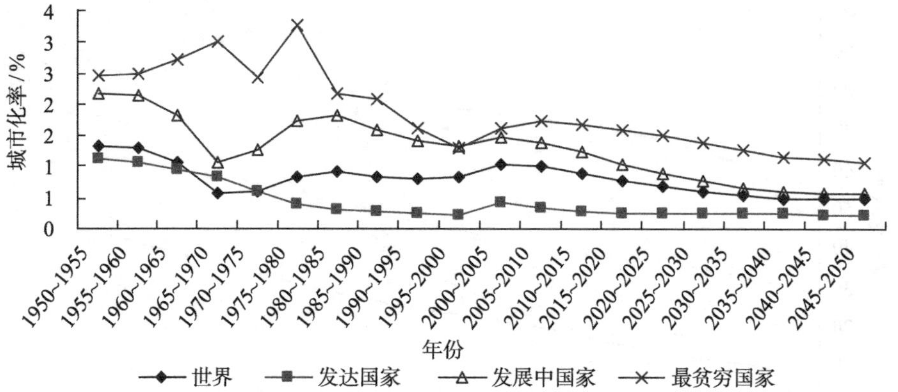

图 6-6　世界城市化率增长速度

表 6-5　全球十大城市人口情况

2014 年排名	国家/城市	2014 年人口数/万人	2030 年人口数/万人	2030 年排名预测
1	日本/东京	3783	3719	1
2	印度/新德里	2495	3606	2
3	中国/上海	2299	3075	3
4	墨西哥/墨西哥城	2084	2387	10
5	巴西/圣保罗城	2083	2344	11
6	印度/孟买	2074	2780	4
7	日本/大阪	2012	1998	13
8	中国/北京	1952	2771	5
9	美国/纽约	1859	1988	14
10	埃及/开罗	1841	2450	8

资料来源：World Urbanization Prospects 2014. United Nations

（1）日本东京。2014 年人口为 3783 万人，预计 2030 年将达到 3719 万人。东京是亚洲第一大城市，世界五大金融中心之一。东京地处东经 140º50′，北纬 35º44′，是一座现代化的国际城市，是日本的政治、经济和文化教育中心。

（2）印度新德里。2014 年人口为 2495 万人，预计到 2030 年人口将达到 3606 万人。新德里是印度共和国首都，是全国政治、经济和文化中心。它位于东经 77º13′，北纬 28º37′，恒河支流穆纳河从城东缓缓流过，河对岸是广阔的恒河平原。作为新德里的中央直辖区，它还统辖着饱经沧桑的老德里。

（3）中国上海。2014 年人口为 2299 万人，预计到 2030 年人口将达到 3075 万人。上海地处东经 120º52′~122º12′，北纬 30º40′~31º53′，有“东方巴黎”的美称，是中国直辖市之一，中国的经济、金融中心，繁荣的国际大都市，并拥有中国大陆首个自贸区“中国（上海）自由贸易试验区”。

（4）墨西哥墨西哥城。2014 年人口为 2084 万人，预计到 2030 年人口将达到 2387 万人。

墨西哥城是墨西哥的首都，地处西经 99º8′，北纬 19º26′，位于墨西哥中南部高原的山谷中，海拔 2240 米。它集中了全国约 1/2 的工业、商业、服务业和银行金融机构，是全国的政治、经济、文化和交通中心。

（5）巴西圣保罗城。2014 年人口为 2083 万人，预计 2030 年人口将达到 2344 万人。圣保罗城位于西经 46º38′，南纬 23º33′，是巴西和南美的工业、金融、商业、文化和交通中心，是著名的国际化大都市。

（6）印度孟买。2014 年人口为 2074 万人，预计到 2030 年人口将达到 2780 万人。孟买地处东经 72º51′，北纬 18º56′，是印度西岸大城市和全国最大海港，同时还是印度的商业和娱乐业之都。

（7）日本大阪。2014 年人口为 2012 万人，预计到 2030 年人口将达到 1998 万人。大阪坐落于东经 135º33′，北纬 34º38′，有“水之都”的美名。大阪是日本商业和贸易发展最早的地区，与东京同为全国经济、文化中心。

（8）中国北京。2014 年人口为 1952 万人，预计到 2030 年人口将达到 2771 万人。北京地处东经 115º42′~117º24′，北纬 39º24′~41º36′，是中国“八大古都”之一，是世界上拥有文化遗产项目最多的城市。北京是中国的首都、直辖市和国家中心城市，是中国的政治和文化中心，中国经济的决策和管理中心。

（9）美国纽约。2014 年人口为 1859 万人，预计到 2030 年人口将达到 1988 万人。纽约坐落于西经 74º，北纬 40º43′，是美国的金融与经济中心，最大的城市和港口，同时也是世界最大城市，在 3 个“世界城市”中居首位。

（10）埃及开罗。2014 年人口为 1841 万人，预计到 2030 年人口将达到 2450 万人。开罗位于东经 31º14′，北纬 30º3′，是埃及首都与最大的城市，也是北非及阿拉伯世界最大的城市，它横跨尼罗河，是整个中东地区的政治、经济和交通中心。

三、当今中国城市化的发展阶段和特征

历史上，中国是世界上最早产生城市的国家之一，中国的城市文明在世界上一度处于领先地位。但是，现代中国城市化进程却大大落后于世界发展水平。新中国成立以来，我国城市化发展经历了三个典型阶段，从新中国成立后的“波浪起伏”，到改革开放后的“稳定发展”，再到“九五”时期后的“加速发展”。虽然改革开放以来我国城市化水平快速提升，但是我国人口城市化存在明显的地区差异。东部地区的城市化水平大幅高于中西部地区，东部地区的城市化速度也明显快于中西部地区。

（一）中国城市化发展的三个典型阶段①

新中国成立后，尤其是改革开放 30 多年以来，我国城市化进程以史无前例的规模快速发展。目前，我国已成为全世界城市化发展规模最大的国家之一。

根据联合国开发计划署驻华代表处与中国社会科学院城市发展与环境研究所共同撰写的

①联合国开发计划署驻华代表处与中国社会科学院城市发展与环境研究所共同撰写的《2013 中国人类发展报告》。

《2013 中国人类发展报告》，从 1949 年至今，中国城市化历程大体可以划分为三个典型阶段（图 6-7）。一些重要的历史事件和政策都深刻影响着中国城市化进程（图 6-8）。

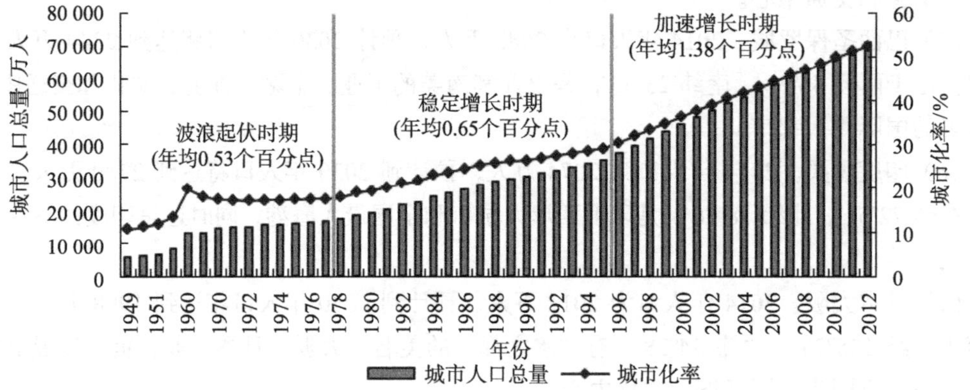

图 6-7　中国城市化历程阶段划分

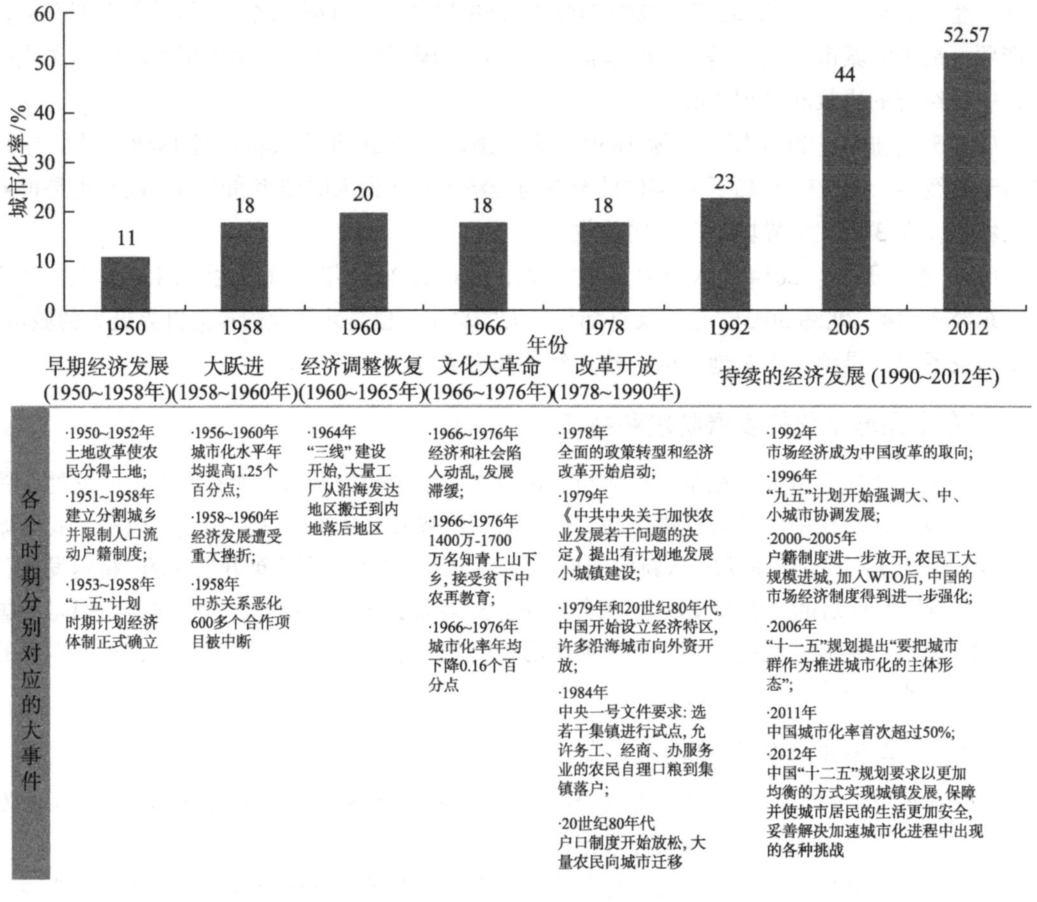

图 6-8　新中国成立以来影响中国城市化发展的主要政策和事件

资料来源：《2013 中国人类发展报告》

第一阶段是“波浪起伏”时期（1949~1977 年）。新中国成立后，国民经济秩序得以恢复，在全国推进工业化的背景下，城市化也平稳发展。1956~1960 年，城市化得到快速发展，年均增长率为 1.25 个百分点。然而，1960~1977 年，在“大饥荒”、“三线”建设、上山下乡及“文化大革命”的影响下，数以千万计的知青上山下乡，接受贫下中农再教育。城市化进程遭遇严重停滞和后退。

第二阶段是“稳定增长”时期（1978~1995 年）。1978 年，我国开始了全面的政策转型，经济改革开始启动。改革开放拉开了对外贸易和引进外资的序幕，沿海地区的外向型经济借此迅速发展，城市劳动力市场不断开放，大规模的农村人口纷纷涌进城市。在此情形下，城市规模和人口不断扩张，城市化水平从 1978 年的 18%提升至 1995 年的 29%。

在我国城市化发展的第二阶段，有些影响这一城市化进程的政策和事件值得一提。首先，1979 年《中共中央关于加快农业发展若干问题的决定》中，提出有计划地发展小城市建设和加强城市对农村的支援；1980 年全国城市规划会议提出“要控制大城市规模，合理发展中等城市，积极发展小城市”。以上分析表明，这一阶段我国城市化的政策导向是重点发展中小城市，限制大城市的发展。其次，1979 年和 20 世纪 80 年代，中国开始设立经济特区，随着改革开放的深入，许多沿海城市纷纷向外资开放。对外贸易和引进外资成为这一时期我国城市化率稳定增长的重要外部因素。最后，国家政策的相应调整是我国城市化率逐步提升的重要内部因素。最引人瞩目的是户籍制度开始松动，大量农民向城市迁移。此外，1982 年中央一号文件确定了“家庭联产承包责任制”的合理性，极大地促进了农村经济发展；1984 年中央一号文件要求，各省、自治区和直辖市可选若干集镇进行试点，允许务工、经商、办服务业的农民自理口粮到集镇落户。政策的松动促进了乡镇企业的快速发展，刺激了城市化水平的提升。

第三阶段为“加速发展”时期（1996 年至今）。中国经济的快速发展为这一时期城市化水平的加速增长提供重要支撑。伴随着制造业加速扩张，农产品需求则持续低迷，这一方面制约了农村的发展，另一方面却推动了农村剩余劳动力向城市的迁移。与此同时，东南沿海地区蓬勃发展的外向型经济也成为农村剩余劳动力向城市迁移的巨大拉力。这一时期，我国城市化率年均增长 1.38 个百分点，并在 2011 年首次超过 50%。

（二）中国人口城市化的地区差异

数据显示，2012 年我国的城市人口比重达到 52.57%，总体城市化水平处于发展阶段。但从各省份的人口城市化水平来看，中国人口城市化发展存在着巨大的区域差异，表现为东–中–西梯次下降的鲜明特征（图 6-9、图 6-10）。具体而言，在 2012 年，上海人口城市化水平最高，为 89.3%，其次是北京和天津，分别是 86.2%和 81.55%；城市化水平最低的三个省份依次是西藏（22.75%）、甘肃（38.75%）、云南（39.31%）。

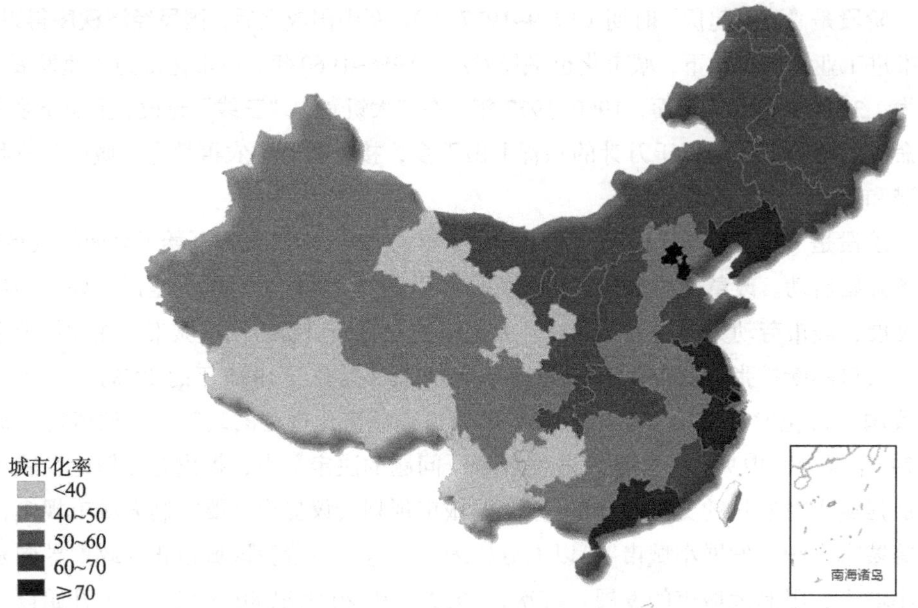

图 6-9　2012 年中国各省份城市人口比重示意图

资料来源：《中国统计年鉴 2013》，港、澳、台地区数据未计入

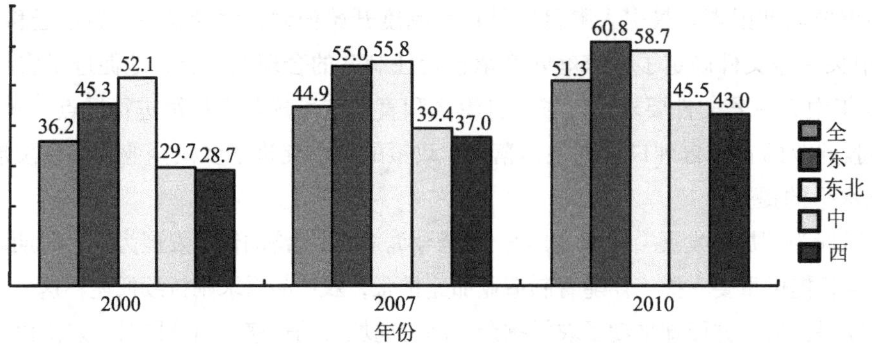

图 6-10　中国四大区域城市化率比较

资料来源：根据历年《中国统计年鉴》数据计算整理

第三节　城市化的经济社会影响

一、城市化对经济发展的积极影响

1. 城市化促进生产率和经济增长

新增长理论强调创新和知识溢出对生产率和经济增长具有决定性作用。而创新和知识溢出最容易在空间上彼此接近的个体间发生，城市恰恰为个体之间相互接近直接提供了机会，因而成为有效促进技术创新和知识溢出的理想场地。城市化对生产率增长的影响机制主要有两个方面。

第一，由聚集效应产生的直接影响机制，即城市化本身所带来的经济活动、人口在城市聚集的性质能直接促进交易效率的提高和劳动分工的演进，从而实现生产率的快速增长。[①]

第二，由创新中介效应产生的间接影响机制，即城市化能有效地促进技术创新，进而实现生产率的增长。城市化促进技术创新主要是由其自身的三个特征优势决定的[②]：①城市的多样性。城市的多样性为不同行业和学科领域人员之间的交流创造了机会，从而促进新知识、新技术、新产品的产生。②城市人力资本累积效应。城市是人才荟萃之地，在人力资本溢出效应作用下，一个人生活于城市，比生活于农村，人力资本积累速度更快。另外，大城市往往存在众多厂商，使得劳动力市场处于充分竞争状态，而充分竞争保证了工人技能水平与工作岗位的适配性，有利于促进人力资本的形成与发挥。③城市的创新网络优势。城市完善的信息、通信等基础设施，也为创新扩散提供良好的传播渠道和环境，缩短各个创新主体之间的距离，加快技术创新扩散，促进生产率提高。正如爱德华·格雷瑟（Edward Glaeser）的形象比喻："通过马路和街道传播思想总比通过海洋和大陆容易得多。"

2. 城市化促进就业增长

城市化的一个突出特征是经济活动向城市的不断集中。伴随着产业的集中，劳动力向城市流动的趋势愈发明显。在城乡关系转化的社会经济变革过程中，就业规模的不断扩大既是城市发展的直接结果，也是推动城市发展的重要力量。随着经济总量增长和产业结构的升级，城市相应地成为现代社会就业机会最集中的区域。城市规模的扩张和经济的日益专业化，使得城市经济具有更强的聚集效应和规模效应，以及更高的生产率。城市内部和城市之间的经济分工，也使得城市可以创造出更多的就业岗位。中国在经历了计划经济时代使城市化进程受到压抑，以及改革开放以来补充性城市化的阶段之后，目前正处于城市化速度加快发展阶段，城市正在成为创造新增就业岗位的主要经济地带。[③]

3. 城市化有利于收入增长

第一，城市化通过基础设施（尤其是交通设施）的可及性，有效地降低交易成本，使人们与现代经济活动中心的联系更加密切，劳动力流动更加频繁和容易，因此增加了穷人进入市场的机会，从而提高他们的收入和福利水平。根据世界银行的研究，由于很难获得进入城市市场中心的经济机会，近2/3的非洲农民与本国或世界市场基本隔绝，造成大量的贫困。相比较而言，印度尼西亚在过去30年里对道路设施的充分投资使得大量的穷人家庭有机会接触现代市场中心，获取额外的工作机会，从而导致贫困降低。

第二，城市化有利于产业聚集、培育商贸活动，促进劳动分工和专业化生产，因而能极大地促进农村地区发展现代模式的集约型农业经济，从而提高农民的收入水平。

第三，城市化能使穷人的人力资本水平得到较大幅度的提升，进而增加其工作机会和收入前景。有研究表明，良好安全的公路交通网络有助于提高学生的出勤记录，促进教育人力资本积累和收入增加。[④]

---

①赵红军. 2005. 交易效率、城市化与经济增长. 上海：上海人民出版社.

②成德宁. 2009. 城市化、收益递增与经济增长. 南都学坛，(1)：131-136.

③都阳，王美艳. 2010. 城市化进程中的人口、产业发展与就业//蔡昉. 中国人口与劳动问题报告 NO.11：后金融危机时期的劳动力市场挑战. 北京：社会科学文献出版社.

④黄乾，魏下海，余玲铮. 2013. 交通基础设施能缩小城乡收入差距吗——基于中国数据的经验分析. 河北大学学报，(4)：44-52.

从中国的现实来看，研究发现推进城市化对收入和经济增长有显著的正效应。中国之所以能够在较短的时间内成功实现数亿人的脱贫，在很大程度上归功于城市的贡献。在过去的32年（1980~2012年）中，中国的人类发展指数由0.407提高到0.699。如今，中国城市市辖地区贡献了56.3%的GDP，根据联合国开发计划署和中国社会科学院的预测，到2030年，这一数字有望提高至75%。从区域分布来看，中国各省城市化水平对人均GDP的贡献均为正，从贡献程度看，表现出“东高西低”的特点。[①]此外，对1978~2010年中国的城市化率与非农就业数据的分析表明，城市化水平的提高将促进非农就业增长，而且预计这样的趋势还将持续下去。2005年，中国城市提供了2.9亿个就业岗位，随着城市化的迅速推进，到2025年，预计中国城市将能提供4.5亿~5亿个就业机会。[②]

二、城市化带来的负面影响[③]

毋庸讳言，城市里集中了人口、信息、机遇和服务，会对经济社会发展产生积极作用，但也潜藏着新的风险和不利因素。当城市化发展到一定阶段，会对环境和居民健康造成负面的影响。正如《2013中国人类发展报告》所言，“城市的高人口密度促进了规模经济、技能和企业专业化的发展。然而，就废弃物和户外空气污染而言，城市的负面影响很大”。目前，全球城市人口消费了全世界60%~80%的能源，但同时也产生了同样比例的二氧化碳排放。如今全球平均气温比20世纪初高出0.75°C，而温度变化速率还在增长。其主要原因为城市经济活动，尤其是化石燃料燃烧、森林滥伐与水泥生产等，这些活动都直接增加了二氧化碳排放量。城市发展导致气候变化这一观点在科学上已经得到了认可，但遗憾的是公众意识仍很落后，世界上只有不到2/3的人意识到了气候变化与其成因。

此外，城市发展和资源过度开发也是大量物种濒临灭绝的最主要肇因。城市化直接挤压许多生物的自然栖息地，预计将近1/4的植物物种会受到灭绝的威胁，地球上1000万个物种大约一半都会在本世纪消失。

的确，过去的许多国家的城市发展传统模式反映了城市化对环境、土地、森林、海洋等生态系统产生破坏，对人类的福祉构成长期威胁和严峻挑战。未来的城市化发展路径，应充分考虑可持续发展，努力寻求关于环境、经济、社会的三赢战略。

---

①韩燕，聂华林. 2012. 我国城市化水平与区域经济增长差异实证研究. 城市问题，(4)：22-26.

②据《2013中国人类发展报告》资料整理。.

③据《2011中国人类发展报告》资料整理。

HAPTER 7

第七章 人口分布迁移与经济发展

[内容提要]

本章阐述人口分布迁移与经济发展之间的联系，首先，对人口分布迁移的基本概念加以说明；其次，细致分析人口迁移的现状及特点，以及影响人口迁移的因素；最后，总结人口迁移对经济发展的影响机制。

[学习要点]

1. 掌握人口分布迁移的基本概念与相关指标的测度方法；
2. 熟悉国际人口迁移的现状及特点；
3. 熟悉中国人口迁移的现状及特征；
4. 了解关于人口迁移的理论；
5. 熟悉影响人口迁移的因素；
6. 领会人口迁移何以影响经济发展。

第一节 人口分布迁移的基本概念

一、人口分布概况

（一）人口分布测算方法：人口密度

人口密度是衡量和研究人口分布的常用指标，指的是一定时期单位土地面积（领土范围内不包括领海的全部陆地面积和内陆水域）上居住的人口数，通常以每平方公里常住的人口数来表示，用以反映某一国家或地区的人口稠密程度与人口分布情况，它是分析人口地理状况、人口生态平衡的重要指标。①

$$M = \frac{P}{A} \tag{7-1}$$

式中，M 为人口密度；P 为人口数量；A 为土地面积。由于不同区域内的自然和社会经济环境不同，人口密度的分布也有着显著性的差异。1935 年，胡焕庸提出“黑河—腾冲线”把我国人口分为东南和西北人口疏密差异显著的两部分，开了我国人口分布研究的先河。截至 2000 年，我国仍保持东密西疏、东南部人口密中有疏、西北部人口疏中有密的空间格局；人口密度为 100 人/公里。②

人口密度指标是以人口均匀分布在各地区为前提而进行测算研究的，其计算的范围越小，就越能如实地反映人口分布的状况；范围越大，则只能概略地揭示人口分布的整体状况。因此，在分析一个国家或地区的人口密度时，应将人口密度的总平均指标和其更小范围地区的人口密度指标结合起来运用，才能比较全面地了解和说明不同国家或地区的人口稠密状况和人口分布情况。

（二）人口分布概况

1. 世界人口密度

根据国际惯例，人口密度一般分为 4 个等级，如表 7-1 所示。

表 7-1 人口密度等级的划分依据

等级	划分指标/（人/平方公里）	代表地区
Ⅰ	>100	中国、韩国、日本
Ⅱ	25~100	巴西、埃及
Ⅲ	1~25	蒙古
Ⅳ	<1	加拿大、格陵兰

注：Ⅰ为人口密集区；Ⅱ为人口中等区；Ⅲ为人口稀少区；Ⅳ为人口极稀区

①向洪，张文贤，李开兴，等. 1994. 人口科学大辞典. 成都：成都科技大学出版社.

②葛美玲，封志明. 2008. 基于 GIS 的中国 2000 年人口之分布格局研究——兼与胡焕庸 1935 年之研究对比.人口研究，(1)：51-57.

从全球来看，2010 年，世界人口密度为 50.8 人/平方公里。其中，亚洲人口密度最高，为 130.5 人/平方公里，非洲次之，为 34.0 人/平方公里，前者约为后者的 4 倍。另外，欧洲人口密度为 32.1 人/平方公里，拉美为 29.0 人/平方公里，北美为 15.9 人/平方公里，大洋洲仅为 4.3 人/平方公里。由以上数据我们可以看出，亚洲是人口密度最高的大洲。不同大洲之间的人口密度显著差异反映了不同大洲之间的经济发展水平和自然人文的显著差异。

2010 年世界人口密度前十的国家和地区如表 7-2 所示。

表 7-2 人口密度的比较 单位：人/平方公里

国家和地区	人口密度	国家和地区	人口密度
摩纳哥	24 728.2	梵蒂冈	1 815.9
中国澳门	20 562.5	巴林	1 803.3
新加坡	7 436.3	马耳他	1 344.1
中国香港	6 414.5	荷属圣马丁	1 250.8
直布罗陀	4 875.5	百慕大	1 225.5

资料来源： http://data.worldbank.org.cn/indicator/EN.pop.DNST

放眼全球，人口的分布是不均匀的。图 7-1 是 2013 年全球人口密度分布图，颜色越深代表该地区的人口越密集。

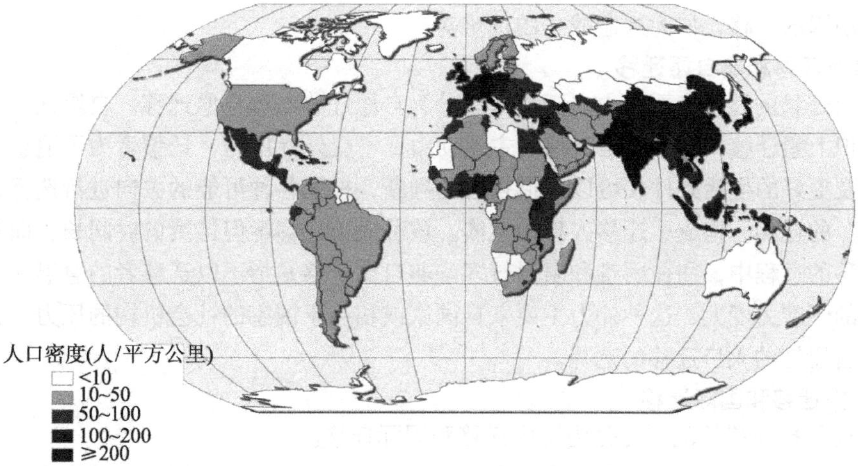

图 7-1 世界人口密度示意图

数据来源：WDI Database 2013. World Bank

2. 中国人口密度地图

2011 年，我国人口密度为 142.5 人/平方公里，人口密度呈现出较大的区域差异，最高的城市和最低的城市之间相差 1199 人/平方公里。我国人口主要分布在东南沿海，尤其是东部海岸线地区及平原地区，而越往西部和北部人口密度越低。在 2010 年，我国人口密度在世界上排 82 位，达到 141.2 人/平方公里。

2011年人口密度最高的省（自治区、直辖市）均分布在东部海岸线地区，人口密度最高的三个省份分别为上海（3736.13人/平方公里）、北京（1201.55人/平方公里）和天津（1199.12人/平方公里）；而中国人口密度最低的省份则主要分布在西北部，其中，人口密度最低的省份是西藏，仅2.47人/平方公里，其次是青海，7.86人/平方公里，然后是新疆，13.67人/平方公里。

二、人口迁移

（一）人口迁移的定义①

人口迁移是指人口在空间地理上的移动，一般认为改变人们常住地的人口移动，属于人口迁移范围，这要与人口流动与人口移动区分开来，人口流动是未改变常住地。人口迁移与人口流动可统称为人口移动。

（二）人口迁移的类型

人口迁移的影响因素以及迁移所产生的影响非常复杂，对于人口迁移的分类，采用不同的标准就可以有不同的分类方法。常用的分类方法有以下几种。

1. 经济性迁移和非经济性迁移

从人口迁移的动因来看，人口迁移可分为经济性迁移和非经济性迁移。经济性迁移是迁移者为了谋求更好的职业发展和寻求更好的生活条件而发生的迁移，一般是从经济较不发达的地区向经济较发达的地区转移。非经济性迁移又可分为自然环境、政治、军事、文化、社会等各种动因的迁移，如为逃避战争的逃难等。

2. 自愿迁移和非自愿迁移

从人口迁移的性质来看，人口迁移可以分为自愿迁移和非自愿迁移。自愿迁移是指迁移者主观意识上想迁移，其意志是迁移的主要动力，不受外界压力，迁移者为了追求自身更好的发展以及更好的生活条件，可以凭借自己的判断，根据各种可能的去向进行选择，它是一种“创新”的迁移，构成了迁移人口的主体。该种人口迁移不但持续的时间长，而且流动量大，在迁移的过程中，往往困难和阻碍较多。非自愿迁移是指不以迁移者的意愿为主要考虑点，外界的干涉力度大，这种外力主要来自国家或相当于国家的社会机构的压力，强迫迁移者做出非自愿性的人口迁移的选择。

3. 国内迁移和国际迁移

人口迁移按迁移的范围可分为国内迁移和国际迁移。

人口国内迁移是指一定数量的人口在国界范围之内跨越一定区域改变其常住地的迁移活动，在我国现阶段通常是指随带户籍、改变常住地，即人户不分离的国内人口迁移。究其跨越的社区范围的大小又可分为人口省际迁移、省内县际迁移、县内迁移等。

国际迁移指迁移者跨越不同国家之间的迁移，并改变住所一段时间（一般为一年或者以上）。根据联合国的划分方案，人口国际迁移分为四类：永久性人口国际迁移、国际劳工迁移、国际难民迁移和非法国际移民。

---

①向洪，张文贤，李开兴，等. 1994. 人口科学大辞典. 成都：成都科技大学出版社.

三、人口迁移的测量

测量人口迁移的指标主要有迁入率、迁出率、总迁移率和净迁移率等。

1. 迁入率①

迁入率是指某地区一定时期 (通常为一年)迁入人数与总人口数的比，从迁入的角度来说明人口迁移变动的程度，是一个表示迁入人口规模比例的相对指标。计算公式为

$$m_i = \frac{M_I}{P} \tag{7-2}$$

式中，m_i 为迁出率；M_I 为迁出人口数；P 为平均人口数。

2. 迁出率②

迁出率是指某个地区在一定时期内（通常为一年）迁出人数占总人口的比例，从迁出的角度来反映人口迁移变动程度，是一个表示迁出人口规模的相对指标。计算公式为

$$m_E = \frac{M_E}{P} \tag{7-3}$$

式中，m_E 为迁出率指标；M_E 为迁出人口数；P 为平均人口数。

3. 总迁移率③

总迁移率是反映人口迁移变动总规模的相对指标，是指某个地区在一定时期内（通常为一年）迁出与迁入人口总数和总人口数的百分比。它同时考虑了迁入和迁出因素对人口变动的影响，其计算公式为

$$m_T = \frac{M_I + M_E}{P} \tag{7-4}$$

式中，m_T 为该地区人口总迁移率；M_I 和 M_E 之和为当年迁入和迁出该地区的人口数；P 为该地区平均人口数。

4. 净迁移率④

净迁移率是指迁入和迁出人数的差额与平均人口数之比，反映人口迁移变动的结果和流向。其计算公式为

$$m_N = \frac{M_I - M_E}{P} \tag{7-5}$$

净迁移率反映的是某地区因人口迁入、迁出导致该地区人口增加或减少的程度，将其与自然增长率结合起来，可表征人口增长的程度。若净迁移率为正数，证明迁入大于迁出，人口增加。而若净迁移率为负数，则说明迁出大于迁入，人口减少。

人口迁移数是一个重要的人口统计指标，在缺乏迁移资料或日常迁入、迁出登记不够准确时，如果每年年未人口数有较准确统计并且出生、死亡登记资料也比较完整，则可根据年初或年末总人口和本年出生、死亡人数推算人口净迁移数，即

①向洪，张文贤，李开兴，等. 1994. 人口科学大辞典. 成都：成都科技大学出版社.
②吴忠观，周君玉，封希德，等. 1997. 人口科学辞典. 成都：西南财经大学出版社.
③向洪，张文贤，李开兴，等. 1994. 人口科学大辞典. 成都：成都科技大学出版社.
④陈勇. 2000. 当今永久性国际人口迁移现状及其特点. 人口与经济，(2)：44-50.

期末总人口 = 期初总人口+本年出生人数−本年死亡人数+本年净迁移数

即

本年净迁移数 =（期末总人口−期初总人口）−（本年出生人数−本年死亡人数）

第二节　人口迁移的现状及特点

一、国际人口迁移的现状及特点

按照联合国的划分，国际人口迁移分为四类：永久性国际人口迁移、国际劳工迁移、国际难民迁移和非法国际移民。一般来说，永久性国际人口迁移和国际劳工迁移都属于合法迁移。不过，由于国际劳工迁移和国际难民迁移在迁移目的地停留的时间比较短暂，而非法国际移民又是世界各国法律所不允许和严格禁止的，因此，传统意义上的国际人口迁移主要是指永久性国际人口迁移。[①]

（一）全球范围的国际移民数量空前

如图 7-2 所示，截至 2013 年，发达国家和地区的国际移民存量为 1.36 亿人，相比之下，发展中国家和地区仅有 0.96 亿人。自 1990 年以来，发达国家和地区所接纳的国际移民比例有所上升，从当初的 53%到现在的 59%。1990~2013 年，发达国家和地区的国际移民以平均每年 230 万人的速度增长，相比之下，发展中国家和地区的这个数字仅有 100 万人。但是自从 2000 年以来直至 2010 年，发展中国家和地区的国际移民年均增长率是 2.5%，要高出发达国家和地区的 2.3%。而在 2010~2013 年，发展中国家和地区与发达国家和地区的这一指标分别降至 1.8%和 1.5%。

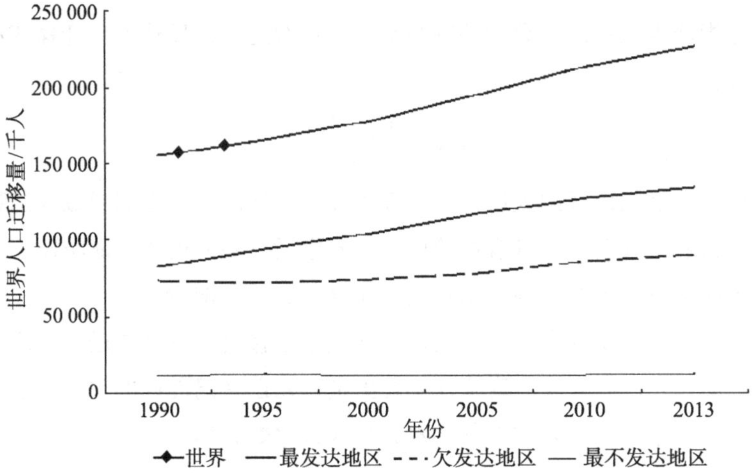

图 7-2　世界人口迁移趋势

资料来源：United Nations: World Migration Report 2009. Trends in International Migrant Stock: The 2013 Reversion

①陈勇. 2000. 当今永久性国际人口迁移现状及其特点. 人口与经济，(2)：44-50.

如图 7-3 所示，2013 年，全球国际移民的数量达到了 2.32 亿人之多，而这个数字在 2000 年和 1990 年分别只有 1.75 亿人和 1.54 亿人。1990~2000 年的 10 年间，国际移民保持了年均 1.2%的增速。到了 2000~2010 年，这个速度上升至 2.3%。虽说 2010~2013 年增速略为放缓，但仍维持在年均 1.6%左右。

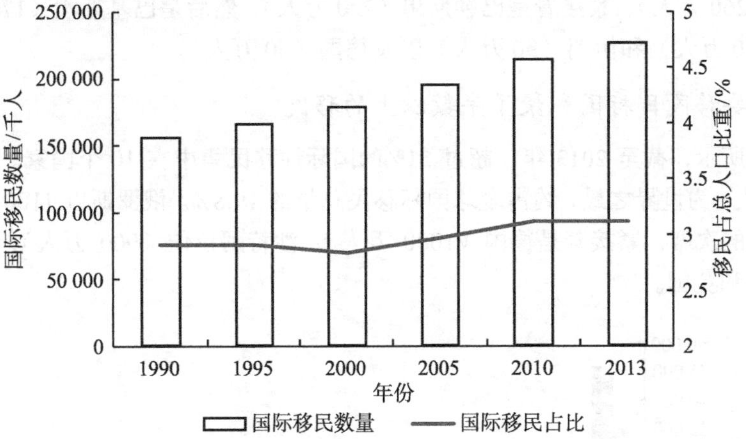

图 7-3 国际移民占总人口比重（世界平均）

资料来源：United Nations: World Migration Report 2009. Trends in International Migrant Stock: The 2013 Reversion

世界范围内国际移民的数量在总人口中比例很小，1990 年仅占 2.9%，而到了 2013 年这一数字也只有 3.2%。在发达国家和地区，国际移民在总人口中的比例要大大超出发展中国家和地区中国际移民在总人口中所占比例，2013 年发达国家和地区的总人口中有 10.8%是国际移民，而相对应的发展中国家和地区的这一比例仅仅为 1.6%。1990~2013 年，发达国家和地区的国际移民在总人口中的比重处于上升态势，然而，同期发展中国家和地区的这一指标却停滞不前。

（二）全球国际性移民中难民的比例相对较小

如图 7-4 所示，2013 年全球难民数量的估计值在 1570 万人左右，约占国际性移民总量的

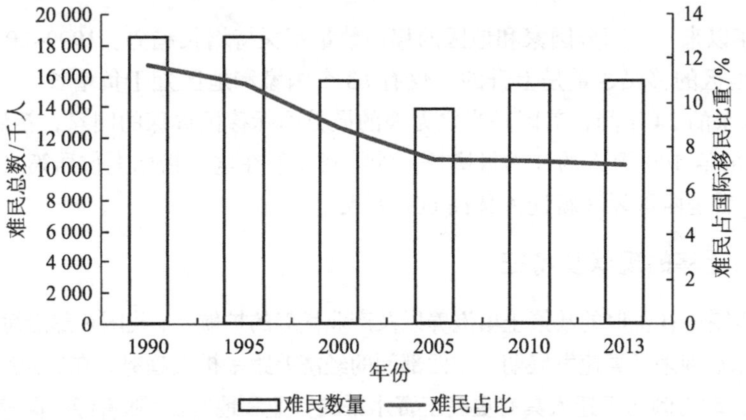

图 7-4 世界难民数量变迁

资料来源：United Nations: World Migration Report 2009. Trends in International Migrant Stock: The 2013 Reversion

7%。1990~2010 年，全球难民数量从 1860 万人降至 1540 万人，但是之后又出现了回升现象。几乎 90%的难民都居住在发展中国家和地区。其中亚洲占据了最大的比例（1040 万人），其次是非洲（290 万人），然后是欧洲（150 万人）。

少部分发展中国家和地区承载了世界上绝大部分的难民。截至 2013 年，约旦拥有世界上最多的难民（260 万人），紧接着是巴勒斯坦（220 万人），然后是巴基斯坦（170 万人），之后是叙利亚（120 万人）和伊朗（90 万人）以及德国（50 万人）。

（三）主要移民目标国积聚了半数以上的移民

如图 7-5 所示，截至 2013 年，超过 51%的国际性移民集中在 10 个国家。其中美国聚集了约 4600 万人，为世界之最，约占全球国际移民总量的 19.8%。俄罗斯以 1100 万人的数量位居国际移民量的次席，紧接着是德国（1000 万人），沙特阿拉伯（900 万人），以及同为 800 万人的阿联酋和英国。

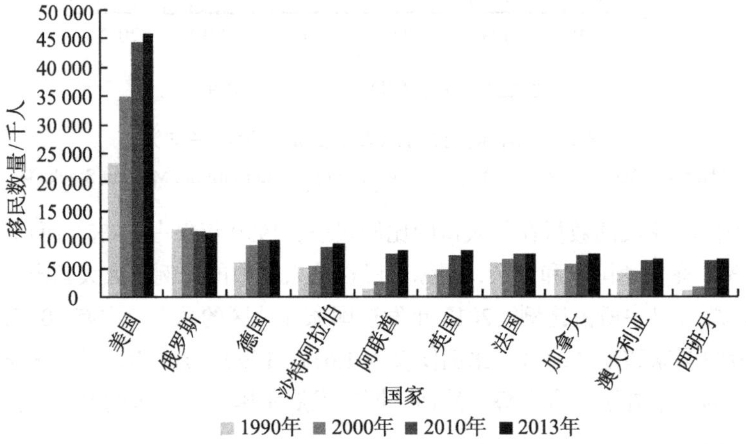

图 7-5　十大国际移民目标国

资料来源：United Nations: Trends in International Migrant Stock: The 2013 Reversion

自 1990 年以来，大部分国家和地区的移民数量都保持增长趋势。1990~2013 年，全球有 165 个国家和地区的移民数量是上升的，仅有 63 个国家和地区处于负增长。

1990 年以来的 24 年间，美国是当之无愧的最受国际移民青睐的国家，新移民约 2300 万人，即以平均每年 100 万人的迁入量增长。沙特阿拉伯在这一指标上位居第二（新迁入移民 700 万人），之后是西班牙（新迁入移民 600 万人）。

二、中国人口迁移的现状及特征

改革开放以来，在优厚的政策土壤滋养以及产业优势的护航下，我国东部沿海地区经济在 20 世纪 90 年代以后迎来了高速发展期，中西部间的经济差距呈扩大趋势。在二元经济结构下，农业部门的剩余劳动力倾向于迁入具有更高工资水平的行业和地区。[①]随着经济高速发展，东部沿

①刘易斯. 1989. 二元经济论. 施炜等译. 北京：北京经济学院出版社.

海地区对人口的吸引力不断增强。加上我国逐步放松对迁移人口的管制，农村剩余劳动力大规模向东部沿海地区迁移，东部地区逐渐成为我国人口迁移的首选地，并且这种跨地区人口迁移的集中趋势越来越明显，愈发成为人口迁移的主要模式。[①]第五次人口普查资料显示，在跨地区的人口迁移中，一半以上的迁移人口来自中部地区，其次是西部地区；而且，人口迁出的区域极化趋势也越来越明显，迁出地主要集中在华东地区、两湖流域及四川盆地，迁移人口主要流向经济最活跃的地区，包括北京、天津、辽宁、上海、江苏、浙江、福建、广东和新疆等。[②]

（一）我国人口迁移的主要特征分析

我国人口普查数据中关于迁移人口的界定不依是否发生户籍变动来区分。目前我国人口迁移中有很大一部分是非户籍的迁移，并且这一比例有继续扩大的趋势。[③]

1. 迁移人口的数量特征

第一，我国整体人口迁移规模扩张迅速。根据第六次人口普查数据，我国省际人口迁移规模进一步扩大。“六普”时期，离开户口登记地半年以上的跨省迁移的人数为 7929 万人，而“五普”时期仅为 4242 万人，跨省迁移的人口数占总的迁移人口比重由 29.38%上升至 32.56%，年平均总人口迁移率也由 10.94‰上升至 17.31‰。

第二，我国的人口主要聚集在东部地区，迁移人口的地区极化效应扩大。如图 7-6 所示，东部地区是我国人口迁入率最高的地区，而中部和西部地区多数为人口净迁出地区。比较 2000 年和 2010 年我国各地区的人口迁入情况，东部地区的平均人口迁入率上升了 5.77 个千分点，而中部和西部地区仅上升了 1.01 个和 0.73 个千分点。从人口净迁移率来看，仅东部地区平均人口净迁移率为正，并呈上升趋势，中、西部地区则在不断下降。[④]

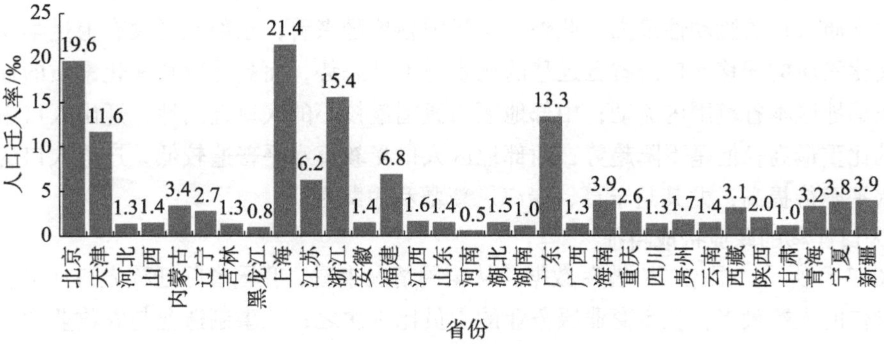

图 7-6 省际人口迁入率

资料来源：第六次人口普查数据

①张庆五. 1998. 中国流动人口现状. 当代亚太，(7)：16-18；王桂新，刘建波. 2003. 1990 年代后期我国省际人口迁移区域模式研究. 市场与人口分析，(4)：1-10；马红旗，陈仲常. 2012. 我国省际流动人口的特征——基于全国第六次人口普查数据. 人口研究，(6)：87-99；魏星，王桂新. 2004. 中国东、中、西三大地带人口迁移特征分析. 市场与人口分析，(5)：13-22.

②王化波，Fan C C. 2009. 省际间人口迁移流动及原因探析. 人口学刊，(5)：50-53.

③王维国，王森. 2006. 我国非户籍迁移人口的结构与数量分析. 生产力研究，(2)：125-127, 267.

④于潇，李袁园，雷峻一. 2013. 我国省际人口迁移及其对区域经济发展的影响分析——“五普”和“六普”的比较.人口学刊，(3)：5-14.

第三，我国的人口迁出地主要集中在中部，人口迁出趋势进一步增强。中部地区人口密集，同时又是东、西部地区迁入人口的主要来源地，如图 7-7 所示，2010 年中部地区贡献了全国约 48%的迁出人口，仅有内蒙古的人口净迁入为正。[①]

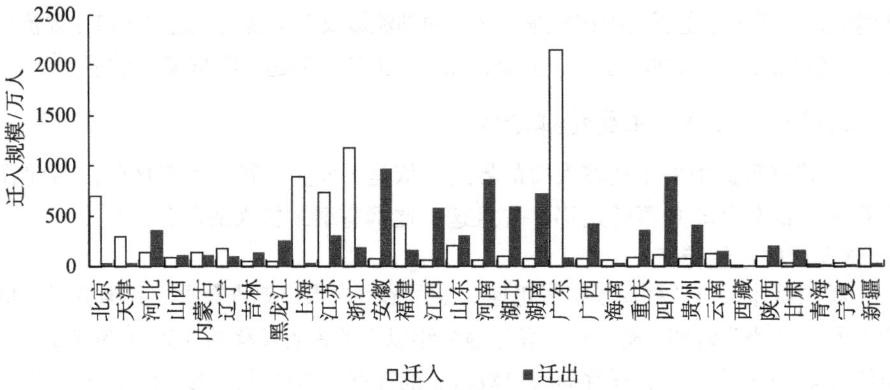

图 7-7　省际人口迁入绝对规模

资料来源：第六次人口普查数据

2. 人口迁移的文化素质特征

人口迁移不仅仅会改变人口的空间分布格局，也会改变人力资本的空间配置。比较分析两次普查迁移人口受教育程度，我国高等学历的人口跨省区的流动性有所降低，而省内短距离的迁移规模呈扩张趋势；受过初等教育的人口在 2000 年以后跨省区流动性加强；具有中等教育文化素质人口的流动性最强。此外，从我国各地区来看，东部地区没有上过学及具有初等教育文化素质的迁移人口跨省区迁移的比重呈上升态势，而高等教育文化素质的迁移人口主要在东部地区本省范围内流动；中部地区为我国最核心的人口迁出地，迁出人口中受过高等教育的比重最高，但呈下降趋势；西部地区人口受教育水平普遍较低，迁移人口的基本文化素质水平亟待提高，尤其是宁夏、青海、新疆和内蒙古。

3. 人口迁移的职业构成特征

如图 7-8 所示，根据“六普”数据，从全国情况来看，我国省际迁移人口从事生产、运输设备操作的人数最多，从事商业服务业的人员比重次之；从事制造业与农牧业的迁移人口比重下降，从事商业服务业的从业人员比重则明显上升。东部地区省际迁移人口的就业结构变化与全国基本一致；中部和西部地区迁移人口的从业结构变化较大。中部地区从事商业、服务业和生产及运输设备操作行业的人员比重明显上升，为中部地区从业人员比重最高的行业；西部地区有更多的人在专业技术行业、国家机关、党群组织、企事业单位工作，还有较大一部分迁移人口为办事人员，而其他行业的就业比重普遍大幅下降。[②]

①于潇，李袁园，雷峻一. 2013. 我国省际人口迁移及其对区域经济发展的影响分析——“五普”和“六普”的比较. 人口学刊，(3)：5-14.

②于潇，李袁园，雷峻一. 2013. 我国省际人口迁移及其对区域经济发展的影响分析——“五普”和“六普”的比较.人口学刊，(3)：5-14.

表 7-3 迁入率与人口流动

地区	省际人口迁入率/‰	迁入绝对规模/万人	迁出绝对规模/万人
北京	19.6	704.5	27.4
天津	11.6	299.2	27.3
河北	1.3	140.5	349.8
山西	1.4	93.2	108.3
内蒙古	3.4	144.4	106.8
辽宁	2.7	178.7	101.4
吉林	1.3	45.6	137.3
黑龙江	0.8	50.6	255.4
上海	21.4	897.7	25.0
江苏	6.2	737.9	305.9
浙江	15.4	1182.4	185.4
安徽	1.4	71.7	962.3
福建	6.8	431.4	166.7
江西	1.6	60.0	578.7
山东	1.4	211.6	309.6
河南	0.5	59.2	862.6
湖北	1.5	101.4	589.0
湖南	1.0	72.5	722.9
广东	13.3	2149.8	88.1
广西	1.3	84.2	418.5
海南	3.9	58.8	27.6
重庆	2.6	94.5	350.7
四川	1.3	112.9	890.5
贵州	1.7	76.3	404.9
云南	1.4	123.7	148.2
西藏	3.1	16.5	5.5
陕西	2.0	97.4	196.1
甘肃	1.0	43.3	159.3
青海	3.2	31.8	24.2
宁夏	3.8	36.8	22.6
新疆	3.9	179.2	29.7

资料来源：第六次人口普查数据

4. 人口迁移原因的类型特征

图 7-8 显示，对比“五普”与“六普”数据，在省际迁移人群的各种迁移原因中，“务工经商”均占了相当大的比重，其中“六普”时期尤为明显。“六普”时期省内迁移人群的各种迁移原因分布比较平均，虽然“务工经商”仍然是最多的，但“学习培训”、“随迁家属”、“拆迁搬家”也都比较突出，且与“务工经商”的差距远比省际的同类差距小。各类迁移原因存在性别差异，无论是省际、省内的“务工经商”，还是“工作调动”，男性都远高于女性；无论是省际、省内的“随迁家属”、“投亲靠友”和“婚姻嫁娶”，都是女性高于男性；省际的“学习培训”，男性多于女性，而省内的则相反，说明在进修培训方面，女性更容易受到距离的约束。①

①刘晏伶，冯健. 2014. 中国人口迁移特征及其影响因素——基于第六次人口普查数据的分析. 人文地理，(2)：129-137.

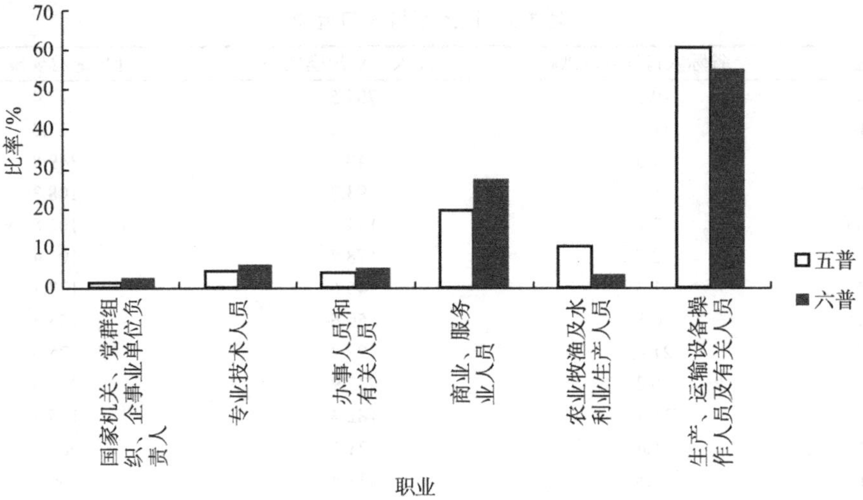

图 7-8 省际迁移人口职业构成

资料来源：第五次人口普查、第六次人口普查数据

5. 人口迁移城乡分布类型的特征

根据图 7-9，从省际迁移人口的城乡分布来看，迁入城市者占 67.6%，迁入镇的占 15.8%，而省内迁移迁入城市的占 64.2%，迁入镇的占 24.0%，无论是省际还是省内迁移，迁入地都以城市为主。省内迁移迁入镇的比重比省际迁移迁入镇的比重高出 8 个百分点，以“镇”为主导的人口迁移更倾向于发生在省内；而省际迁移迁入乡村的比重比省内迁移迁入乡村的比重高出 5 个百分点，实际上，吸引人口流动能力较强的乡村多位于东部沿海的经济发达地区，吸引更多的是经济欠发达地区的人口。[①]

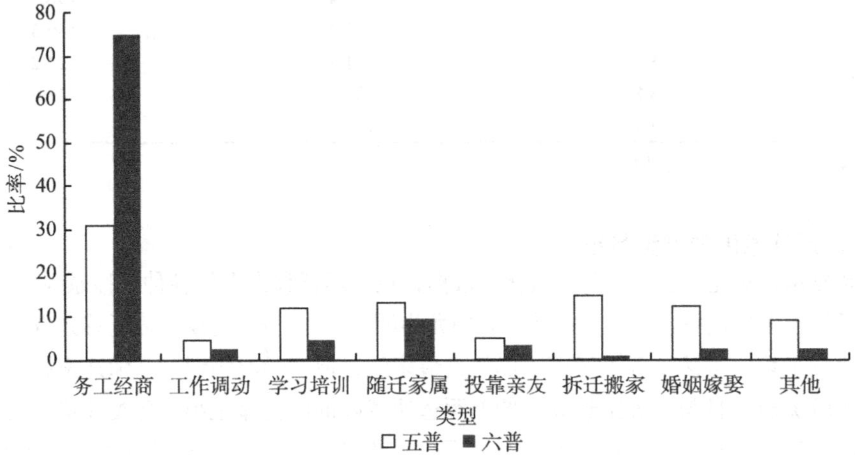

图 7-9 省际迁移人口迁移原因

资料来源：第五次人口普查、第六次人口普查数据

①于潇，李袁园，雷峻一. 2013. 我国省际人口迁移及其对区域经济发展的影响分析——“五普”和“六普”的比较. 人口学刊，(3)：5-14.

第三节 影响人口迁移的因素

影响人口迁移的因素是多方面且复杂的，不同的人口迁移理论从不同的角度解释人口迁移的原因。

一、影响人口国际和国内迁移的理论

（一）“推力–拉力”理论

“推力–拉力”理论最早可以追溯到拉文斯坦（Ravenstein）①的“迁移定律”。他提出人口迁移的主要目的是个人想通过迁移改善自己的经济状况，并对人口迁移的机制、结构、空间特征进行了总结，提出著名的人口迁移七大定律（表 7-4）。

该理论认为，人们的迁移行为是一种理性选择，在迁移者对原住地和迁入地的信息有比较充分了解的假设下，人口迁移是由于迁出地存在“推力”（促使人们迁出的社会、经济和自然的压力）和迁入地存在“拉力”（吸引人们迁入的社会、经济和自然的吸引力）共同作用的结果。②

表 7-4 拉文斯坦的“迁移定律”

研究领域	具体定律	定律内涵
迁移机制	经济律	为了提高和改善生活质量
	城乡律	乡村居民比城镇居民迁移可能性大
迁移结构	性别律	女性以短距离迁移为主，且迁移性比男性强
	年龄律	不同年龄段，迁移倾向不同，青年人是迁移主力
空间特征	距离律	移民数量随着迁入中心距离增加而减少
	递进律	中心城市吸纳乡镇人口所造成的空缺，将由乡镇周边更远地区的居民所填补，直到中心城市的吸引力波及更远的地区
	双向律	迁移的流向是双向的，每一股主流伴随着相应的逆流

资料来源：朱杰. 2008. 人口迁移理论综述及研究进展. 江苏城市规划，(7): 40-44

（二）新古典经济学派

新古典经济学认为，从宏观方面来看，人口迁移是由不同国家或地区劳动力市场的非均衡而引起的。这种非均衡状态主要表现为劳动力供给和需求不匹配，从而导致工资水平的差异。劳动力从低工资国家或地区向高工资国家或地区流动，迁出地的劳动力供给减少，在需求不变的情况下，迁出地的工资将会上涨，而迁入地由于劳动力供给增加，工资相应地减少。随着两地的工资差距缩小并趋于一致，两地之间的人口迁移也会趋于消失。

从微观个人来看，迁移被视为一种人力资本投资，对于拥有不同水平人力资本的工人来说，会根据国家间工资与技能的关系来选择是否移民。罗伊模型（Roy model）描述了工作者

①埃弗雷特· 李，廖莉琼，温应乾. 1987. 人口迁移理论. 南方人口，(2)：34-38.

②朱杰. 2008. 人口迁移理论综述及研究进展. 江苏城市规划，(7)：40-44.

是如何在不同的工作机会中进行选择的。

假设来源国的工作者正在考虑是否迁移到接受国，同时两个国家的收入都只取决于一个因素——技能，技能在国家之间可以转换。用变量 S 表示某个工作者的效率单位数。来源国人口中的技能的频数分布如图 7-10 所示。通过模型，可以确定哪些工作者会决定迁移到接受国。

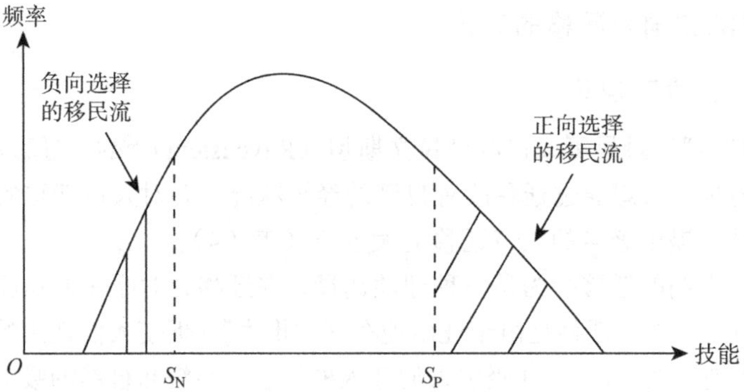

图 7-10　来源国人口的技能分布

注：来源国工作者的技能分布显示了每一技能水平工作者的频率。如果移民的技能高于平均水平，该移民流就是正向选择的；如果移民的技能低于平均水平，该移民流就是负向选择的

假设每个工作者都是通过比较他在两国的收入做出其迁移决策，两国中每个国家工资和技能之间的关系，如图 7-11 所示。

图 7-10 曲线的斜率表示工作者的技能效率增加一个单位在接受国或来源国能够获得的报酬。在图 7-11(a)中，接受国的工资技能斜率更大，意味着在接受国单个工作者的一个技能效率单位能获得更多的报酬。在图 7-11(b)中，来源国的工资技能斜率更大，所以来源国对技能的报酬更高。假设人口迁移不含任何成本，那么人口迁移与否的决定规制为：只要在接受国的收入超过来源国，则工作者就会迁移到接受国。

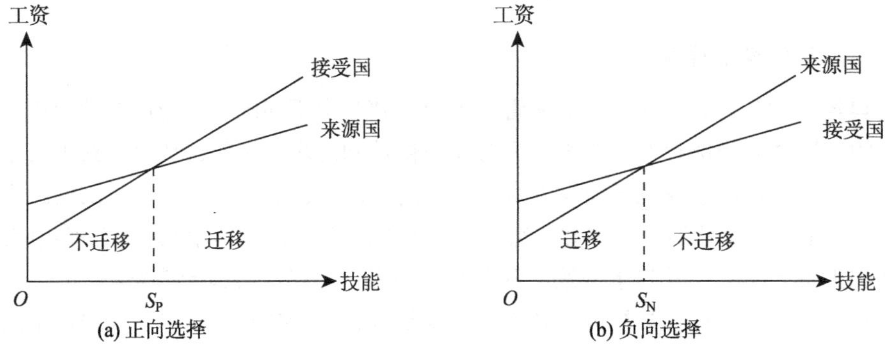

图 7-11　移民流动的自我选择

结合图 7-10 和图 7-11 来看，如果接受国技能回报高于来源国，所有技能水平超过 S_P 这

一界限的人都更愿意移民。因此，移民流是由图 7-11（a）中技能分布上尾部分的工作者组成的。这种自我选择被称为正向选择（positive selection）。这些移民的技能水平都较高，在接受国表现出色。如果来源国对技能的回报高于接受国，则技能水平低于 S_N 的工作者更愿意迁移。由于接受国技能回报相对较低，移民流将由来源国中技能最低的工作者组成。这种自我选择被称为负向选择（negative selection），这些移民大多技能较低，在接受国表现不佳。

从罗伊模型可以看出，移民的选择并不受两国的基准收入水平的影响。但基准收入水平的变化会影响移民的规模。如图 7-12 所示，假设接受国的收入水平因为一次严重的衰退而下降，那么，如图 7-12（a）所示，临界水平就会从 S_P 上升到 S_P'，表明只有技能水平高于临界值水平的工作者愿意迁移。因此，愿意迁移的工作者减少了。不过，移民流仍然是正向选择。而在图 7-12（b）中，S_N 下降到 S_N'，表明只有那些技能水平低于临界水平的工作者愿意迁移，因此移民的人数减少。不过，移民流仍是负向选择。

现在考虑加入移民成本的情形，假设移民成本是常数，且与技能无关，那么，移民成本会减少工作移民的净收入，若迁移成本在人口总体中保持不变，迁移成本的增加会减少移民的数量，但并不会改变移民流的自我选择类型。[①]

（三）新家庭经济学派理论

新家庭经济学派理论是在新古典经济学派理论基础上发展而来的。新古典经济学派主要从个人收益最大化的角度分析迁移机制。但是，新家庭经济迁移学派认为，迁移决策往往根据整个家庭收入最大化决定。新古典经济学理论假设，除劳动力市场之外，其他要素市场是无缺陷且运行良好的。而新家庭经济学派理论认为，正是由于其他要素市场的失灵，家庭为了规避风险，才把家庭成员送到国外的劳动力市场去，以使家庭收入多元化。这一理论为许多发展中国家的现实所证实，发展中国家的许多贫困家庭为了使家庭收入最大化，经常有意识地运用国际迁移来合理配置家庭劳动力资源。

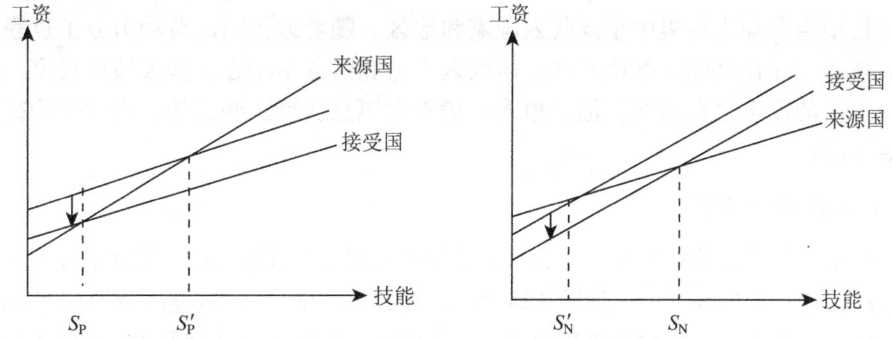

(a) 正向选择　　(b) 负向选择

图 7-12　接受国收入水平下降的影响

新古典经济学的人力资本理论认为，个人的迁移行为发生之后，他们对迁出地的经济生

①乔治 · J. 鲍哈斯. 2010. 劳动经济学（第三版）. 北京：中国人民大学出版社.

活几乎不起任何作用。这种观点忽视了移民汇款对迁出地经济生活的影响，而新家庭经济学则强调移民汇款的意义。首先，迁移家庭成员的移民汇款，不仅可以增加迁出地的家庭收入，也为他们的家庭提供了一种控制生产风险和增加资本来源的重要途径。其次，家庭成员的移民还可以提高其家庭在当地社区中的相对社会经济地位。①

（四）劳动力市场分层理论

劳动力市场分层理论认为，国际迁移是由发达工业社会存在双重劳动力市场所引起的。①高级劳动力市场，由文化程度高的人所从事，具有雇佣关系稳定、工资高、福利和工作环境良好等特征；②低级劳动力市场，具有工作不稳定、工资低、福利有限和工作环境恶劣等特征。首先，发达国家的内在发展趋势导致前者容易招募到工作人员，但愿意从事第二部门工作的工人比较短缺，而来自发展中国家的迁移者主动或被动地弥补了这个空缺。其次，发达国家对限制非法移民所设置的移民政策会进一步强化劳动力市场的分层现象。在拥有大量移民的城市，事实上，劳动力市场可以分为三级，绝大多数移民零星地分布于第二级劳动力市场。第二级部门和第三级部门的劳动力市场差别在于，第三级部门劳动力市场中，企业对移民的教育、技术和经历提供了相应的回报，并为这些移民未来发展提供了一定机会。劳动力市场分层理论强调了发达社会内部的经济体制对外来劳动力的结构性需求。②

（五）世界体系理论

世界体系理论认为，国际迁移主要是由市场经济全球化造成的。首先，随着资本主义向世界不同地区延伸，市场经济体制也不断地渗透到世界不同国家，市场经济的渗透使得这些国家的国内和国际迁移变得更频繁。其次，随着市场经济的扩散，世界市场一直不断形成和分化为中心国家和边缘国家。中心国家是指拥有资本和其他形式物质财富的国家；边缘国家是指除中心国家之外的所有国家。劳动力密集型企业往低工资收入的国家转移，而资本密集型企业却主要集中于高收入国家和地区。随着地区间的劳动力分工过程加快，大量的高技术人才往国际大都市迁移。高收入人员和财富不断在这些大城市集聚，对很多服务行业工人的需求也在增加，但当地人一般不太愿意从事这些工作，因此这些行业不得不大量雇佣移民。③

（六）移民网络理论

移民网络是指移民的社会成本，表示为迁移者与居住在迁移国的家庭和朋友之间的一系列特殊联系，这一系列联系可以降低迁移者的迁移成本，增加迁移收益和减少迁移风险，从而提高迁移的可能性。当大量的迁移者迁入一个城市，移民网络就会形成，并给国际迁移施

---

①张晓青. 2001. 国际人口迁移理论述评. 人口学刊，(3)：41-45；赵敏. 1997. 国际人口迁移理论评述.上海社会科学院学术季刊，(4)：127-135.

②张晓青. 2001. 国际人口迁移理论述评. 人口学刊，(3)：41-45; 赵敏. 1997. 国际人口迁移理论评述.上海社会科学院学术季刊，(4)：127-135.

③张晓青. 2001. 国际人口迁移理论述评. 人口学刊，(3)：41-45; 赵敏. 1997. 国际人口迁移理论评述.上海社会科学院学术季刊，(4)：127-135.

加惯性，促使迁移规模不断扩大。对于一个家庭，如果有海外关系或与曾经去过海外的人有着某种社会关系，他们国际迁移的可能性会增大。对于单个加入移民网络的人，他们可以频繁地回国探亲，也可以比较频繁地短期出差和旅行。此外，移民网络可以增加移民的小时工资和工作时间，使外籍劳工的收益有所增长。移民网络的本质是累积，每次的迁移都是后来者的资源，都会使网络扩大和进一步发展。①

（七）二元经济模型中的人口迁移理论

刘易斯的二元经济结构认为，发展中国家的经济可以划分为两部门：农业部门和工业部门。两部门的劳动边际收益率差距引发农村大量剩余劳动力源源不断地向城市工业部门流动。大量劳动力流入使城市拥有较高的劳动生产率和较低的劳动力成本，这就使得城市工业部门获得巨额利润，推动工业部门不断扩张，吸收更多的农业部门的剩余劳动力，直到两部门的劳动边际收益相等为止。

20世纪六七十年代，在许多发展中国家，城市失业问题相当严重，但农村人口仍源源不断地流入城市。二元经济模型以城市“充分就业”为假设，因而很难对此现象做出解释。为此，美国发展经济学家托达罗（Todaro）②提出农村劳动者迁入城市的动机主要取决于进城所获“期望收益”大小的模型，进一步补充了二元经济理论。③

二、改革开放以来影响中国人口迁移的因素

（一）经济因素对人口迁移的影响

我国幅员辽阔，地形复杂多样，东中西三大地带之间、三大地带内部之间、省区之间以及省区内部之间的自然和区位条件、经济结构等都有很大差异，这就导致了我国就业机会的地区差异非常明显。20世纪80年代中期，随着我国劳动力逐渐可以自由流动以及农村劳动生产率的提高，农村大量的剩余劳动力期望在城市寻求更好的就业机会就成为推动人口迁移的主要原因。首先，随着我国的经济高速发展，人口迁移呈现增长趋势。其次，我国劳动密集型企业居多，随着外资流入和民营企业发展，城市工业区对人口迁移的吸引力也在逐渐增强。④

（二）政策因素对中国人口迁移的影响

改革开放之前，政策干预决定了中国人口迁移的基本格局。人口迁移主要以满足开发自然资源富集区、边疆地区及均衡配置生产力等目的为主。改革开放之后，中国的人口迁移主要是自发的非户口迁移。目前，我国户籍制度仍是阻碍人口迁移的主要因素，严重影响农村剩余劳动力的合理流动，延缓了城市化进程，影响了劳动力资源的合理配置和人才的使用与

---

①张晓青. 2001. 国际人口迁移理论述评. 人口学刊，(3)：41-45；赵敏. 1997. 国际人口迁移理论评述.上海社会科学院学术季刊，(4)：127-135.

②张晓青. 2001. 国际人口迁移理论述评. 人口学刊，(3)：41-45；赵敏. 1997. 国际人口迁移理论评述.上海社会科学院学术季刊，(4)：127-135.

③张晓青. 2001. 国际人口迁移理论述评. 人口学刊，(3)：41-45；赵敏. 1997. 国际人口迁移理论评述.上海社会科学院学术季刊，(4)：127-135.

④李玲. 2001. 改革开放以来中国国内人口迁移及其研究. 地理研究. (4)：453-462；张文新，朱良. 2004. 近十年来中国人口迁移研究及其评价. 人文地理，(2)：88-92.

开发。随着国家对户籍制度的改革，特别是2014年7月30日国务院印发《关于进一步推进户籍制度改革的意见》，放宽户口迁移政策，户籍制度对人口迁移的制约将减弱。①

（三）个人和家庭特征对人口迁移的影响

个人和家庭户的特征也是影响人口迁移的重要因素。就个人的年龄和性别来看，迁移大军的主力是20~44岁的中青年。一般来说，男性的迁移率比女性高。从个人受教育情况来看，中等受教育程度者的迁移率比较高，高学历和低学历人群反而较低。根据新家庭经济学派理论，从家庭特征来看，首先，人口迁移不是由个人独立决定的，而是由家族或家庭来共同决定的。自20世纪90年代开始，全国范围内流动人口规模急剧增加。与80年代不同，当时的人口迁移主要出于经济因素，有能力的人离开家乡去大城市谋生。到90年代，先行的迁移者开始逐步把本家族的成员接到迁入地，因而中国人口迁移与流动的家庭化特征非常明显。因此，家庭规模、家庭结构与家庭所处生命周期阶段对家庭迁移决策有重要影响。一般来说，家庭规模对于个体迁移行为具有正向刺激作用，但对于家庭迁移则是负向作用。其次，家庭中的老年人与子女会增加家庭迁移的成本，从而阻碍家庭户迁移决策的发生。总之，个人和家庭的特征都是影响人口迁移的重要因素。②

（四）距离对人口迁移的影响

在人类发展早期，距离是影响人口迁移的重要因素之一。首先，由于交通技术和交通工具不发达，人们倾向于短距离的流动，迁移距离越大，选择迁移的人口越少。在迁移重力模型中，人口迁移的数量和迁移距离呈反比关系。迁移距离越大，迁移成本越大。其次，迁移距离越大，意味着迁移者对迁入地的信息了解越少，增加了迁移的不确定性和风险。同时，与家人和朋友的距离越远，适应新的环境就需要承担更多不便和更高心理成本。最后，距离因素对户口迁移和非户口迁移的影响效果不同。非户口迁移不受政府直接控制，其迁移主要取决于经济机会。改革开放以来，我国东部的人均国民生产总值和就业增长很快，劳动力和就业增长的地区差异很大，中西部地区大量劳动力向东部转移。对于户口迁移来说，迁移主要是按政府的政策和计划进行，政府支付迁移成本和安家费用，居民对迁入地的信息也比较了解。因此，距离因素对户口迁移的影响小于非户口迁移。③

第四节　人口迁移对经济发展的影响

一、国际移民的影响④

国际移民的影响分为两个方向，就人口国际迁出而言，由于中国人口数量众多、劳动力

①王桂新. 2004. 改革开放以来中国人口迁移发展的几个特征. 人口与经济. (4)：1-8, 14.

②周皓. 2004. 中国人口迁移的家庭化趋势及影响因素分析. 人口研究，(6)：60-69；段成荣. 2000. 影响我国省际人口迁移的个人特征分析——兼论“时间”因素在人口迁移研究中的重要性. 人口研究，(4)：14-22.

③王桂新，潘泽瀚，陆燕秋. 2012. 中国省际人口迁移区域模式变化及其影响因素——基于2000年和2010年人口普查资料的分析. 中国人口科学，(5)：2-13, 111.

④冉小毅. 2010. 人口国际迁移对中国经济的影响. 中国党政干部论坛，(3)：38-39.

富余，即使人口国际迁出的规模在不断扩大，其对中国经济发展的影响并不显著。虽然大部分迁出人员受教育程度较高，对于中国而言是人力资本的流失，但是，随着中国经济的迅猛增长，国外留学生回国发展的意愿也更加强烈，这些人才的逆流在一定程度上减少了人力资本的流失。中国人口国际迁出总量太小，其对国内劳动力市场及工资水平的影响也是微不足道的。虽然近年来中国劳务输出在增加，但主要是非技能型劳动力，技能型劳动力所占比例相对较小。外迁的非技能型劳动力，在迁移之前可能就是失业人口或者工作状态不稳定，他们离开之后，并不会对劳动力市场和工资水平产生大的影响。

就人口国际迁入而言，随着中国经济的发展和对外交流活动的增多，大量外来移民进入中国。移民者多以外国专家、企业管理人员、留学生为主，总体受教育程度较高。这些高素质的人才流入对我国经济高速发展有积极的影响。首先，海外人口的迁入可以促进中国与世界其他国家的交流，引进大量中国经济发展所急需的科学技术和管理经验。其次，海外人口的迁入可以增强世界其他国家对中国的了解，促进双方的经贸往来，鼓励国际投资活动。再次，海外人口进入中国后，他们的高收入水平对中国物品和劳务的需求可以刺激中国的消费水平提升。最后，中国境外人员主要从事的是第三产业，对我国第三产业的发展具有重要的辅助作用。总之，国际迁入人口意味着中国的人力资本增加，同时，外部人口流入对中国劳动力市场主要起到的是补缺作用，而不是替代作用，可以促进中国的经济发展。

二、国内移民的影响

改革开放以来，由于国家政策的倾斜和地区优势，我国东部沿海地区率先飞速发展，与中西部地区的经济差距逐年扩大。在二元经济结构下，中西部农业部门的大量剩余劳动力向东部地区迁移。人口迁入对东部地区经济增长具有明显的贡献，同时，对中西部地区的经济增长也有较强的促进作用。总之，人口迁移对我国经济来说是一个帕累托改进，对经济增长的贡献也是多方面的。

（一）国内移民对地区经济增长的影响

我国的人口迁移主要是从经济相对落后、劳动力富余的中西部向经济发达、劳动力需求旺盛的东部迁移。对于东部地区来说，迁移人口主要以青壮年为主，迁入的劳动力能很好地缓解东部城市劳动力就业的结构性矛盾。首先，大量的劳动力迁入东部，从一定程度上满足了东部经济迅速增长所派生的劳动力需求。迁移人口平均受教育水平较高，使东部地带常住人口劳动力素质得到整体提高，对东部地区的经济发展也有不可忽视的作用。其次，由于我国城乡二元社会结构及劳动力市场的分割，迁入劳动力的就业选择受到很大限制，绝大多数人所从事的是东部地区人员不愿从事的“脏、累、险”的工作。

对于中西部地区来说，劳动力迁出一般不会对迁出地的经济发展造成不利影响。首先，中西部地区主要以农业生产为主，近年来自然环境条件恶化，导致农村劳动力大量富余。这些剩余劳动力的农业劳动边际生产率几乎为零，劳动力的迁出不仅有利于劳动力收入水平的提高，而且也不会损害迁出地劳动产出与经济总量。其次，迁出人口可以促进中西部地区的经济发展。由于户籍制度的限制，绝大多数迁移劳动力都保留原户籍，他们在东部辛勤工作数年，积累一定收入或人力资本后，会选择返乡创业，或继续在迁入地工作而把部分收入通过汇款方式转移到家乡，不管是哪一种方式，都有利于迁出地的经济发展，提高迁出地劳动力实际收入水平。虽然中西部地区的外出劳动力不直接参与本地的生产活动，但通过收入转移等形式，也同样为中西部地区的经济发展做出贡献。①

（二）国内移民对区域经济差异的影响

根据新古典经济理论，人口增长速度加快将导致人均产出增长速度减缓。劳动力从欠发达地区向发达地区流动，可以提高落后地区劳动力的边际产出，缩小地区间工资水平的差异，从而促进地区经济的收敛。而一些经济学家认为，劳动力流动不一定能促进地区经济收敛，劳动力迁移具有自我选择性，迁移者基本都是当地人力资本水平较高的群体。在进行迁移时，虽然劳动力的边际收益递减机制会促进地区经济收敛，但是，也会扩大两个地区的人力资本差异，人口迁移对经济发展的影响取决于两种效应的权衡。②

国内的大多数学者们都倾向于认为人口迁移可以有效地促进地区经济差距进一步缩小。一方面，在市场条件下，劳动力自由移动可以使劳动要素边际报酬均等化，促进地区间的劳动报酬差距和人均 GDP 差距缩小，从而促进地区收敛。另一方面，由于汇款等区域间收入支付因素等影响，劳动力迁移可以缩小地区间居民生活水平的差距，从而有效地提高农民的收入增长速度，缩小城乡差距。③

但是，也有学者认为人口迁移会拉大地区间的经济差距。首先，各地区之间的“资本追逐劳动”现象，特别是中国沿海发达地区，由于其技术水平和劳动生产率相对较高、大城市相对密集，资本外部性或知识外溢效果明显，劳动力流动所带来的经济集聚效应会使地区差距进一步扩大。其次，由于迁移人群中包含大量的高校毕业生、退伍军人等受教育水平较高的人，这将导致中西部人才流失问题突出，进一步扩大地区间教育水平上的差异，进而使地区间人力资本和生产效率的差距增大。④

总之，由于中国处于转型中的二元经济时期，劳动力的大规模转移会使经济收敛有可能出现先发散后收敛的趋势，呈现出“倒 U”形动态特征。从政策含义看，人口迁移一方面可以促进经济发展和居民收入水平的提高，政府应采取积极措施，提高劳动力市场运行效率，促进劳动力转移；另一方面，人口迁移也存在扩大地区差距的影响，对此，政府应着重改善欠发达地区的基础设施建设，鼓励欠发达地区的技术进步，提高欠发达地区的技术和管理水平，促进区域经济协调发展。⑤

---

①王桂新，魏星，沈建法. 2005. 中国省际人口迁移对区域经济发展作用关系之研究. 复旦学报（社会科学版），(3)：148-161；王桂新，黄颖钰. 2005. 中国省际人口迁移与东部地带的经济发展：1995~2000. 人口研究，(1)：19-28；许召元，李善同. 2008. 区域间劳动力迁移对经济增长和地区差距的影响. 数量经济技术经济研究，(2)：38-52.

②林毅夫，刘明兴. 2003. 中国的经济增长收敛与收入分配. 世界经济，(8)：3-14, 80.

③林毅夫，刘明兴. 2003. 中国的经济增长收敛与收入分配. 世界经济，(8)：3-14，80；许召元，李善同. 2008. 区域间劳动力迁移对经济增长和地区差距的影响. 数量经济技术经济研究，(2)：38-52.

④姚枝仲，周素芳. 2003. 劳动力流动与地区差距. 世界经济，(4)：35-44.

⑤李晶，汤琼峰. 2006. 中国劳动力流动与区域经济收敛的实证研究. 经济评论，(3)：65-70；沈坤荣，唐文健. 2006 大规模劳动力转移条件下的经济收敛性分析. 中国社会科学，(5)：46-57, 206.

CHAPTER 8

第八章 人口产业、行业结构与经济发展

[内容提要]

本章阐述人口产业、行业结构与经济发展之间的联系，首先对人口产业、行业分布及结构变化加以概述，然后列举就业人口产业、行业结构横向国际对比的特征事实。

[学习要点]

1. 掌握产业的概念及分类；
2. 熟悉我国三次产业结构演变规律；
3. 熟悉我国三次产业结构现状及变化趋势；
4. 掌握我国行业分类标准；
5. 熟悉我国行业结构的变化；
6. 了解就业人口产业、行业结构国际对比的特征事实。

第一节 人口产业分布与结构变化

一、产业的概念及分类

"产业"一词，是由英国著名经济学家马歇尔率先提出的。产业是由具有某种同一属性、相当规模及社会影响的、承担某种同一社会经济功能的单元构成的。一般而言，产业具有广义和狭义之分。广义的产业指的是从事某种同一性质的生产或其他经济活动的个体、企业、机关团体和事业单位的总和；狭义的产业则仅指那些从事同类的生产或其他经济活动的个体、企业、机关团体和事业单位的总和。总而言之，产业是具有某种同一属性的某一国民经济部门的集合。①

产业具有多种不同分类方法。对于不同的研究目的，产业主要有以下几种分类方法：物质生产和非物质生产分类法、农轻重分类法、三次产业分类法、标准产业分类法和产业发展阶段分类法等。本节主要介绍常用的三次产业分类法和标准产业分类法。

三次产业分类法：三次产业分类法是由英国经济学家和统计学家柯林·克拉克提出的，又称"克拉克大分类法"。它是目前最广泛使用的产业分类法。按照国家统计局的分类标准，三次产业分类法是根据国民经济体系中的物质资料生产部门和非物质资料生产部门将产业划分为第一产业、第二产业和第三产业。第一产业主要是农、林、牧、渔业，第二产业主要是工业，第三产业主要是服务业。第一、第二产业属于物质资料生产部门，而第三产业属于非物质资料生产部门。

国际标准产业分类法：为使不同国家的统计数据具有可比性，联合国颁布了《全部经济活动的国际标准产业分类》(International Standard Industrial Classification of All Economic Activities，ISIC)，最新版本是2006年由联合国统计委员会审议通过的"修订4.0版"。②《国际标准产业分类》是联合国对所有经济活动的国际标准分类，将产业划分为A~Q共17个部门，其中包括99个行业类别。这17个部门为：A，农业、狩猎业和林业；B，渔业；C，采矿及采石业；D，制造业；E，电、煤气和水的供应；F，建筑业；G，批发和零售、修理业；H，旅馆和餐馆；I，运输、仓储和通信；J，金融中介；K，房地产、租赁业；L，公共管理和国防；M，教育；N，保健和社会工作；O，社会和个人的服务；P，家庭雇工；Q，境外组织和机构。

二、三次产业结构演变规律

（一）配第-克拉克定理

英国经济学家威廉·配第（W.Petty）提出了在经济发展中三次产业的就业人口如何分布以及变化的理论，被称为配第定理。配第指出，制造业能够获得比农业更多的收入，而商业能够获得比制造业更多的收入，以此揭示了不同产业间收入相对差异的规律性特

①戴伯勋. 2001. 产业经济学. 北京：经济管理出版社.

②见商务部网站，www.mofcom.gov.cn.

征。[①]根据配第定理，不同部门间相对收入上的差异导致了劳动力在产业间的流动。因此，配第认为，劳动力在各产业间的分布与经济发展具有一定的规律性联系，随着经济的发展，从事第一产业的劳动人员与从事第二产业的劳动人员相比将趋于下降的趋势，而从事第二产业的劳动人员与从事第三产业的劳动人员相比也将趋于下降的趋势。

在配第研究的基础上，英国经济学家柯林·克拉克（C.Clark）考察了若干国家在其发展过程中劳动力在三次产业间的转移问题。克拉克利用各国时间序列统计数据的研究发现，在经济发展过程中，当人均国民收入水平提高时，劳动力首先从第一产业向第二产业转移，当人均国民收入水平进一步提高时，劳动力开始向第三产业转移。克拉克发现的劳动力在产业间转移的规律也可以在不同国家同一时点上的横截面数据中得到印证，对于人均国民收入水平较低的国家，第一产业的劳动力比重相对较高，而第二、第三产业的劳动力比重相对较低；而对于人均国民收入水平较高的国家，第一产业的劳动力比重相对较低，而第二、第三产业的劳动力比重相对较高。[②]

配第和克拉克都发现了劳动力在产业间的转移是由经济发展过程中产业间收入的相对差异决定的，后来人们将这一发现称为“配第-克拉克定理”。该定理揭示了产业结构与就业结构的变化规律，即随着经济的发展，三次产业的产出比重及劳动力比重会交替上升。最初，第一产业的产出比重及劳动力比重都最高，随着经济的发展，逐渐演变成第二产业的产出比重及劳动力比重居于首位，之后再演变成第三产业的产出比重及劳动力比重处于第一位。

（二）库兹涅茨部门结构变化理论

美国经济学家库兹涅茨在继承克拉克研究成果的基础上，利用20多个国家的数据，从国民收入和劳动力在产业间的分布两个方面，对经济发展过程中产业结构的变动规律进行了研究。库兹涅茨将三次产业分别划分为农业部门、工业部门和服务部门。利用时间序列分析发现，发达国家间国民生产总值在三次产业间分布的变化趋势是相似的，农业部门的比重显著下降，工业部门的比重明显上升，服务部门的比重略微上升。同时，劳动力在三次产业间分布的变化趋势也是大体相同的，随着经济的发展，工业部门和服务部门的劳动力比重逐渐提高，而农业部门的劳动力比重显著下降。库茨涅茨发现的三个部门的产出比重以及劳动力比重在产业间分布的这一变化规律，在横截面分析下也得到了印证。

（三）钱纳里-塞尔昆国际标准结构模式

美国经济学家钱纳里（H.B Chenery.）和其合作者塞尔昆（M Syrquin.）在库兹涅茨的研究基础上，进一步考察三次产业分布在低收入的发展中国家的变化规律。钱纳里和塞尔昆在1988年他们出版的《发展的形式：1950—1970》一书中，分析了1950~1970年101个国家的统计数据，构建了世界发展模型，研究表明对于不同的经济发展阶段，存在不同的经济结构与之相对应，即“劳动力正常发展形式”变化规律。[③]具体而言，当人均收入水平较低时，第一产业的产出在国内生产总值中的比重较大，其劳动力所占的比重也较高；

①威廉·配第. 1978. 政治算术. 北京：商务印书馆.

②李孟刚. 2012. 产业经济学. 北京：高等教育出版社.

③钱纳里，赛尔昆. 1988. 发展的型式：1950—1970. 北京：经济科学出版社.

随着经济的发展，第一产业的产出比重和劳动力比重下降，第二、第三产业的产出比重和劳动力比重持续上升。

钱纳里和塞尔昆还比较了发达国家和发展中国家的发展变化过程，他们发现发达国家和发展中国家产业结构的转变过程并非十分相似。发达国家在其经济发展过程中，三次产业间就业人员的转移与三次产业产值比重的变化基本上是同步的。然而，发展中国家劳动力就业结构的转变一般落后于产业结构的转变。发展中国家出现的劳动力就业结构与产业结构的失衡，主要表现为与农业部门相比，工业部门的产出在国民生产总值中占的比重较高，然而其吸纳的就业人员比重偏低。主要原因有两点：①工业部门更多的是采用技术密集型的生产方式，能够以较少的劳动投入创造出较高的产值，因此其创造就业机会的水平远远小于所创造产值的水平；②工农业贸易条件的不合理，即农业产品价格偏低而工业产品价格偏高，工业的快速发展是以牺牲农业为代价的。因此，钱纳里和塞尔昆指出，对于人口众多的发展中国家，其就业结构的转变通常会慢于产值结构的转变，并且是相当缓慢的。中国是一个人口众多的发展中大国，对我国而言，这一结论对于如何进行工业化进程以及如何调整产业和就业结构具有重大的指导意义。

三、中国三次产业结构的变化及现状分析

（一）中国三次产业结构变化

人口产业结构是指国民经济中从事不同经济活动的各部门间人口分布的比例关系，从产业分布方面反映了劳动力资源的分布及构成情况。人口产业结构是随着经济发展不断变化的，而三次产业就业人员数的变化是人口产业结构形成及变化的基础。

图 8-1 和图 8-2 分别是 1952~2011 年中国三次产业就业人员数和就业人员比重的变化趋势图。由图 8-1 和图 8-2 可见，1952~2011 年，我国三次产业就业人员的人口总数逐年递增，第一产业就业人员比重不断下降，第二、第三产业就业人员比重不断上升。

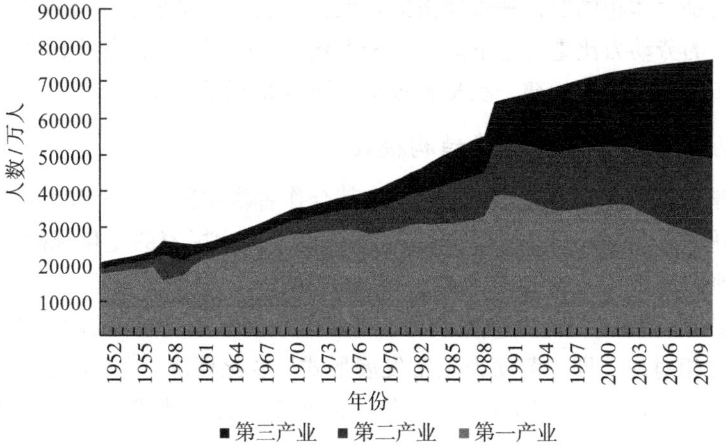

图 8-1　中国三次产业就业人员数

资料来源：《中国人口和就业统计年鉴 2012》

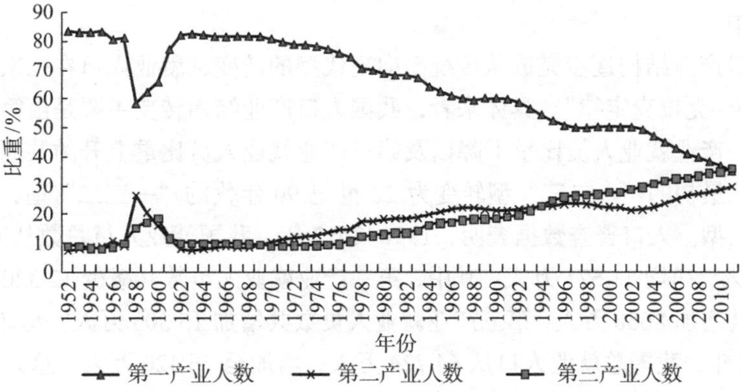

图 8-2 中国三次产业就业人员比重

资料来源：《中国人口和就业统计年鉴 2012》

（1）第一产业就业人员数在 1952~1991 年不断上升，在 1991 年达到峰值 39 098 万人，1991 年后，第一产业就业人员数开始下降，尤其是在 2003 年以后，第一产业就业人员数呈快速下降的趋势。与第一产业就业人员数先上升后下降的趋势不同，第一产业就业人员比重则不断下降。1952~1970 年，我国第一产业就业人员比重变化不大，均处于 80%以上。此后我国第一产业就业人员比重不断下降，2003 年该比重小于 50%，2011 年该比重则被第三产业就业人员比重超过。2003 年以后，农业就业人员比重小于 50%，从 2011 年开始小于第三产业所占比重。导致我国第一产业就业人员比重逐渐下降的原因主要是中国工业化和城镇化进程的不断深化。此外，农村的改革使得第二、三产业进入农村也是导致农业就业人员比重下降的原因。

（2）第二产业就业人员数则不断上升，但上升速度不大，1992~2003 年，第二产业就业人员数增长放缓，2003 年以后，第二产业就业人员数才有了较快增长。另外，第二产业就业人员比重在总体上呈现出逐步递增的趋势，在 2003 年以后就业人员比重快速增长，2012 年就业人员比重已超过 30%。第二产业就业人员比重在 20 世纪 90 年代增长缓慢是由于以工业为主的第二产业实行资本密集型技术的生产，大量的机器替代了劳动力，因此，虽然中国工业在 90 年代快速发展，但是就业人员比重增长缓慢；在 2003 年以后，第二产业就业人员比重呈现快速增长的原因是中国加入 WTO 后的工业行业快速发展，进而引起第二产业就业人员比重增加。

（3）第三产业就业人员在总体上保持着较大幅度增长的趋势。1978 年以前，中国第三产业发展缓慢，对应的三产就业人员的绝对量和比重的增长亦较慢，但改革开放以后（尤其是 1992 年以后），第三产业就业人员的绝对量和比重快速增长，就业人员绝对量和比重均在 1994 年超过第二产业、在 2011 年超过第一产业，并一跃成为中国第一大产业。中国三产就业人员比重的快速增长是由于第三产业在中国快速发展以及该产业对劳动力需求的增加引起的。此外，图 8-2 中 1958~1961 年的不正常波动主要是受三年自然灾害的影响，这一期间三次产业就业人员数都大幅下降，而第一产业就业人员的比重下降，第二、第三产业就业人员比重上升，这主要是因为自然灾害引起的大饥荒使得人们放弃从事农业，较多地转移到工业和服务业部门中。

我国的人口产业结构逐步完成从传统型向现代型的转变，就业人口在三次产业中的比重变化符合“配第–克拉克定律”。具体来看，我国人口产业结构转变主要是由第三产业的发展拉动的，在第一产业就业人员比重下降以及第三产业就业人员比重上升的共同推动下，我国人口产业结构从最初的“一二三”型转变为20世纪90年代的“一三二”型，最终转变为现在的“三一二”型。人口普查数据表明，1990~2012年，我国就业人员总数从64 724万人增加到76 420万人，净增11 671万人。其中，第一产业就业人员数共减少12 320万人，第二产业就业人员数共增加8688万人，第三产业就业人员数共增加15 303万人。人口普查的结果表明，1990~2012年，我国总就业人口从64 724万人，增加至76 420万人，总共净增11 671万人。其中，第一产业就业人员总共减少12 320万人，第二产业共增加8688万人，第三产业共增加15 303万人。从净增角度看，1990~2012年，我国第二、第三产业净增的劳动力和第一产业净减少的劳动力总和为23 991万人，这些劳动力由第二产业吸收了36.2%，第三产业吸收了63.8%。由此可见，第三产业的发展是拉动我国就业人口产业结构转变的主要动力。

（二）三次产业就业弹性和结构偏离度分析

1. 中国产业就业弹性分析

就业弹性是指经济增长每变动一个百分点所带来的就业增长变动的百分比。就业弹性的大小取决于经济结构和就业成本等因素。就业的单位成本是指一定数量的劳动力就业所需要的资本投入和劳动力成本，如果一个经济结构中的小企业、服务业等劳动密集型部门所占比重较大，资本密集型部门比重较小，那么就业成本就会相对较低，就业弹性就会比较高。

通常用就业弹性系数来衡量就业弹性。就业弹性系数指的是劳动力增长率与经济增长率的比值，衡量经济每增长1个百分点，就业能增长多少个百分点，其计算公式如下：

$$e = \frac{\Delta L / L}{\Delta Y / Y}$$

式中，e为就业弹性系数；L和Y分别为劳动力投入量和生产总值；ΔL和ΔY分别为新增就业人员数和产出增加值。

由就业弹性系数的计算公式可知，就业弹性系数的高低与就业是否充分并无直接关系。就业弹性系数是劳动力增长率与产出增长率的比值，就业弹性低并不表示失业严重，而就业弹性高也并不说明就业充分。一般而言，随着经济的发展趋于成熟，就业弹性会逐渐缩小，这说明每增加一单位的产出所需要的劳动力数量减少了，这主要得益于劳动生产率的提高。提高劳动生产率的途径主要有两个：①技术进步，技术进步使原本需要多人完成的工作现在由一人就可以完成，就业弹性将会降低；②经济结构与就业结构的变化，如果经济结构中资本密集型部门所占比重较大，就业成本相对较高，就业弹性就会下降。

自改革开放以来，中国的国民经济快速发展，创造了举世瞩目的经济奇迹。通常来讲，经济的快速发展会明显地扩大就业。然而，自1990年以来，虽然经济快速增长，但是就业并没有同步增长。图8-3描述的是1979年以来中国总就业弹性的变动情况。1979~1990年的总就业弹性频繁波动，就业弹性处于高位，其中，1979~1983年的平均就业弹性为0.301，1984~1988年的平均就业弹性为0.162。这是由于这一时期我国发展的主要是劳动密集型产业，经济增长能够带来劳动就业的有效扩张。1990年以后，就业弹性处于较低的水平，这是由于这一时期我国选择优先发展资本密集型的重工业战略，经济增长不能够带来劳动就业的扩张，就业弹性掉入低水平陷阱。①1991~2011年，中国平均总就业弹性低于0.1，1999年总就业弹性上升至最高值0.17，此后开始快速下降，到2008年下降至最低点0.018。因此，中国经济增长对就业的拉动作用逐渐弱化。

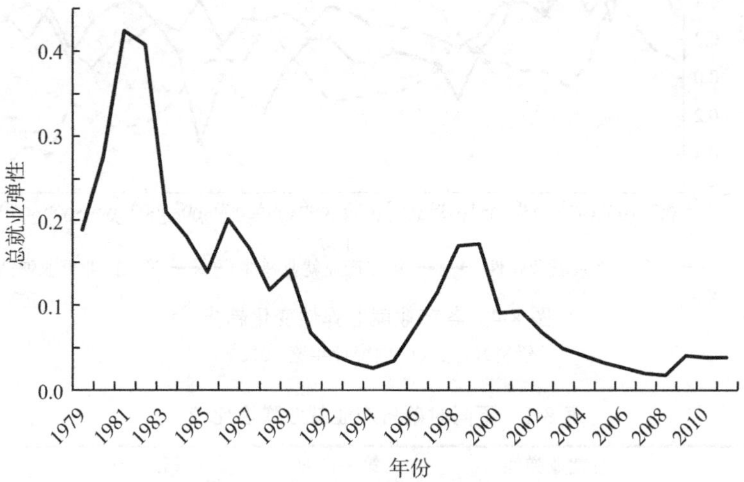

图 8-3 中国总就业弹性变化趋势

注：自1990年开始就业人数统计方法与此前不同，该年就业弹性出现较大跳跃，故本图及表8-1未包括1990年的数据

资料来源：《中国统计年鉴2012》

从三次产业就业弹性的变化趋势看，中国三次产业吸纳就业的能力各不相同。根据图8-4、表8-1， 1980~2003年，第一产业的平均就业弹性为0.064，第二产业平均为0.174，第三产业平均为0.370，这一结果表明在这段时期，第一产业的增长对就业的拉动作用最小，第二产业的增长对就业拉动作用略高于第一产业，第三产业的增长对就业拉动作用最大。2003年后，随着劳动力市场改革的不断深化，城镇就业人数快速上升，这期间，第二、第三产业部门的就业弹性不断上升，第二产业的上升尤为明显。2003~2011年，第二产业的平均就业弹性高达0.286，其中2005年、2006年和2010年分别为0.403、0.374和0.383；第三产业的平均就业弹性高达0.224。可见，2003年后，第二、第三产业的增长具有强劲的就业拉动效应。这也符合加入WTO会使第二产业就业机会增加，第三产业将受益最大，在零售批发和餐饮业、金融保险业、信息咨询服务业等行业的就业机会会大量增加的论断。②

2. 中国产业结构偏离度分析

产业结构与就业结构的协调发展才会促进国民经济健康发展。作为就业部门的载体，产业结构很大程度上决定了就业结构的构成，产业结构的调整要求有相应的就业结构调整与之对应，产业结构由低级向高级转变时，就业结构也需要随之变化。然而，我国产业结构与就业结构的

①魏下海. 2008. 技术进步、人力资本与劳动力就业. 探索与争鸣，(5)：53-55.

②张车伟，王美艳，都阳. 2002. 入世对我国就业的影响. 中国经贸导刊，(11)：18.

发展并不协调，就业结构的调整与产业结构相比，调整的幅度不够，尚存在较大的结构偏差。

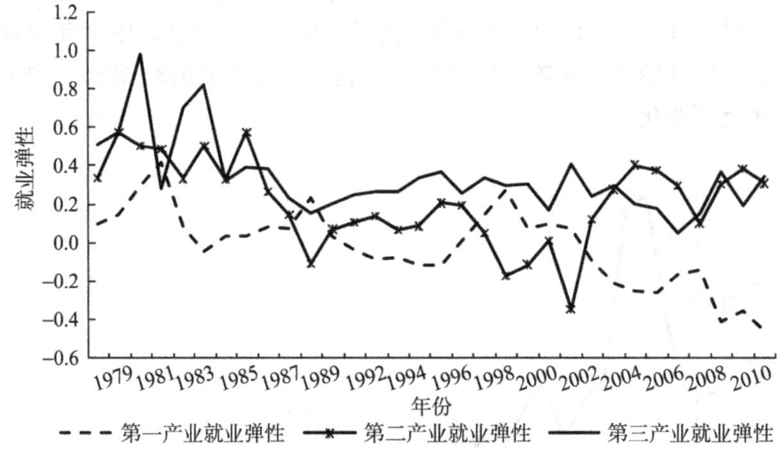

图 8-4　各产业就业弹性变化趋势

资料来源：《中国统计年鉴 2012》

表 8-1　不同时期各产业就业弹性比较　　单位：%

年份	总就业弹性	第一产业	第二产业	第三产业
1978~1983	30.1	20.5	44.7	61.0
1984~1988	16.2	3.4	36.3	42.8
1989~1994	7.1	3.4	4.9	21.5
1995~1999	11.4	3.7	7.2	31.7
2000~2004	6.8	−1.5	−1.1	28.1
2004~2011	3.1	−29.3	31.0	21.2

资料来源：《中国统计年鉴 2012》

我国的产业结构演进基本符合一般发展规律，但是劳动人口的产业分布却未与之形成良好的匹配互动关系。由表 8-2 可知，我国第一产业的产值比重不断下降，第二产业的产值比重出现先缓慢回落然后上升并保持相对稳定的态势，而第三产业的产值比重则快速上升。1991~2003 年，我国第一产业 GDP 比重的变动与其劳动力就业结构比重之间具有很大的缺口。这一期间，第一产业的产值比重由 24.5%下降到 12.8%，而劳动力就业结构比重仅由 59.7%下降为 49.1%，第一产业产值比重的下降幅度明显高于劳动力就业结构比重的下降幅度。2003~2011 年，这一缺口得到改善，第一产业的产值比重由 12.8%下降至 10%，而劳动力构成比重由 49.1%大幅下降至 34.8%。这一期间第三产业的缺口情况则与第一产业恰好相反，1991~2011 年，第三产业的产值比重上升了 9.7%，而劳动力就业结构比重上升了 16.8%，产业产值比重的上升幅度明显小于劳动力就业结构比重的上升幅度。[①]

为了考察我国产业结构与就业结构的平衡程度，可采用产业结构偏离度加以刻画。结构

①魏下海. 2008. 技术进步、人力资本与劳动力就业. 探索与争鸣，(5)：53-55.

偏离度是指各产业的产出比重与其相应的劳动力就业比重的差异程度，其计算公式如下：

结构偏离度=GDP 产业结构比重–劳动力就业结构比重

结构偏离度的绝对值越低，表明产业结构与就业结构的发展越均衡；结构偏离度的绝对值越高，表明产业结构与就业结构的发展越不平衡。若结构偏离度大于 0，表示该产业劳动力短缺，在业劳动力生产效率高，并处于超负荷劳动状态；相反，若结构偏离度小于 0，则表示该产业存在过剩劳动力，劳动生产率低；如果结构偏离度等于 0，则该产业劳动力实现充分就业。

表 8-2 GDP 产业结构、劳动力就业结构及产业结构偏离度 单位：%

产业/年份	产业结构比重			就业结构比重			产业结构偏离度		
	一产	二产	三产	一产	二产	三产	一产	二产	三产
1978	28.2	47.9	23.9	70.5	17.3	12.2	–42.3	30.6	11.7
1984	32.1	43.1	24.8	64.0	19.9	16.1	–31.9	23.2	8.7
1985	28.4	42.9	28.7	62.4	20.8	16.8	–34.0	22.1	11.9
1991	24.5	41.8	33.7	59.7	21.4	18.9	–35.2	20.4	14.8
1996	19.7	47.5	32.8	50.5	23.5	26.0	–30.8	24.0	6.8
2000	15.1	45.9	39.0	50.0	22.5	27.5	–34.9	23.4	11.5
2001	14.4	45.1	40.5	50.0	22.3	27.7	–35.6	22.8	12.8
2002	13.7	44.8	41.5	50.0	21.4	28.6	–36.3	23.4	12.9
2003	12.8	46.0	41.2	49.1	21.6	29.3	–36.3	24.4	11.9
2004	13.4	46.2	40.4	46.9	22.5	30.6	–33.5	23.7	9.8
2005	12.1	47.4	40.5	44.8	23.8	31.4	–32.7	23.6	9.1
2006	11.1	47.9	40.9	42.6	25.2	32.2	–31.5	22.7	8.7
2007	10.8	47.3	41.9	40.8	26.8	32.4	–30.0	20.5	9.5
2008	10.7	47.4	41.8	39.6	27.2	33.2	–28.9	20.2	8.6
2009	10.3	46.3	43.4	38.1	27.8	34.1	–27.8	18.5	9.3
2010	10.1	46.7	43.2	36.7	28.7	34.6	–26.6	18.0	8.6
2011	10.0	46.6	43.4	34.8	29.5	35.7	–24.8	17.1	7.7

资料来源：《中国统计年鉴 2012》

如表 8-2 所示，1991~2003 年，第一产业的结构偏离程度并没有明显改善，平均偏离幅度高达 34%以上，表明第一产业的劳动生产率较低，存在大量剩余劳动力，这部分劳动力并未对产出做出贡献，甚至起到副作用。同期，第二产业的偏离度为正值，且不断上升，超过 23%，表明第二产业的劳动生产率较高。第二产业中的重工业增长速度最快，且以非人力要素投入为支撑，致使其 GDP 比重大幅度提升而劳动力就业比重的增长微乎其微；第三产业的产业结构与劳动力结构之间的差距逐年缩小，但仍处于较高值，劳动力就业比重无明显提升迹象，因此第三产业对就业的促进作用仍显不足。显然，2003 年以前存在较大的产业结构偏离度，从而影响了产业升级的就业推动。2003 年以后三次产业的就业结构偏离都得到了改善，其对应的结构偏离度的绝对值均处于不断减小的态势，说明各个产业的 GDP 构成和劳动力就业结构在不断得到改善，中国的产业结构转型获得了一个转好的发展态势。①

从时间的动态演变来看，中国的产业结构与劳动力就业结构偏离度逐渐改善，但是相对

①魏下海. 2008. 技术进步、人力资本与劳动力就业. 探索与争鸣，(5)：53-55.

于发达国家，依然存在较为严重的偏离。

一般来说，经济增长过程中的产业变迁往往会带来相当规模的就业创造与破坏，因为老的工作机会在夕阳产业中消失，而新的工作机会又在新兴部门中被创造出来。这就要求一国人力资本结构适应这些变化。对于少数高端人力资本而言，由于其在技能、知识、信息等方面均具优势，能及时做出反应，实现就业岗位类型的平稳过渡。而大量低端的人力资本在经济增长与产业升级浪潮中难以实现及时有效过渡，只能以低效率就业作为代价。由于我国缺乏人力资本投入，大部分劳动力属于素质低下、无专业技能的体力型人力资本，而高层次的专业化人力资本奇缺，造成大量低端人力资本拥挤就业于低技术含量的传统劳动密集型行业，表现出明显的劳动力过剩特征，或者出现大量的摩擦性失业和结构性失业；对于那些具有发展前景的新兴产业，缺乏高端专业化人力资本支撑，造成产业发展滞缓和对转移劳动的吸纳作用微弱。这就是目前我国产业升级与人力资本之间的关联效应无法有效实现就业扩张的一个深层肇因。

第二节　人口行业分布与结构变化

一、行业分类标准

行业是指国民经济中从事相同性质生产的经济社会经营单位或者个体组织结构体系的详细划分，如渔业、建筑业、金融业等。按照国家统计局关于行业的划分标准，各细分行业划归于对应的三次产业中，其中，第一产业包括农、林、牧、渔业（不含农、林、牧、渔服务业）；第二产业包括采矿业（不含开采辅助活动），制造业（不含金属制品、机械和设备修理业），电力、热力、煤气及水的生产和供应业，建筑业；第三产业是指除第一产业、第二产业以外的其他行业，主要是指服务业，包括批发和零售业，交通运输、仓储和邮政业，住宿和餐饮业，信息传输、软件和信息技术服务业，金融业，房地产业，租赁和商务服务业，科学研究和技术服务业，水利、环境和公共设施管理业，居民服务、修理和其他服务业，教育，卫生和社会工作，文化、体育和娱乐业，公共管理、社会保障和社会组织，国际组织，以及农、林、牧、渔业中的服务业，采矿业中的开采辅助活动，制造业中的金属制品、机械和设备修理业。

行业分类能够指明行业所处的发展阶段及其在国民经济中的地位，分析影响行业发展的各种因素及其影响力度，判断行业的投资价值，预测并引导行业的未来发展趋势，为各种组织机构提供投资决策依据。

行业的发展一般遵循从低级的自然资源掠夺性开采利用和人工劳务输出，逐步向技术密集型、人才密集型和知识经济型的转变，从输出自然资源，逐步向输出工业产品、高科技人才和知识产权转变等规律。

二、行业结构的变化

就业人员的产业结构变化实际上是劳动力在行业间流动的结果。2003 年中国城镇单位就业人员总数为 10 969.7 万人，2012 年达到 15 236.4 万人，增加了 4266.7 万人，增长幅度达

38.9%。从2003年至2012年我国各行业城镇单位就业人员比重变化来看，农、林、牧、渔业劳动力比重呈现出逐年递减的趋势，而第二产业和第三产业的劳动力比重逐年递增。从各行业的就业人员总数的变化来看，只有农、林、牧、渔业的就业人员数量在下降，其他行业的就业人员数量均有所增加。其中，制造业和建筑业的就业人员数量增长最多，共计增加2458万人；其他就业人员增长数量较大的行业有公共管理、社会保障和社会组织，以及卫生和社会工作、教育、金融业和房地产业，这些行业的劳动力总共增加了3601万人。从就业人员净增加的角度看，这些行业总共吸纳了新增劳动力和从农业转移出来的劳动力总量的81.6%，其中第二产业中的制造业和建筑业总共吸纳了55.7%，第三产业的行业总共吸纳了40%的就业人口。由此可见，我国城镇单位就业人员产业结构的转变主要是由第二、第三产业的发展拉动的，其中，制造业，建筑业，公共管理、社会保障和社会组织，以及卫生和社会工作、教育、金融业、房地产业等行业起主要拉动作用。

2003~2012年，从产业内部行业就业人员的分布来看，劳动力比重增长幅度较大的行业为第二产业的建筑业，第三产业的房地产业和信息传输、软件和信息技术服务业的就业人员，分别增长了41.0%、27.0%和90.7%。租赁和商务服务业增长了59.3%，住宿和餐饮业增长了54%。此外，第二、第三产业的其他行业劳动力比重也有较大增幅。我国产业-行业布局的变化反映出我国劳动力主要是从第一产业向第二、第三产业转移，未来时期内劳动力将流向吸纳能力强的制造业、房地产业和金融业等行业。

我国三次产业中的各行业就业人员比重的变化存在差异，主要体现在各行业变化趋势以及变化幅度上的差异。表8-3给出了按行业分城镇单位就业人员比重的统计数据，与表8-2考察全国城乡总就业人口不同，表8-3重点考察了城镇单位的就业人口。根据表8-3，2003~2012年，农、林、渔、牧业劳动力比重呈现逐年递减的趋势，就业人员比重由2003年的4.42%下降到2012年的2.22%。另外，在第二产业和第三产业中，建筑业劳动力比重呈现逐年递增的趋势，由2003年的7.6%增加到2012年的13.19%，是各行业中就业人员比重变化最大的行业。教育行业的就业人员比重呈现逐年下降的趋势，由2003年的13.15%下降到2012年的10.85%，下降幅度也较大。其他行业的就业比重变化不太明显，就业人员比重维持在一个较稳定的范围。综合来看，就业人员比重出现上升的行业有住宿和餐饮业，信息传输、软件和信息服务业，房地产业，金融业，科学研究和技术服务业等行业；就业人员比重下降的行业有文化、体育和娱乐行业，采矿业，电力、热力、燃气及水生产和供应业等行业；就业人员比重先增后降的行业有租赁和商务服务业，制造业，公共管理、社会保障和社会组织等行业；就业人员比重先降后增的行业有批发和零售业。此外，制造业、建筑业、教育，以及公共管理、社会保障和社会组织的就业人员比重共占了60%以上，是我国的支柱性行业。

表8-3 按行业分城镇单位就业人员比重 单位：%

行业	2003年	2004年	2005年	2006年	2007年	2008年	2009年	2010年	2011年	2012年
农林牧渔业	4.42	4.2	3.91	3.72	3.55	3.36	2.97	2.88	2.49	2.22
第二产业	41.93	42.29	43.39	44.15	44.53	43.91	43.99	44.27	46.89	47.56
采矿业	4.45	4.51	4.47	4.52	4.45	4.43	4.4	4.31	4.24	4.14
制造业	27.17	27.49	28.16	28.61	28.82	28.17	27.77	27.87	28.36	27.97
电力水供应	2.71	2.71	2.63	2.58	2.52	2.51	2.45	2.38	2.32	2.26

续表

行业	2003年	2004年	2005年	2006年	2007年	2008年	2009年	2010年	2011年	2012年
建筑业	7.6	7.58	8.13	8.44	8.74	8.8	9.37	9.71	11.97	13.19
第三产业	53.63	53.52	52.7	52.11	51.93	52.71	53.05	52.86	50.61	50.2
批发和零售业	5.73	5.29	4.77	4.40	4.22	4.22	4.14	4.10	4.49	4.67
交通运输仓储业	5.80	5.69	5.38	5.23	5.18	5.14	5.05	4.84	4.60	4.38
住宿和餐饮业	1.57	1.60	1.59	1.57	1.55	1.58	1.61	1.60	1.68	1.74
信息技术服务业	1.06	1.11	1.14	1.18	1.25	1.31	1.38	1.42	1.48	1.46
金融业	3.22	3.21	3.15	3.14	3.24	3.42	3.57	3.60	3.51	3.46
房地产业	1.10	1.20	1.28	1.31	1.38	1.42	1.52	1.62	1.72	1.80
租赁商务服务业	1.67	1.75	1.92	2.02	2.06	2.25	2.31	2.38	1.99	1.92
科技研究服务业	2.02	2.00	2.00	2.01	2.02	2.11	2.17	2.24	2.07	2.17
水利环境设施	1.57	1.59	1.58	1.60	1.61	1.62	1.64	1.68	1.60	1.60
居民服务修理业	0.48	0.49	0.47	0.48	0.48	0.46	0.47	0.46	0.42	0.41
教育	13.15	13.22	13.01	12.84	12.65	12.58	12.33	12.12	11.22	10.85
卫生和社会工作	4.43	4.46	4.46	4.49	4.51	4.62	4.74	4.85	4.71	4.72
文化体育娱乐业	1.16	1.11	1.07	1.04	1.04	1.03	1.03	1.01	0.94	0.90
公共社会保障	10.67	10.80	10.88	10.80	10.74	10.95	11.09	10.94	10.18	10.12
合计	100	100	100	100	100	100	100	100	100	100

资料来源：《中国统计年鉴 2013》

第三节　就业人口产业行业结构的国际比较

前两节对中国各产业和行业间的就业人员比重进行了纵向对比和分析，本节将对中国各产业和行业间的就业人员比重与同期的世界其他部分国家进行横向比较。对处于不同发展阶段国家的就业人员比重在其产业结构与行业结构上的特点进行分析，并与中国的情形进行比较，能够为我国就业人员在产业结构上的调整提供一定的借鉴。

一、世界部分国家的三次产业人员结构分布

不同的国家所处的经济发展阶段不同，每个国家的产业结构的演变也呈现出不同的变化方向。通过与其他部分国家产业结构变化的比较，我们可以获得对我国产业结构调整的相关启示。

表 8-4 提供了世界部分国家第一产业就业人员比重变化的数据。结合表 8-2 和表 8-4 可以发现，我国第一产业就业人员比重远远高于这 8 个国家，表明我国第一产业的劳动生产率尚处于较低水平。然而，我国第一产业就业人员比重的下降速度较快，下降幅度较大，说明我国其他产业对第一产业转移出来的劳动力的吸纳能力在不断加强，这也表明我国正加快实现产业结构转移。从世界其他国家的情况来看，它们的第一产业就业人员比重的水平都较低，并且呈现出下降的趋势。对于那些发达国家，如美国、英国、德国和日本，其第一产业就业

人员比重低于 5%，并且保持稳定；对于发展中国家，如巴西、墨西哥和俄罗斯，它们的第一产业就业人员比重保持在 10%~20%，比发达国家高，但比中国低。

表 8-4　世界部分国家第一产业就业人员比重变化　　单位：%

年份	巴西	德国	日本	韩国	墨西哥	俄罗斯	英国	美国
2002	20.61	2.53	4.67	9.33	17.46	11.34	1.38	2.55
2003	20.67	2.47	4.64	8.81	16.28	10.88	1.25	1.65
2004	20.96	2.33	4.52	8.09	15.91	10.16	1.29	1.60
2005	20.45	2.37	4.44	7.94	14.86	10.17	1.35	1.55
2006	19.33	2.26	4.26	7.71	14.30	9.97	1.29	1.53
2007	18.26	2.25	4.24	7.64	13.45	8.99	1.37	1.43
2008	—	2.25	4.20	—	13.13	8.65	1.47	1.49

资料来源：《国际统计年鉴 2011》

表 8-5 提供了世界其他国家第二产业就业人员比重变化的数据。与第一产业就业人员比重呈现下降趋势不同，世界各国第二产业就业人员比重则呈现出有降有升、基本保持不变的发展趋势。根据表 8-5，2002~2008 年世界部分国家第二产业就业人员比重变化的差异较大，但比重变化幅度相对不大，均保持在一个较稳定的水平。其中英国的第二产业就业人员比重变化最大，共降低了 2.51%。发达国家，如美国、德国、英国和日本，第二产业就业人员比重总体呈现下滑趋势，韩国表现出先增后降的波动。在发展中国家中，俄罗斯和巴西则呈现一种较稳定的有增有减的波动，墨西哥呈现小幅上升的趋势。与这些国家相比，我国第二产业就业人员比重上升的幅度较大，逐渐超过日本，上升的速度较快，这说明我国第二产业对劳动力的吸纳能力在不断地提高。在第二产业就业人员比重的比较中，德国和俄罗斯的第二产业就业人员比重最高，均超过了 29%，说明在这两个工业发达的国家，第二产业对促进国民就业的作用很大。日本的第二产业就业人员比重也比较大；美国则一直处于最低水平。因此，发展中国家的就业人员表现为向第二产业转移，符合发展中国家的工业化进程需要；发达国家的第二产业就业人员则逐渐向第三产业转移，符合发达国家就业人员逐渐转向高新产业和服务行业的规律。

表 8-5　世界部分国家第二产业就业人员比重变化　　单位：%

年份	巴西	德国	日本	韩国	墨西哥	俄罗斯	英国	美国
2002	21.36	31.90	29.67	27.32	24.92	29.54	23.72	21.83
2003	20.88	31.14	29.27	27.62	24.97	30.39	23.18	20.88
2004	20.99	30.81	28.40	27.48	24.84	29.75	22.20	20.80
2005	21.40	29.73	27.94	26.85	25.67	29.79	22.16	20.64
2006	21.35	29.57	28.04	26.33	25.79	29.33	22.03	20.77
2007	21.98	29.78	27.87	25.61	25.92	29.19	22.26	20.60
2008	—	29.67	27.35	—	25.67	28.95	21.21	19.90

资料来源：《国际统计年鉴 2011》

表 8-6 提供了世界部分国家第三产业就业人员比重变化的数据。根据表 8-6，世界部分国家的第三产业就业人员比重都很高，整体呈现出递增的趋势，说明第三产业对这些国家的就业起到很大的促进作用。美国第三产业就业人员比重最高，达到 75%以上，英国紧随其后，而巴西和墨西哥等发展中国家的第三产业就业人员比重比其他发达国家低。与这些国家相比，中国第三产业就业人员比重仍低于同为发展中国家的巴西，表明我国产业转移仍存在较大的改善空间并且面临极大的就业结构转变的挑战。值得庆幸的是，我国第三产业就业人员比重的增长速度明显快于其他国家，表明我国第三产业对劳动力的吸纳能力比其他国家更为强劲。从世界部分国家三次产业就业人员比重的变化趋势可以发现，世界部分国家的就业人员均是从第一产业不断地转移到第二、第三产业中，符合“配第–克拉克定理”。

表 8-6　世界部分国家三产就业人员比重变化　　单位：%

年份	巴西	德国	日本	韩国	墨西哥	俄罗斯	英国	美国
2002	58.03	65.57	65.65	63.35	57.62	59.13	74.90	75.62
2003	58.45	66.38	66.09	63.58	58.75	58.73	75.57	77.47
2004	58.05	66.86	67.08	64.43	59.25	60.10	76.51	77.60
2005	58.15	67.90	67.63	65.21	59.47	60.04	76.50	77.81
2006	59.32	68.17	67.70	65.96	59.92	60.70	76.68	77.70
2007	59.76	67.97	67.89	66.75	60.63	61.82	76.37	77.96
2008	—	68.08	68.45	—	61.21	62.41	77.32	78.61

资料来源：《国际统计年鉴 2011》

虽然我国产业与就业结构不断得以改善，然而与世界其他国家相比，我国产业结构仍有较大的调整空间。库兹涅茨认为，伴随着走向工业化社会的趋势，劳动力必然要从农业向工业和服务业等非农部门转移，并且快速的经济发展以及科技进步使现代工业部门迅速发展壮大，劳动力的转移速度将不断加快。同时，库兹涅茨利用跨国数据发现，对于那些欠发达国家，农业部门吸纳了 60%以上的劳动力资源，而工业部门和服务部门吸纳的劳动力资源有限，这些国家的经济结构仍偏向于依靠传统生产技术的农业部门。因此，库兹涅茨认为欠发达国家与发达国家之间的较大差距，主要是由欠发达国家经济结构转变的滞后引发的，欠发达国家如果想尽快加入发达国家的行列，应该重点发展工业、服务业等非农业部门，加快劳动力从农业部门向工业、服务业部门的转移。

为了适应我国产业结构的变化，就业结构也应作出一些调整。对于第一产业，应通过农业综合开发、农村职业培训、合理输出农村劳动力和发展非农产业等方式吸纳农村劳动力，避免农村劳动力的盲目流动，缓解城市就业压力。对于第二产业，应注重对劳动者进行职业培训，提高劳动者的技能，使他们能够适应新条件下的要求。对于第三产业，由于其就业弹性通常会高于第一、第二产业，即吸纳劳动力的能力更强，那么，应该大力发展第三产业，提高其吸纳从第一、第二产业转移出来的劳动力的能力，缓解就业压力。①

①袁霓. 2011. 中国就业结构现状及其调整. 改革与战略，(12)：180-183.

二、世界部分国家不同产业就业弹性与结构偏离度

一般而言，经济增长能够有效地解决劳动力就业问题。从人类经济发展史来看，在工业化进程中，大量的农村剩余劳动力从农业部门转移到了工业部门，从农村转移到了城市。然而，对当今世界的劳动就业状况的分析发现事实并非如此。2000~2006 年，全球经济的年平均增长率为 6.26%，失业人口数的年均增长率却高达 10%，2006 年的全球失业人数和平均失业率均处于历史最高水平。可见，全球经济的快速持续增长并没有带来失业率的下降，反之，失业率呈上升趋势。这是因为多数国家的经济增长是由生产率的提高带来的，并不能创造更多的就业，经济增长所带来的有限就业岗位增加并不能满足快速增长的劳动人口就业需求。经济增长与就业增长的这种扭曲引起了国际社会的高度关注，2007 年，国际劳工局局长索马维亚在《全球就业报告》中指出，如何将生产力的进步转化为更多的就业岗位，如何在创造更多收入的同时提供更多的就业机会并减少贫困就业者的数量，是国际社会格外关注的问题。

以下通过比较世界部分国家的产业就业弹性和产业结构偏离度，并与中国进行对比，得到我国产业结构和就业结构发展水平的准确判断。

1. 世界部分国家的产业就业弹性

表 8-7 给出了世界部分国家不同时期总就业弹性的比较，由表 8-7 可见，世界各国总就业弹性水平差异很大，且变化趋势各不相同。德国、日本、美国和墨西哥的总就业弹性水平很高，说明这些国家虽然经济增长率不高，但是经济增长对就业增长的拉动作用却很大。尤其是德国，其就业弹性超过 50%，远远高于其他国家。巴西和韩国的总就业弹性水平处于这些国家的中间水平，而中国的总就业弹性水平则是这些国家中最低的。虽然 20 世纪 80 年代中国的经济增长对就业增长有较强的拉动作用，然而进入 21 世纪以后，中国的总就业弹性处于很低的水平，且逐渐走低。这表明虽然我国的经济增长速度在这些国家中首屈一指，然而我国经济增长对就业的促进作用很弱。

表 8-7 世界部分国家不同时期总就业弹性比较 单位：%

年份	巴西	德国	日本	韩国	墨西哥	中国	俄罗斯	美国
2002~2005	26.35	1.46	−290.70	13.62	14.29	5.28	3.10	25.59
2005~2006	23.91	51.60	42.66	25.46	29.43	2.61	4.12	34.30
2006~2007	13.40	52.50	27.37	8.80	19.22	2.00	10.48	21.26
2007~2008	—	52.12	0.45	—	27.85	1.78	2.28	−16.37

资料来源：《国际统计年鉴 2011》；《中国统计年鉴 2011》

表 8-8 给出了世界各部分国家各产业就业弹性的比较。从三次产业就业弹性来看，世界各国三次产业吸纳就业的能力各不相同，且不同国家对同一产业吸纳就业的能力亦不相同。根据表 8-8，2006~2007 年，世界部分国家的第一产业平均就业弹性为−0.8455，出现负值，表明在世界部分国家中经济增长和第一产业就业人员主要呈现出相反的变化方向，第二产业平均就业弹性为 0.1742，第三产业平均就业弹性为 0.2499。这些数字说明第一产业的经济增长对就业的拉动作用最小；第二产业经济增长对就业拉动作用高于第一产业；第三产业平均就

业弹性值在三大产业中最高，说明在世界部分国家中第三产业经济增长对就业的拉动作用是最大的。

表 8-8　2006~2007 年世界部分国家各产业就业弹性比较　　单位：%

国家	第一产业	第二产业	第三产业
巴西	−241.91	37.75	19.57
德国	84.23	69.26	45.51
日本	0.00	−6.30	43.03
韩国	−52.58	−29.15	25.53
墨西哥	−257.23	25.25	33.00
中国	−16.55	29.87	4.73
俄罗斯	257.34	7.06	0.81
美国	−449.71	5.57	27.75
平均值	−84.55	17.42	24.99

资料来源：数据来自《国际统计年鉴 2011》、《中国统计年鉴 2011》

根据表 8-8，2006~2007 年，世界部分国家对同一产业吸纳就业的能力各不相同，且存在很大的差异。俄罗斯和德国第一产业就业弹性值最高，美国最低且表现为负值，说明和其他国家对比，德国和俄罗斯的第一产业吸收劳动力的能力较强，美国的第一产业吸收劳动力的能力最低；第二产业中只有日本和韩国的就业弹性小于 0，其他国家均大于 0，德国和俄罗斯的第二产业就业弹性值最高，说明这些国家的第二产业经济增长对就业有更大的推动作用；第三产业就业弹性表现出较为均衡的形式，均大于 0，德国和日本的就业弹性值最高，而俄罗斯和中国的就业弹性值最低。比较 2006~2007 年世界部分国家三大产业的就业弹性，德国和俄罗斯的第一产业就业弹性值较其他产业就业弹性值高，说明该年对俄罗斯和德国来说第一产业经济增长对国内就业拉动作用最大；巴西和中国第二产业就业弹性值是三大产业中最大的，说明该年对中国和巴西来说第二产业增长对国内的就业拉动作用最大；日本、韩国、墨西哥和美国的第三产业就业弹性值较其他产业就业弹性值高，说明该年这些国家第三产业经济增长对国内的就业拉动作用最大。

2. 世界部分国家的产业结构偏离

现阶段，世界不同国家产业结构的发展情况各不相同。有些国家（如美国等发达国家）产业结构发展过程中，第一、第二和第三产业能有机转化，协调发展；有些国家（如中国等发展中国家）的三次产业不能实现有机转化，给经济发展带来一定的阻碍。由表 8-9 可以看出，2007 年美国第一产业 GDP 构成为 0.012，同期，劳动力就业结构为 0.0143；第二产业 GDP 构成为 0.2091，同期，劳动力就业结构为 0.2060；第三产业 GDP 构成为 0.7789，同期，劳动力就业结构为 0.7796。可见，美国三次产业 GDP 构成与劳动力就业结构之间的分配均较为合理。与美国相比，中国三次产业的产值构成与就业构成的发展很不均衡。具体而言，2007 年中国第一产业 GDP 构成为 0.1077，但同期的劳动力就业结构为 0.4080，劳动力就业结构远大于产值构成；第二产业 GDP 构成为 0.4734，同期的第二产业劳动力就业结构为 0.2680，产值构成远大于劳动力就业结构；第三产业 GDP 构成为 0.4189，同期的第三产业劳动力就业结构为 0.3240，产值构成大于劳动力就业结构。

表 8-9 2007 年世界部分国家产业结构、就业结构及产业结构偏离度 单位：%

国家	各产业 GDP 比重			各产业人口比重			各产业结构偏离度		
	一产	二产	三产	一产	二产	三产	一产	二产	三产
中国	10.77	47.34	41.89	40.80	26.80	32.40	–30.03	20.54	9.49
韩国	2.59	34.48	62.93	7.64	25.61	66.75	–5.05	8.87	–3.82
墨西哥	3.28	34.73	61.99	13.45	25.92	60.63	–10.17	8.81	1.36
美国	1.20	20.91	77.89	1.43	20.60	77.96	–0.23	0.31	–0.07
巴西	6.79	37.29	55.92	18.26	21.98	59.76	–11.47	15.31	–3.84
德国	0.85	27.04	72.11	2.25	29.78	67.97	–1.40	–2.74	4.14
俄罗斯	3.76	31.21	65.03	8.99	29.19	61.82	–5.24	2.02	3.21
日本	1.63	29.30	69.07	4.24	27.87	67.89	–2.61	1.43	1.18
平均值	3.86	32.79	63.35	12.13	25.97	61.90	–8.28	6.82	1.46

资料来源：《国际统计年鉴 2011》、《中国统计年鉴 2011》

世界不同国家产业结构的不同还体现在不同国家产业结构偏离度差别较大。根据表 8-9，2007 年美国和日本等发达国家的产业结构偏离度较小，中国和巴西等发展中国家的产业结构偏离度较大。世界部分国家第一产业的平均结构偏离度为 8.28%，表明第一产业中存在剩余的劳动力，这部分劳动力并未对产出做出贡献，甚至起到负的影响。而 8 个国家的第一产业结构偏离度均一致表现为负值，其中偏离度最小的为美国和德国，偏离度最大的为中国和巴西；第二产业的平均结构偏离度为 6.82%，表明第二产业主要是工业以非人力要素投入为支撑，致使其在 GDP 比重较大而劳动力就业比重却相对不足。而 8 个国家中只有德国的第二产业结构偏离度为负值，偏离度最小的为美国和日本，偏离度最大的为中国和巴西；第三产业的平均结构偏离度为 1.46%，表明第三产业的平均产业结构与劳动力结构之间的分配比较合理。美国和日本的偏离度最小，中国和德国偏离度最高。

三、世界部分国家按行业分就业人员比重比较

世界不同国家按行业分的就业人员比重存在较大差异（表 8-10）。具体而言，日本就业人员比重较大的行业是制造业批发零售贸易、机动车与个人、家庭用品修理业，房地产、租赁及商业活动这三大行业，大约占了总就业人员的一半，但是日本的采掘业，电、煤气和水供应业的就业人员比重却很低，不足 1%；韩国各行业就业情况与日本相近，对日本和韩国来说，这三大行业是其支柱性行业；巴西和墨西哥各行业就业人员比重分布类似，就业人员比重较大的行业都是农林牧渔业，批发零售贸易、机动车与个人、家庭用品修理业，制造业这三大行业，占就业总人数的 50%以上，和日本、韩国一样，巴西和墨西哥的就业人员比重最低的行业也是采掘业，电、煤气和水供应业；美国和德国各行业的就业人员比重分布很相似，就业人员比重大的行业都是制造业，批发零售贸易、机动车与个人，家庭用品修理业，房地产、租赁与商业活动，以及卫生和社会工作这四大行业，占总就业人员比重的 50%以上，德国则高达 58%，就业人员比重最小的行业是采掘业和其他行业；对俄罗斯来说，批发零售贸易、

机动车与个人、家庭用品修理业和制造业是就业人员比重最大的两个行业，其他行业就业人员比重最小；中国各行业就业人员比重中，制造业，公共管理和国防、社会基本保障，教育这三大行业的就业人员比重较大。

表 8-10　2007 年世界部分国家按行业分就业人口比重　　单位：%

行业	日本	韩国	巴西	墨西哥	美国	德国	俄罗斯	中国
农、林、牧、渔业	4.24	7.37	18.26	13.45	1.43	2.25	8.99	3.55
采掘业	0.06	0.08	0.42	0.43	0.50	0.28	1.88	4.45
制造业	18.68	17.58	14.44	16.62	11.16	22.00	17.46	28.82
电、煤气和水供应业	0.51	0.37	0.40	0.51	0.82	0.88	2.86	2.52
建筑业	8.61	7.90	6.73	8.36	8.12	6.62	6.99	8.74
批发零售贸易、机动车与个人、家庭用品修理业	18.37	15.69	17.96	22.89	14.34	13.91	15.72	4.69
旅馆和饭店业	5.33	8.75	3.69	6.22	6.56	3.74	1.90	1.55
运输、仓储和通信业	6.19	6.39	4.82	4.53	4.42	5.63	9.31	5.18
金融业	2.42	3.45	1.30	0.94	5.00	3.41	1.77	3.24
房地产、租赁及商业活动	11.87	10.03	6.06	4.78	12.87	10.24	6.25	3.44
公共管理和国防、社会基本保障	3.52	3.40	4.96	4.76	4.62	7.64	6.95	10.74
教育	4.43	7.20	5.57	5.41	8.78	5.86	9.10	12.65
卫生和社会工作	9.03	3.18	3.66	2.83	12.21	11.52	7.34	4.51
其他团体、社会和个人服务活动	5.52	7.88	4.09	3.20	9.16	5.39	3.46	—
其他行业	1.20	0.75	7.65	5.08	0.00	0.62	0.02	5.92

注：①中国数据为按行业分城镇单位就业人员的人口比重；②各行业分类参照《国际标准产业分类》

资料来源：《国际统计年鉴 2011》、《中国统计年鉴 2010》

世界部分国家就业人员比重除了行业间的差别，还表现在不同国家在同一行业上就业人员比重的差别。农、林、牧、渔业就业人员比重最大的国家是同为发展中国家的巴西和墨西哥，最小的是美国和德国；采掘业，制造业，建筑业，电、煤气和水供应业，公共管理和国防、社会基本保障，以及教育这六个行业就业人员比重最大的国家均是中国，其中前面四个属于第二产业的行业，说明第二产业对中国的就业具有很大的推动作用；金融业，房地产、租赁及商业活动，其他团体、社会和个人服务活动，以及卫生和社会工作这四个行业就业人员比重最高的国家均是美国；韩国的旅馆和饭店业，俄罗斯的运输、仓储和通信业，以及墨西哥的批发零售贸易、机动车与个人、家庭用品修理业的就业人口比重均高于世界其他一些国家。

HAPTER 9

第九章　人口变动与劳动就业

[内容提要]

本章阐述人口供给与劳动力市场之间的联系，首先引入人口与劳动就业的相关概念，并对我国劳动力市场的就业格局加以概述，然后从宏观角度分析我国是否已迎来“刘易斯转折点”及其对劳动力市场的影响，最后从劳动力成本角度加以补充和说明。

[学习要点]

1. 掌握人口与劳动就业的相关概念；
2. 熟悉我国劳动力市场就业格局；
3. 熟悉我国失业率的变化及原因；
4. 领会中国“刘易斯转折点”到来的判断依据；
5. 掌握“刘易斯转折点”对劳动力市场的影响；
6. 了解劳动力成本变动与国际对比的特征事实。

第一节　人口与劳动就业

一、人口与劳动就业相关概念

劳动年龄人口是指在一定时期内处于劳动年龄上下限之间的人口。关于劳动力年龄的上下限，各国都有明确的标准。我国根据《劳动法》的规定，劳动年龄的下限为 16 周岁，以法定退休年龄（男 60 岁、女 55 岁）为劳动年龄的上限。①

劳动力人口是指劳动年龄人口当中除去由先天或后天因素导致精神或身体上有缺陷的人口。一般来说，有缺陷的人口占比较小，可以把劳动年龄人口近似看作劳动力人口。在西方国家，习惯把已有工作和正在寻找工作的人口统称为经济活动人口，刚好等于就业人口与失业人口之和，与劳动力人口基本一致。②

劳动参与率是指劳动力人口占劳动年龄人口之比，是衡量人们参与经济活动状况的指标。劳动参与率越高，劳动力的有效供给就越高，反之亦然。③

劳动力供给有广义和狭义之分。广义的劳动力供给是指已经参与和要求参与社会劳动的人口，即就业人口与谋职人口之和。劳动力供给的数量受两个因素的影响：劳动力资源数量和劳动参与率。狭义的劳动力供给是指要求就业的谋职人口。它由以下人员组成：待分配人员、待业人员、要求再就业的失业人员。④

失业是指在法定的劳动年龄内，具有劳动能力且愿意从事社会劳动而又不能就业的一种状态。关于失业的确定性定义，长期以来一直存在争议。其原因在于，每个人对失业的理解不尽相同。国际上对失业率的定义，如表 9-1 所示。⑤

表 9-1　关于失业定义的国际对比

项目	国际劳工组织（1982 年之后）	美国（1994 年之后）	加拿大（1997 年之后）	欧盟（1992 年之后）
计算失业率的分母				
年龄限制	没有指明	16 岁以上	15 岁以上	15 岁以上
公民/全体人口	全体人口	公民	公民	包括职业军人
工作时间不足 15 小时的不领取报酬的家务劳动者	在业	不在劳动力市场：潜在失业者	在业	在业
失业者找工作的要求				
找工作的参考时间段	指明最近一段时间	四周	四周	四周
只通过读报纸广告找工作者	不包括	不包括	包括	包括
正在等待新工作者	不需要找工作的条件	需要找工作的条件	不需要找工作的条件；工作必须在四周内开始	不需要找工作的条件
暂时下岗者	找工作不是必须条件	不需要找工作的条件	不需要找工作的条件	需要找工作的条件

①向洪，张文贤，李开兴，等. 1994. 人口科学大辞典. 成都：成都科技大学出版社.
②向洪，张文贤，李开兴，等. 1994. 人口科学大辞典. 成都：成都科技大学出版社.
③胡代光，高鸿业. 2000. 西方经济学大辞典. 北京：经济科学出版社.
④苑茜，周冰，沈士仓，等. 2000. 现代劳动关系辞典. 北京：中国劳动社会保障出版社.
⑤张车伟. 2003. 失业率定义的国际比较及中国城镇失业率. 世界经济，(5)：47-54, 80.

续表

项目	国际劳工组织（1982 年之后）	美国（1994 年之后）	加拿大（1997 年之后）	欧盟（1992 年之后）
能否到岗的要求				
什么时间能够到岗	没有指明	在参考周内	在参考周内	在调查的两周内
是否询问能否到岗的问题	是	是	是	是
能够到岗的例外情况	没有指明	“暂时生病”和“等待开始新工作”	“暂时生病”、“个人或家庭事务”、“假期”以及“等待开始新工作”	没有
一些具体情况的处理				
暂时下岗者	附着正式工作算就业：不附着正式工作且能够到岗算失业，不需要找工作的条件	如果能在六个月内被召回或者雇主给出明确的召回日期被认为是失业，不需要找工作的条件，但必须能够到岗	如果能在一年内被召回并能够到岗算失业，不需要找工作的条件	在过去四周内积极找工作，且能够在两周内到岗才被认为是失业；否则被认为是非经济活动人口
找工作且能够到岗的学生	失业	失业	不在劳动力市场	失业
工作不足 15 小时、找工作并且能够到岗的家务劳动者	在业	失业	在业	在业

资料来源：张车伟. 2003. 失业率定义的国际比较及中国城镇失业率. 世界经济，(5)：47-54, 80

一般来说，习惯用失业人口数来衡量失业规模，以失业率来衡量失业程度。失业率是指在一定时期内失业人数占就业人数与失业人数之和的比率。在我国，衡量失业的指标主要是城镇登记失业人员和城镇登记失业率。城镇登记失业人员是指有非农业户口，在一定的劳动年龄内(16 周岁至退休年龄)，有劳动能力，无业而要求就业，并在当地劳动保障部门进行失业登记的人员。城镇登记失业率是指城镇登记失业人员与城镇单位就业人员(扣除使用的农村劳动力、聘用的离退休人员、港澳台及外方人员)、城镇单位中的不在岗职工、城镇私营业主、个体户主、城镇私营企业和个体就业人员、城镇登记失业人员之和的比。在经济分析中，除了登记失业率指标以外，还有调查失业率指标。城镇调查失业率指标是国际劳工组织通用的一个指标，反映城镇常住经济活动人口中，符合失业条件的人数占全部城镇常住经济活动人口的比率。

二、我国劳动力市场的就业格局

（一）我国劳动参与率的变化

1. 我国总劳动参与率的变化

相比其他国家和地区，我国劳动参与率一直处于较高水平。但自 20 世纪 90 年代起，我国劳动参与率便呈现下降趋势（图 9-1）。劳动参与率在 1990 年为 78.9%，2000 年降至 77.1%。随着老龄化进程的加快，我国劳动参与率也出现大幅度下降势头，到 2010 年，总的劳动参与率下降至 70.7%。之后基本维持在这一窄幅波动。

可以预期，随着人口老龄化影响愈益凸显，在未来较长一段时期内我国劳动力潜在供给及劳动参与率仍将面临下行压力。

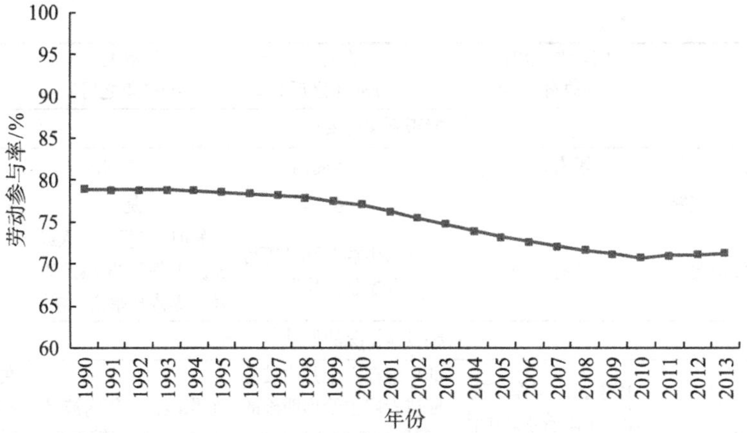

图 9-1　中国劳动参与率变化趋势

资料来源：ILO. KILM Database（Key Indicators of the Labour Market）

2. 我国男性、女性劳动参与率比较

男性、女性劳动参与率存在着明显的生命周期特征和年龄差异。从国际经验来看，男性劳动参与率通常高于女性。根据中国人口普查数据，男性劳动参与率呈现出“倒 U”形的生命周期特征。相比于 2000 年，2010 年除 15~24 岁组因高等教育入学率大幅上升导致劳动参与率下降以外，25 岁以上男性劳动参与率的年龄趋势几乎保持不变，表现出很强的稳定性。25~49 岁组保持在 95%~99%的超高位，50 岁后有所下降，即使 65 岁以上人口，也有近 30%的劳动参与率。女性劳动参与率的年龄趋势表现为 45 岁后开始持续下降，造成劳动参与率曲线右翼斜度较大，为“倒 U”拖尾形，并随着时间变化显示出较大的差异性。同样，如果对比 2000 年和 2010 年不同年龄段女性劳动参与率，可以明显地看到 15~24 岁组有与男性劳动参与率同样的下降趋势，并且 25~39 岁的劳动参与率下降幅度要超出 40 岁以上区间的降幅。“育儿负担减轻”、“年轻人口流动增加以致留守妇女更多参与农副业生产”，皆为这一现象提供了部分解释（表 9-2）。

表 9-2　2000 年和 2010 年男性、女性劳动参与率　　单位：%

年龄组/岁	2000 年劳动参与率		2010 年劳动参与率	
	男	女	男	女
15~19	49.10	51.74	34.80	32.04
20~24	90.23	85.39	76.22	69.34
25~29	97.90	86.66	95.78	82.09
30~34	98.07	87.97	97.04	83.19
35~39	97.89	88.38	96.95	84.40
40~44	97.44	86.25	96.50	84.82
45~49	96.41	79.97	95.14	80.05
50~54	90.90	67.15	89.77	62.41
55~59	80.30	54.57	80.40	53.80
60~64	60.35	38.94	58.26	40.58
65+	33.76	17.27	27.61	15.11

资料来源：根据我国第五次、第六次人口普查数据整理

劳动参与率不但具有生命周期特征，不同受教育水平人群的劳动参与率亦不尽相同。如图 9-2 所示，“六普”数据反映出我国劳动参与率随受教育水平的提高呈现出“M”形双峰分布：劳动参与率在初中文化水平群体达到第一个“波峰”，为 80%以上，远高于整体平均水平。另一个“波峰”出现于大学专科水平群体。而且，这种劳动参与率的教育分布特征，在男女两类群体中的表现基本一致。

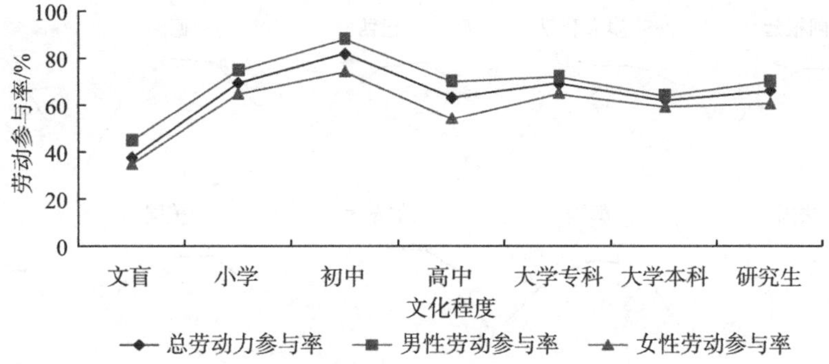

图 9-2 不同受教育程度的劳动参与率

资料来源：根据我国第六次人口普查数据整理

3. 劳动参与率的“生命周期”特征：对比二十国集团

劳动参与率是测度劳动者参与经济活动状况的指标，是经济活动人口占劳动年龄人口的比率。从逻辑上讲，经济体中的劳动力，是由异质的群体（以不同年龄区间）构成的。不同的年龄群体有不同的劳动参与率，通常，15~24 岁的年轻群体劳动参与率较低，25~54 岁的年龄区间劳动参与率最高，之后开始下降。老龄化是一个“年龄移民”的过程，更多的年轻人移民到老年人群体中，使得不同年龄群体的相对人口规模发生改变，从而改变整体经济的劳动参与率。

图 9-3 刻画了二十国集团国家不同年龄群体劳动参与率的变化规律，从中可以得到一致性判断，即在不同的年龄区间，劳动参与率呈现出鲜明的“倒 U”形生命周期特征。25~54 岁的中青年劳动力是劳动力市场里的生力军，是劳动力市场中最活跃的人群，具有较高的劳动参与率，老年人口劳动参与率则普遍较低，而且，老龄化程度越深的国家，劳动参与率越低。这里给我们传递一个信息：劳动参与率下降是伴随着人口老龄化而产生的。

（二）影响劳动参与率的因素

劳动参与率是影响劳动力供给数量多少的重要因素之一。劳动参与率越高，社会劳动力资源供给水平就越高，有利于推动经济加速增长，改善人均福利水平；劳动参与率越低，劳动力资源浪费越多，不利于经济的增长，加重社会保障负担，造成社会福利损失。总的来说，影响劳动力参与率的因素主要有以下一些。

1. 人口学因素

首先，年龄是影响劳动参与率的重要因素，劳动者年龄越大，越倾向于退出劳动力市场。①其

①蔡昉，王美艳. 2004. 中国城镇劳动参与率的变化及其政策含义. 中国社会科学，(4)：68-79, 207.

次，从性别上看，男性和女性在承担社会义务和家庭事务上存在一定的社会分工，因此，在选择是否进入劳动力市场方面，存在较大的性别差异。一般来说，在社会分工中女性更多地承担家庭中子女的抚育责任和家务劳动。再次，在劳动力雇佣市场上，女性受到的歧视普遍大于男性，致使女性的劳动参与率普遍低于男性。但是，随着第三产业的发展和女性受教育水平的提高，许多适合女性的职业逐步出现，女性劳动参与率偏低的局面有所改善。

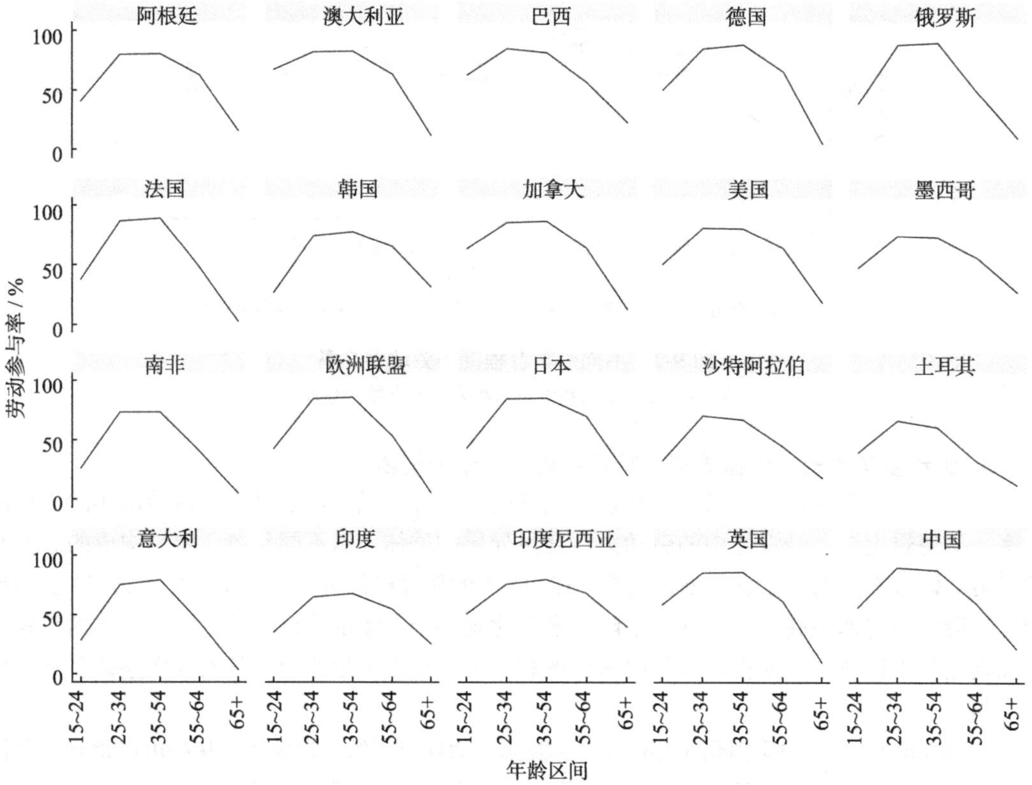

图 9-3　二十国集团各成员国劳动参与率的年龄趋势

资料来源：ILO，EAPEP Database. 6th edition

2. 人力资本因素

人力资本因素包括受教育情况和身体健康状况。一般来说，受教育情况与劳动参与率呈正相关关系，受教育程度越高，劳动参与强度越大，越不容易退出劳动力市场。但是，受教育情况对劳动参与率的积极影响只在高中以上受教育水平人群中比较明显。身体健康状况是反映人力资本水平的一个重要指标，健康状况越好，则越倾向于进入劳动力市场。从长远来看，人力资本水平提高有助于提高整体劳动参与强度和劳动生产率，抵消人口老龄化的影响。

3. 劳动力报酬因素

市场报酬是影响劳动参与率的重要因素。一般来说，市场报酬与劳动参与率呈正相关关系。当家庭收入较低时，为了维持家庭的基本生活，劳动者可以接受满足日常最基本生活，而低于保留工资的劳动报酬。但是，随着家庭收入的增加与生活的改善，特别是非劳动收入的增加，一部分劳动者会选择退出劳动力市场，或者将保留工资加入到自己选择工作、接受工作和继续工作的考虑中，当市场报酬低于保留工资时，将退出劳动力市场。

4. “气馁工人效应”假说和“新增工人效应”假说

“气馁工人”假说（discouraged worker hypothesis）和“新增工人效应”假说（additional worker hypothesis）是关于劳动参与率与失业率关系的两个相互竞争的假说。前一种假说表明，当经济形势恶化时，长期找不到工作的失业者会因丧失信心而退出劳动力市场，这种现象将使本欲进入劳动力市场的人群由于信心不足而推迟或放弃进入劳动力市场。后一种假说表明，当经济形势恶化时，家庭主要劳动力失业，为弥补家用，家庭中辅助性的劳动者也会进入劳动力市场。①

三、我国失业率的变化及其原因

（一）我国失业率的现状

从表 9-3 和表 9-4 中可以看出，失业率随着年龄的增长而下降。16~24 岁的人口失业问题最严重，他们大致占总失业人口的 31.7%。虽然自改革开放以来，中国经济高速发展，但失业问题却没有得到显著改善，由于规模收益递增，经济增长带来的就业机会较少，而青年人工作经验相对缺乏，成为失业的最大受害者。

从表 9-5 中可以看出，我国失业率在 2002 年之后一直都在 4%以上，而且失业人数逐年上升，规模较大。

表 9-3 2000 年我国失业率的变化 单位：%

年龄组/岁	全国	城镇			乡村
		总	市	镇	
总计					
15~19	11.63	22.55	22.78	22.32	7.32
20~24	6.98	12.88	13.73	12.03	3.02
25~29	3.68	7.53	8.80	6.27	0.93
30~34	2.76	6.30	8.02	4.58	0.43
35~39	2.97	6.48	8.81	4.15	0.32
40~44	3.16	6.73	9.55	3.91	0.28
45~49	2.12	5.37	7.35	3.40	0.25
50~54	1.22	3.67	4.72	2.61	0.23
55~59	0.60	2.20	2.81	1.59	0.14
60~64	0.18	0.81	1.00	0.62	0.06
65+	0.22	1.02	1.32	0.71	0.11

资料来源：根据我国第五次人口普查数据整理

从受教育程度来看，受教育程度与失业之间的关系不是简单的线性关系，而是呈现出“倒

①蔡昉，王美艳. 2004. 中国城镇劳动参与率的变化及其政策含义. 中国社会科学，(4)：68-79, 207.

U”形的特征。我们发现，失业率的峰值出现在中等受教育程度者上，而失业率最低的群体则出现在受教育程度最低的“小学及以下者”和最高的“大学专科及以上者”两个极端上。即使从性别来看，无论女性还是男性，小学及以下文化程度者都有较低的失业率，二者失业率的峰值都出现在“初中”、“高中”和“大专”三个受教育阶段上。[①]

表 9-4　2010 年我国失业率的变化　　单位：%

年龄组/岁	全国	城镇			乡村
		总	市	镇	
总计					
15~19	7.55	10.14	8.94	11.35	6.02
20~24	6.06	8.72	9.14	8.31	3.44
25~29	3.57	4.91	5.54	4.28	1.66
30~34	2.58	3.67	4.29	3.05	0.99
35~39	2.40	3.73	4.48	2.98	0.74
40~44	2.21	3.74	4.76	2.73	0.61
45~49	2.31	4.06	5.42	2.70	0.57
50~54	1.94	3.95	5.52	2.37	0.48
55~59	1.39	3.65	5.28	2.02	0.41
60~64	0.76	2.71	4.04	1.37	0.35
65 以上	0.75	2.93	4.39	1.46	0.44

资料来源：根据我国第六次人口普查数据整理

表 9-5　我国各年份登记失业率和人数

年份	登记失业率/%	登记失业人数/万人	年份	登记失业率/%	登记失业人数/万人	年份	登记失业率/%	登记失业人数/万人
1978	5.3	530	1989	2.6	377.9	2000	3.1	595
1979	5.4	567.6	1990	2.5	383.2	2001	3.6	681
1980	4.9	541.5	1991	2.3	352.2	2002	4	770
1981	3.8	439.5	1992	2.3	363.9	2003	4.3	800
1982	3.2	379.4	1993	2.6	420.1	2004	4.2	827
1983	2.3	271.4	1994	2.8	476.4	2005	4.2	839
1984	1.9	235.7	1995	2.9	519.6	2006	4.1	847
1985	1.8	238.5	1996	3	552.8	2007	4	830
1986	2	264.4	1997	3.1	576.8	2008	4.2	886
1987	2	276.6	1998	3.1	571	2009	4.3	921
1988	2	296.2	1999	3.1	575	2010	4.1	908

资料来源：根据我国第六次人口普查数据整理

①张车伟，吴要武. 2003. 城镇就业、失业和劳动参与：现状、问题和对策. 中国人口科学，(6)：37-44.

（二）影响我国失业率的因素

我国失业群体的特征具有多样性，而造成当前大规模失业的原因也非单一，既有经济发展的波动性因素，也有劳动力供求结构不对称等因素，总的来说主要有以下几种。

1. 总量性失业

总量性失业，是指由未实现充分就业所导致的总供给和总需求非均衡所引发的失业。它既可以由总需求不足或总供给过度单方面造成，也可以是两方面因素共同促成。在短期，总供给变动的可能性较小，总量性失业主要由总需求不足所致。当总需求大于充分就业总供给时，就容易引发通货膨胀；而当总需求小于充分就业时的总供给时，就容易造成失业。20 世纪 90 年代后期，我国出现大量的失业和下岗人员，与总需求的不足有较大关系。我国人口基数大，长期以来，劳动力供给相对比较充足。随着劳动力供给总量不断增加，我国经济增长对就业的拉动作用越来越小，就业岗位不足，造成了总量性失业。①总量性失业一直是我国失业问题的一个主要影响因素。不过，随着人口结构的转变和劳动力需求的上升，我国总量失业问题有所缓解。

2. 结构性失业

结构性失业，是指由市场经济中就业结构与产业结构不匹配所引起的失业。在劳动力市场上会出现失业和岗位空缺同时并存的现象。一般来说，随着经济的正常增长，市场经济中产品和服务需求结构会发生相应变化，而新成长的一部分劳动者，可能会由于教育和培训跟不上技术进步的步伐，导致需求与供给不匹配。随着经济转型，我国产业结构变动频繁，且向多元化方向发展，产业结构对失业的影响逐渐加深。首先，产业结构升级必然伴随着资本的深化，资本密集化程度不断提升的行业，将吸收较少的劳动力就业，更有可能会发生资本对劳动的替代，挤出大量劳动力，从而导致失业率上升。其次，产业结构的变动导致劳动供需失衡，失业上升。近年来，中国产业结构的变动，使得企业对一般劳动力需求减少，对技能劳动力需求增加，“技工荒”严重。在我国，结构性失业问题比较突出，一方面，传统产业出现大批失业人员；另一方面，新兴行业和技术职业所需劳动力却无法得到满足，这些现象是中国在产业结构转型期间所面对的主要就业问题。②

3. 劳动力市场分割性失业

我国劳动力市场存在两种分割情形，一种是纵向分割，也称为技术分割，即根据劳动者个人的素质及受教育培训程度来划分市场；另一种分割是横向分割，也称为劳动力市场的行政性分割。我国劳动力市场的行政性分割涉及城乡问题和区域性问题，具体表现为三种歧视：一是对本地农村劳动力的歧视；二是对外地农村劳动力的歧视；三是对外地非农劳动力的歧视。由于二元经济的影响，中国劳动力市场由城市和农村两个相互分割的市场组成。城市的劳动力市场又分割为：①城市的正式部门，该部门的工作岗位较稳定，且具有比较完善的社会保障制度；②城市非正式部门中待遇较好或者劳动强度比较轻的部门。该部门虽然没有社会保障，但工作较稳定；③城市非正规就业部门中待遇相对较差，劳动强度较高的部门，该部门主要是外来农

①王诚. 2000. 当前经济增长中的失业及其治理. 浙江社会科学，(5)：23-32；任栋，李萍. 2013. 中国失业率影响因素的再认识：一个计量实证研究.四川大学学报（哲学社会科学版），(5)：96-103.

②成学真，王超. 2005. 我国结构性失业的现状、原因及对策. 经济纵横，(5)：2-4, 7；黄乾. 2009. 中国的产业结构变动、多样化与失业. 中国人口科学，(1)：22-31, 111.

民工的劳动力市场。劳动力市场分割的存在，导致劳动力供求关系无法统一，使劳动力市场政策的推行有很大困难，某一劳动力市场的信号并不能反映整个市场。[①]

第二节　劳动力供给与刘易斯转折点来临

一、中国刘易斯转折点到来的判断依据

（一）刘易斯转折点的概念

美国经济学家刘易斯（William Arthur Lewis, 1915~1991 年）于 1954 年在《曼彻斯特学报》上发表的《劳动力无限条件下的经济发展》[②]一文中首次提出二元经济发展模式。二元经济发展理论把经济发展过程视为现代工业部门相对于传统农业部门的扩张过程，这一过程将一直持续，直至沉积在传统农业部门中的剩余劳动力全部转移至现代工业部门，形成一个城乡一体化的劳动力市场。[③]刘易斯转折点是二元经济理论中区分经济发展阶段的转折点。[④]当二元经济发展到某一时刻，劳动力需求的增长超过劳动力供给的增长，传统经济部门的剩余劳动力全被吸收，继续劳动力转移只会导致工资水平的上升，致使刘易斯转折点出现。[⑤]

二元经济发展的过程普遍存在于发展中国家，农村剩余劳动力为工业化提供低廉的劳动资源，工资增长速度缓慢，城乡收入差距持续存在。在二元经济发展阶段，国家或地区可以形成具有生产性的人口结构，为经济增长提供人口红利。但随着传统人口红利的消失，增长方式与二元经济结构也将发生转变。[⑥]经济发展的转折点及其转折议程如表 9-6 所示。

表 9-6　经济发展的转折点及其转折议程

转折点名称	转折点的特征	转折间的议程
刘易斯转折点	劳动力无限供给的结束，普通劳动者工资上涨	
		培育劳动力市场；改进政府再分配效率；提高社会对改善收入分配的共识
库兹涅茨转折点	收入分配恶化的趋势被遏止，收入差距缩小	
		加大对农业经济的激励，提高农业生产效率，创造更好的劳动转移的制度环境
商业化点	农业和非农业之间劳动的边际生产力相等	

资料来源：蔡昉. 2008. 刘易斯转折点——中国经济发展新阶段. 北京：社会科学文献出版社

（二）学术界对中国刘易斯转折点到来的争议

学术界对中国经济是否已经跨越刘易斯转折点一直存在激烈的争论，对于中国刘易斯转

①宋丰景. 2005. 国内失业问题研究最新进展. 城市问题，(1)：37-43.
②Lewis W A. 1954. Economic development with unlimited supplies of labour. The Manchester School, 22(2)：139-191.
③肖卫，向国成，朱有志. 2011. 刘易斯转折点与库兹涅茨假说下的劳动力分流研究. 中国人口科学，(1)：35-44, 111.
④宋世方. 2009. 刘易斯转折点：理论与检验. 经济学家，(2)：69-75.
⑤蔡昉. 2007. 中国经济面临的转折及其对发展和改革的挑战. 中国社会科学，(3)：24-26.
⑥肖卫，向国成，朱有志. 2011. 刘易斯转折点与库兹涅茨假说下的劳动力分流研究. 中国人口科学，(1)：35-44, 111.

折点是否到来的判断，存在以下几点特征事实：

第一，城乡普遍出现劳动力短缺。2004年初，沿海地区的“民工荒”现象初露端倪。从数据来看，2004年我国农村剩余劳动力的比例约为23.5％，其中一半是40岁及以上的劳动人口，这部分人口较难转移。因而实际可转移的农村剩余劳动力只有5800万人。就此而言，“民工荒”并不是暂时或短期的现象，而是趋势性的变化。

第二，劳动者工资普遍上涨，劳动力成本上升。20世纪90年代末以来，不仅在垄断行业，而且在普通的制造业，城市正规劳动力市场的工资水平每年都以超过10%的速度上涨。1997~2005年，实际职工工资年均增长16.17%，在城市工作的农村剩余劳动力工资的涨速甚至更快。通过对5个城市的研究表明，2001~2005年，外来劳动力小时工资提高速度比城市本地劳动者高出约64％。近年来，外来劳动者的工资迅速上涨与之前的工资停滞不前形成鲜明对比。劳动力成本的这种变化趋势，对外商投资倾向和企业经营状况都产生了一定的影响。

第三，中国长期的高储蓄率有下降趋势。一直以来，储蓄率居高不下的原因主要有：一是劳动年龄人口比重大，人口负担较轻，经济剩余比例大，导致储蓄率较高。二是家庭收入增长缓慢，内需不足，导致高储蓄倾向。三是社会保障制度不完善和不确定性存在，导致居民预防性储蓄倾向较高。随着总抚养比上升，劳动者普遍工资上涨，社会保障体系的逐步完善，整体的消费倾向和储蓄倾向将发生改变。目前，中国劳动力供给趋势的变化主要是增量上的，相比于发达国家，劳动力成本仍将是低廉的，因此，中国不会很快丧失在劳动密集型产品方面的比较优势和竞争力。但是，值得注意的是，经济发展环境已发生变化，经济增长方式也应做相应转变。根据发展经济学观点，剩余农村劳动力被吸收完时，就表示二元经济结构开始消失，刘易斯转折点随之到来，应该注意构建对普通劳动者友好的制度环境。①

二、刘易斯转折点到来对劳动力市场的影响

刘易斯转折点是二元经济结构转变的一个重要标志，它的出现将给劳动力市场带来一系列根本性转变。特别是在中国，二元经济发展过程与市场经济转轨同时进行，刘易斯转折点反映了二元发展阶段和改革阶段的混合特征，因此具有重大政策意义。

第一，参与劳动力市场的劳动者结构发生了变化。农业剩余劳动力和城市企业冗员等原先处于隐性失业状态的劳动者，可以通过劳动力市场进行重新配置。劳动力就业群体对劳动力市场制度和社会保护需求的差异性，也以不同形式得以体现。

第二，激励劳动力市场制度供给的机制变化了。为了维持经济的可持续增长以及构建和谐社会的强烈愿望，中央和地方政府开始积极探索激励相容的制度政策，这些政策与劳动力市场各个新群体对制度的特殊需求相配合，将有力推动劳动力市场制度创新的进程。

第三，政府推动劳动力市场的政策取向将面临着重大变化。劳动力供给由长期供大于求的状态转向经常性的劳动力短缺状态，并不代表失业压力的减弱，相反这表示对政府积极就业政策将提出更高的要求。宏观经济调控部门应积极应对周期性失业问题，劳动部门需更多的关注摩擦性失业问题，并与教育部门合作解决结构性失业问题，而社会保障部门和民政部门应为劳动者提供更充分的社会保护。②

①蔡昉. 2007. “刘易斯拐点”近在眼前. 中国社会保障，(5)：4-12, 203.

②蔡昉. 2010. 中国人口与劳动问题报告NO.11：后金融危机时期的劳动力市场调整. 北京：社会科学文献出版社.

第三节　劳动力成本的变动与国际比较

刘易斯转折点到来，长期供大于求的劳动力市场逐渐转换为劳动力短缺状态，劳动力成本上升。对于个体的企业而言，单位劳动力成本提高会直接提高企业的边际成本和平均成本，降低企业利润，削弱企业的竞争力。对于一个国家而言，一国可贸易部门的单位劳动成本的变动会对该国的物价水平、产品竞争力等多方面产生重大影响。

根据国际劳工组织（ILO）的规定，劳动力成本既包括以货币形式表现的工资和薪金，还包括以物质或非物质形式表现的福利，如实物发放、社会保障、技术培训等。①劳动力成本的衡量不仅仅需要衡量劳动者的工资成本，还需要考虑劳动者的时间成本。目前，发达国家对劳动力成本信息的披露比较全面，指标也比较完善。而我国国家统计局以及劳动和社会保障部对劳动力成本的核算目前仍采用的是窄口径的"职工工资"核算体系，其统计口径与国际劳工组织并不完全一致，因此，在实际操作中很难做统一的比较。再者，我国对劳动力成本的计算，只覆盖了"单位从业人员"，不包括城乡个体工商户，以及规模以下的私营企业、乡镇企业就业人员，也不包括正规单位以劳务工、临时工等名义招聘的农民工。②该统计体系有两个缺点：一是口径较窄，没有直接反映工人医疗保险、退休金等较大范围薪酬或劳动力成本变动的情况。二是职工范围太窄。③因此，基于数据可获得性的考虑，学界普遍采用数据换算及加总的方法以估算我国的劳动力成本。

一、以工资衡量的劳动力成本

单位劳动力成本（unit labor cost，ULC）的变动反映了工资变动相对于劳动生产率的变动，其计算方式是：单位劳动力成本=平均工资/劳动生产率。平均工资增速大于劳动生产率增速，单位劳动力成本上升；反之，则单位劳动力成本下降。④制造业是可贸易性程度最高的一个部门，制造业部门的单位劳动力成本的变动对物价等各方面变动有较大的影响，因此接下来将着重讨论制造业以工资成本衡量的劳动力成本。

（一）我国制造业单位的劳动力成本

职工工资是劳动力成本中最为重要的组成部分，工资是劳动力成本的直观反映，但是劳动力成本还包括除工资以外的劳动补偿，如医疗服务、社会保险等。职工工资与社会就业是息息相关的，就业信息统计所面临的问题，在工资信息统计中也不可避免地得以反映。事实上，关于我国的劳动力成本，我们并没有直接的数据，因此单位劳动力成本需要经过换算得

---

①王燕武，李文溥，李晓静. 2011. 基于单位劳动力成本的中国制造业国际竞争力研究. 统计研究，(10)：60-67.

②贺聪，尤瑞章，莫万贵. 2009. 制造业劳动力成本国际比较研究. 金融研究，(7)：170-184.

③卢锋. 2006. 我国工资与劳动力成本变动及国际比较（1978—2004——人民币实际汇率长期走势研究之二）. 北京大学中国经济研究中心讨论稿系列.

④卢锋. 2006. 我国工资与劳动力成本变动及国际比较（1978—2004——人民币实际汇率长期走势研究之二）. 北京大学中国经济研究中心讨论稿系列.

出。但据Banister① 、Lett和Banister②的研究成果，2002~2006年，中国制造业的平均工资与工人所取得最终报酬之间的系数约为1.27。③以此数据估算我国制造业部门的单位劳动力成本也是比较恰当的做法。目前已有学者以城镇就业数量和农民工就业数量为权重，从而得出制造业工人平均工资成本，详见表9-7。④

表9-7反映了我国2001~2009年制造业单位劳动力成本。需要注意的是，表中数据所反映的劳动力变化实际上只是工资成本变化所带来的变化。

表9-7　中国制造业单位劳动力成本

年份	制造业增加值/亿元	制造业就业/万人	小时工资/元	小时生产率	单位劳动力成本
2001	22 312.64	4 750.1	3.97	20.21	0.196
2002	25 923.98	5 284.1	4.11	20.47	0.201
2003	34 088.7	5 850.8	4.44	24.15	0.184
2004	51 748.5	6 633.2	4.81	31.99	0.150
2005	60 118	7 588.0	4.81	29.82	0.161
2006	71 212.9	8 068.3	5.48	33.68	0.163
2007	87 464.8	8 615.5	6.30	39.52	0.159
2008	102 539.5	9 289.4	7.77	44.32	0.175
2009	110 118.5	9 174.3	8.31	47.59	0.175

注：单位劳动力成本用“小时工资/小时生产率”度量

资料来源：都阳，王美艳．2012．中国的就业总量与就业结构：重新估计与讨论．2011年中国人口与劳动问题报告．北京：社会科学文献出版社

（二）制造业单位劳动力成本的国际比较

在过去较长一段时期内，中国参与国际竞争的比较优势在于拥有较低的劳动成本。图9-4显示了制造业单位劳动力成本的国际比较（未调整的单位劳动成本）。从图9-4中可以发现，与其他发达国家相比，截止到2011年，我国制造业在劳动力成本上仍然具有优势。制造业作为主要的可贸易部门，其较低的单位劳动力成本对于我国扩大国际贸易、获取竞争优势十分重要。

二、以劳动时间衡量的劳动力成本

在金融危机等情况出现时，企业除了采取裁员这种极端手段外，还可以采取调整劳动时间措施以降低劳动成本。在劳动力短缺的时期，企业可延长工人的工作时间，增加工作的强度，从而按时完成企业的目标。而一旦遭遇金融危机或其他比较严峻的时期，企业则可以缩短工人的实际工作时间，从而降低劳动成本。衡量劳动者的劳动强度的指标有日劳动时间、周工作时数、周工作天数以及全年工作天数等，其中以周工作时数应用最为广泛。⑤

①Banister J. 2005. Manufacturing earnings and compensation in China. Monthly Lab. Rev., 128：22.

②Lett E, Banister J. 2009. China's manufacturing employment and compensation costs: 2002-06. Monthly Lab. Rev., 132：30.

③都阳，王美艳．2012．中国的就业总量与就业结构：重新估计与讨论//蔡昉．2011年中国人口与劳动问题报告NO.11：后金融危机时期的劳动力市场挑战．北京：社会科学文献出版社．

④都阳，王玥．2012．中国人口与劳动问题报告．北京：社会科学文献出版社．

⑤袁殷．2009．我国劳动者劳动时间变化趋势及原因初探．南方人口，(3)：57-64.

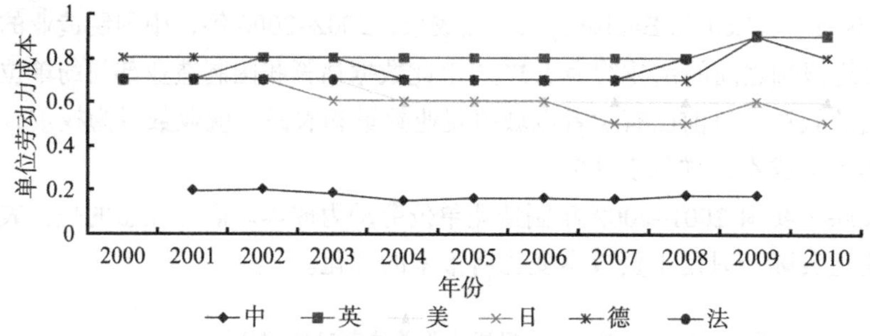

图 9-4　制造业单位劳动力成本的国际比较

资料来源：OECD.Stat Extracts：http://stats.oecd.org/http://stats.oecd.org/Index.aspx?QueryName=426&QueryType=View&Lang=en#

（一）世界劳动时间成本的变化趋势

纵观世界发展进程，不难发现人类的工作时间在不断地缩短。在古代，人类为了获得足够的生存资料，“日出而作，日落而息”。尽管到了工业时代，资本主义国家的劳动工人仍长时间高强度地工作，但由于近代、现代工人反抗以及科学技术进步等原因，世界范围内工人的劳动时间在逐步地缩短。自 21 世纪以来，全球周平均工作时间普遍呈现逐年递减的趋势，目前我国的工作时间较长，工时制度仍相对落后（图 9-5）。

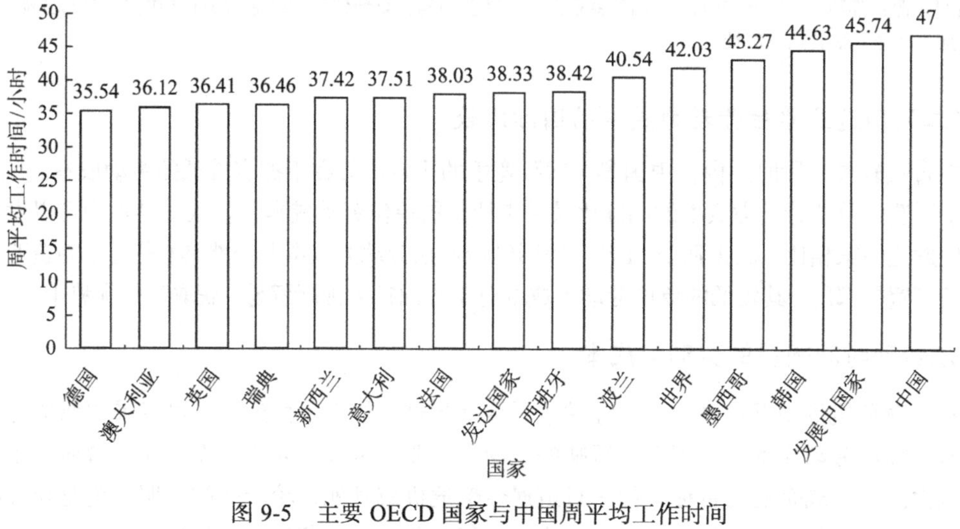

图 9-5　主要 OECD 国家与中国周平均工作时间

注：中国 2011 年周劳动时间缺失，用 2010 年 10 月城镇就业人员调查周平均工作时间代替。发展中国家数据由墨西哥和中国两国平均得到；发达国家数据由图中剩余国家数据平均得出

资料来源：OECD.Stat Extracts：http://stats.oecd.org

（二）我国劳动时间成本变化趋势

劳动时间信息能够帮助我们更加精确地测量劳动生产率以及劳动成本，由于国际上采取的是小时生产率以及小时劳动成本，因此结合劳动时间估算劳动成本更方便国际对比。表 9-8 反映了我国劳动时间的变化趋势。该表的结果显示，自 2001 年以来，制造业就业人员的周平均

工作时间经历了一个“倒U”形变化趋势：从2001年至2004年，周平均工作时间不断上升；其后，则基本呈现下降趋势。2008年受金融危机的影响，城镇制造业就业人员周平均工作时间下降较为明显。此外，表9-8还显示出男性与女性的周平均工作时间无显著差异。我国制造业的周劳动时间可以从历年《中国劳动统计年鉴》中得到。

表9-8　2001~2012年我国城镇制造业就业人员周平均工作时间　　单位：小时

年份	总	男	女
2001	44.7	44.8	44.7
2002	46	45.6	46.5
2003	46.4	46.2	46.6
2004	46.9	46.5	47.5
2005	51.1	51	51.3
2006	50.4	50.3	50.5
2007	49.4	49.6	49.2
2008	47.9	48	47.7
2009	48.5	48.6	48.4
2010	49	49	49
2011	—	—	—
2012	48.2	48.2	48

资料来源:《2013中国劳动统计年鉴》

接下来，我们将进一步分析我国城镇就业人员周平均劳动时间的影响因素。

1. 不同年龄段的劳动时间

劳动年龄与周平均工作时间存在负相关关系。年龄越小，周工作时间越长；年龄越大，周工作时间越短。图9-6显示城镇就业人员调查周平均工作时间，从16~19岁的平均每周49.07小时下降到65岁以上的每周38.5小时，这与人体的生理构造及健康状况密切相关。

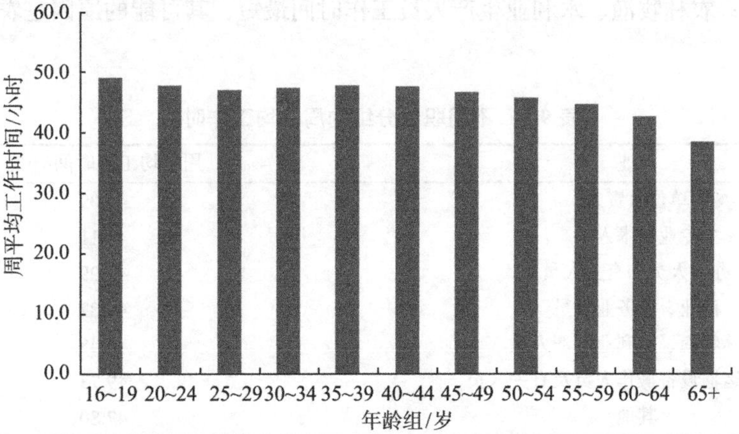

图9-6　不同年龄段城镇就业人员调查周平均工作时间

注：①11月相对应的调查周是10月25日至10月31日，图中数据为2010年11月调查数据；
②工作时间包括主业和兼职工作时间。下同

资料来源：据《中国人口和就业统计年鉴2011》数据整理

2. 不同受教育程度的劳动时间

周平均工作时间与受教育程度大致呈“倒U”形变化的关系。如图9-7所示。未上过学的员工（43.45小时/周）和大专学历及其以上的员工（43.67小时/周）的工时差距不是特别大。初中、高中受教育水平的劳动者周平均工作时间最长。在我国，大专以上的高学历与高收入人群存在正向相关性，中学学历的人群想要过上较为体面的生活，就需要付出更多的劳动时间成本。

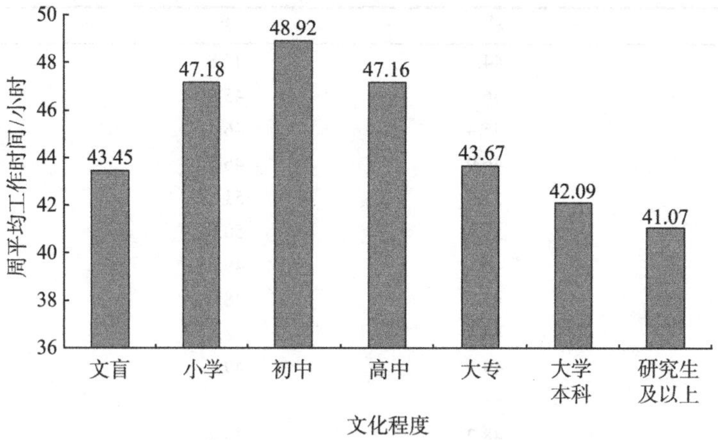

图9-7　不同受教育程度的城镇就业人员周平均工作时间

资料来源：据《中国人口和就业统计年鉴2011》数据整理

3. 不同职业分组的劳动时间

不同职业的劳动时间长短变化也值得注意。如表9-9所示，商业、服务业人员的工作时间最长，每周达49.82小时，与生产、运输设备操作人员及有关人员的周工作时间（49.73小时）大致相当，其次是单位负责人及其他职业，专业技术人员、办事人员和有关人员的工作时间相对较短；农林牧渔、水利业生产人员工作时间最短，其可能的原因是农业生活活动具有周期性。

表9-9　不同职业分组的周平均工作时间

职业	周平均工作时间/小时
单位负责人	47.09
专业技术人员	43.11
办事人员和有关人员	43.99
商业、服务业人员	49.82
农林牧渔、水利业生产人员	41.48
生产、运输设备操作人员及有关人员	49.73
其他	47.80

资料来源：据《中国人口和就业统计年鉴2011》数据整理

4. 不同行业的劳动时间

我们进一步地考察各行业的周平均工作时间。我们看到各行业的周平均工作时间波动较大，各行业之间在劳动时间成本上有较大差异。如表 9-10 所示，住宿和餐饮业的就业人员其工作时间最长，每周达 51.43 小时，居民服务和其他服务业、建筑业次之，为每周 50.38/小时、50.21 小时，农、林、牧、渔业，教育，金融业，公共管理和社会组织，以及科学研究、技术服务和地质勘查业等行业的周平均工时时间较短。

表 9-10 2010 年各行业周平均工作时间

行业	周平均工作时间/小时
农、林、牧、渔业	41.51
采矿业	46.39
制造业	49.01
电力、燃气及水的生产和供应业	43.27
建筑业	50.21
交通运输、仓储和邮政业	48.83
信息传输、计算机服务和软件业	44.21
批发和零售业	50.31
住宿和餐饮业	51.43
金融业	42.42
房地产业	45.81
租赁和商务服务业	45.11
科学研究、技术服务和地质勘查业	42.33
水利、环境和公共设施管理业	44.87
居民服务和其他服务业	50.38
教育	41.94
卫生、社会保障和社会福利业	43.87
文化、体育和娱乐业	45.79
公共管理和社会组织	42.11
国际组织	41.88

资料来源：据《中国人口和就业统计年鉴 2011》数据整理

HAPTER 10

第十章 微观人口经济行为分析

[内容提要]

本章主要分析微观人口经济行为，包括对婚姻的经济行为、生育的经济行为以及家庭演变的分析。

[学习要点]

1. 掌握婚姻市场的相关概念；
2. 领会婚姻的经济行为决策；
3. 领会孩子需求的相关概念及经济行为决策；
4. 熟悉生育率的相关理论假说；
5. 熟悉中国生育率下降的原因；
6. 掌握家庭的相关概念；
7. 了解家庭的演变过程；
8. 熟悉影响中国家庭结构转变的因素；
9. 熟悉中国家庭结构的现状及演变趋势。

第一节 婚姻的经济行为分析

一、有关婚姻市场的一般概念

（一）婚姻和婚姻市场

自人类的两性关系以婚姻形态出现以来，人们对婚姻的认识和研究就已经开始。婚姻一直是人类学、社会学等社会学科的研究对象。自20世纪70年代以来，随着发达国家的婚姻变迁，对婚姻的经济学研究也在不断增加。

在古代，我国对婚姻有两种解释：①婚姻是一种夫妻关系。如《礼记·经解》中说："婿曰婚，妻曰姻。"②婚姻是男女两个宗姓的结合，进而繁衍后代。如《礼记·昏义》篇曰："婚礼者，将合二姓之好，上以祀宗庙，而下以继后世也。"①

在现代，婚姻是指一定社会制度所认可的男女两性建立夫妻关系的结合，它因男女双方结婚而发生，因配偶一方死亡或离婚而消失。从经济学来看，婚姻是一种商品，婚姻也存在一个交易市场，具有高度的系统性和组织性。当个人达到婚龄后，就会被纳入婚姻市场的供给和需求关系体系，在这个体系内进行比较、选择和匹配。由于婚姻包括初婚和再婚，所以婚姻市场可以分为初婚市场和离婚、丧偶者的再婚市场。不过，婚姻市场不同于一般的商品市场。婚姻市场比一般的经济市场复杂和微妙，除了经济因素外，它还包括伦理的、道德的、心理和意识形态的等多种因素。②

（二）婚姻挤压

婚姻挤压是指在一夫一妻制下，婚姻市场内可供选择的男性和女性比例失调，进而导致部分男性或女性很难按传统模式择偶的社会现象。婚姻挤压有不同的类型：按性别分，有"男性婚姻挤压"和"女性婚姻挤压"；按年龄分，有"局部婚姻挤压"和"整体婚姻挤压"；按持续时间分，有"暂时性婚姻挤压"和"持续性婚姻挤压"。造成婚姻挤压的原因是多方面的，既有人口学因素，如人口出生性别比、分年龄死亡率的性别差异、出生人口数量的波动及人口迁移等，也有夫妇年龄差模式、人口再婚情况、婚姻问题的历史积累与传递、待婚者的个体性格相貌与外在的社会、经济、文化等因素。③

测定婚姻挤压的基本方法有两种：①婚姻性别比（marriageable sex ratio）方法；②婚姻挤压指数（marriage squeeze index）方法。

二、婚姻的经济行为决策

（一）有效婚姻市场

诺贝尔经济学奖获得者加里·S.贝克尔（Gary S. Becker，1930~2014年）把新古典经济

①向洪，张文贤，李开兴，等. 1994. 人口科学大辞典. 成都：成都科技大学出版社.

②董志强. 2000. 婚姻的经济分析. 改革与理论，(8)：42-43.

③于学军. 1993. 论我国婚姻市场"挤压"的人口学因素. 人口学刊，(2)：25-28；刘敏等. 2009. 现代地理科学词典. 北京：科学出版社.

学理论直接应用于对婚姻的分析，构建了与个人效用模型极为相似的新古典一元家庭模型。男女两性在市场劳动和家务劳动上的生产率差异，导致妻子和丈夫在家庭里具有不同分工：妻子更多的是专注于照料孩子和家务劳动；丈夫则专门从事市场活动，提供生活必需品。因此，婚姻还是一种长期契约，保护从事家务活动妇女的权益，使其免遭丈夫的疏远、抛弃和其他不公平待遇。人们选择结婚，是因为从婚姻中获得的效用超过单身的效用，有效的婚姻市场会提供"影子"价格，指导婚姻参加者的行为，使结婚的预期收益最大化。而人们之所以选择婚姻，主要是因为预期从婚姻中获得的效用大于单身的效用。

在一个有效的一夫一妻制婚姻市场上，如果满足竞争自由、信息完备且产出稳定的条件。结婚的产出为男女配偶的收入总和：

$$Z_{mf} = Z^m + Z^f \tag{10-1}$$

式中，Z_{mf} 为结婚的产出；Z^m 和 Z^f 为男女婚后的收入。那么男女选择结婚的条件为

$$Z^f > Z_{sf}\text{；}\quad Z^m > Z_{sm} \tag{10-2}$$

式中，Z_{sf} 和 Z_{sm} 为单身男女的收入。当 $Z^f = Z_{sf}$ 时，婚姻市场上妇女的供给曲线无弹性，垂直于 Z_{sf} 点；当 $Z^f > Z_{sf}$ 时，妇女的供给曲线垂直于 N_f。由于是一夫一妻制，那么男性的供给曲线可以从妻子的需求曲线中导出。如果男子婚后和单身的收入有差别，那么其妻子婚后可以得到 $Z_{mf} - Z_{sm}$。而如果男子婚后可以获得收益，那么 $Z_{mf} - Z^m < Z_{mf} - Z_{sm}$。妻子的派生需求为 $Z^f = Z_{mf} - Z_{sm}$，该曲线有无限弹性。当 $Z^f < Z_{mf} - Z_{sm}$ 时，该曲线垂直于 N_m。

从图 10-1 中可以看出，婚姻的收益刚好就是婚后双方收入之和与婚前单身男女收入和的差，即 $Z_{mf} - (Z_{sm} + Z_{sf})$。同时，在有效的一夫一妻制婚姻市场上，婚姻市场的均衡点为 e，此时全部男性结婚后，还有 $N_f - N_m$ 的女子单身。适婚年龄的男性人数小幅度上升，并不会改变婚后男女的收入，但是可以减少未婚女性人数。如果适婚男性多于女性，那么全部适婚女性将会结婚，一些男性会单身，同时，婚后男性的收入降到 Z_{sm}，而女性婚后的收入上升到 $Z_{mf} - Z_{sm}$，表明随着适婚男女性别比的扩大，男性人数增加，保持单身的女性减少，同时婚后总产出会从男性向女性重新分配。这一结论，对我国目前男女严重失衡研究有重要的意义。适婚男女的性别比逐渐扩大，不仅会造成婚姻挤压，同时还会影响家庭的收入分配，由于男女在消费上有明显差别，从而会影响整个社会的消费水平。

在分析了单个男女的结婚行为之后，我们进一步分析，在有效的婚姻市场中，男女双方如何在"影子"价格的调节下实现"相称婚配"。什么是"相称婚配"呢？在有效婚姻市场中，每个人都追求效用最大化，都选择能使自己效用最大化的配偶，那么"相称婚配"是指男女双方的结合不会使任何一方的效用受到损失，同时总产出达到最大化。类似于完全竞争市场下各厂商都能实现总产出量最大化，有效的竞争的婚姻市场也会使所有婚姻产出总量最大化。同时，人们也会选择与自己条件相称的婚姻，高质量的男子和高质量的女子结婚，低质量的男子和低质量的女子成亲，不过有时不相称的婚配也是重要的。[①]

---

①贝克尔. 2005. 家庭论. 王献生，王宇译. 北京：商务印书馆.

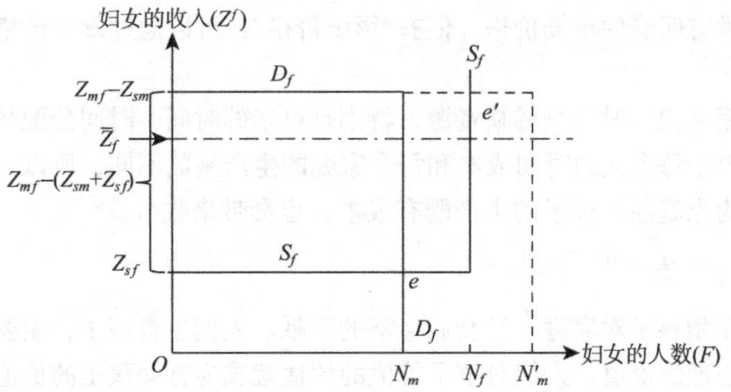

图 10-1　一夫一妻制市场上妇女收入和男女人数结合的均衡

（二）信息不完全下的婚姻市场

有效婚姻市场的自由竞争和完全信息假设，在现实生活中往往无法成立。婚姻市场的男女双方对自己的利益和才能很难有明确的认识，对其配偶的了解可能更少。因为在恋爱交往中很难完全认识一个人，一般要等到结婚后通过一段时间的相处才能正确地认识对方。实现婚姻市场效率的关键在于信息机制。能否及时、准确地掌握婚姻市场上的信息，是决定一个人能否从婚姻市场上获得最大化效用的关键所在。

由于信息不完全与不确定性的存在，婚姻市场上人们需要为信息搜索付出时间和金钱。这样的信息搜寻可以提高效用，即提高婚姻选择质量，当边际成本与边际收益相等时，个人就会选择结婚；如果边际成本超过个人的预期边际收益，那么他就会保持单身。

在有效婚姻市场上，离婚的出现是因为个人性格特征随时间而改变，同时对配偶的要求也发生改变。而在不完全信息的婚姻市场，离婚的出现很大程度上是由于婚前双方对彼此了解不充分，通过婚后相处获得了关于配偶情感与性格特征方面更全面的信息。当然，离婚也是需要成本的，随着婚姻时间的持续，婚姻资本积累增多，婚姻价值也就随之增加。离婚将减少婚姻资本积累。只有在双方预期到离婚后生活水平会改善，离婚协议才会达成。同时，离婚后，男女再婚所需时间长短也不同。女性由于需要抚育孩子，再婚的成本较高，同时再婚失败的可能性也比较大。①

第二节　生育的经济行为分析

一、有关孩子需求的一般概念

（一）孩子是家庭品

家庭品（family goods），是指从家庭里生产出来的产品。孩子是每个家庭利用市场商品、服务和父母的时间，尤其是母亲的时间生产出来的，而不是从商品市场上购买的市场商品（market goods）。对大多数家庭来说，再也没有哪一种产品能像孩子这种产品那样自给自足

①贝克尔. 2005. 家庭论. 王献生，王宇译. 北京：商务印书馆.

的了。孩子虽然没有明确的市场价格，但有“影子价格”，可以通过影子价格来反映抚养孩子的机会成本。

对于一个家庭来说，时间是稀缺资源，特别是母亲的时间，时间分配是家庭经济决策的一项重要内容，由于每个人的时间成本和每个家庭的生产函数不同，所以，生儿育女的总成本也不相同。作为家庭品，孩子的生产既有成本，也会带来收益。①

（二）孩子的价值

孩子的价值是指孩子对家庭、社会和经济的贡献。人们生育孩子，主要是因为孩子有社会的、经济的和心理的价值。人们对孩子价值的评估就成为有关孩子的价值观念。在不同的社会，关于孩子的价值观念也有所不同。在同一社会，孩子的价值观念也会因人们的社会层次、受教育程度、居住区域和文化传统观念不同而有所差异。

在传统农业社会，孩子作为准劳动力具有较高的经济价值，对于一个家庭来说，劳动力增多意味着能创造更多财富。因此，这一时期家庭具有更高的生育倾向，特别是多生育儿子。随着工业化和人口城市化，人们开始更多地注重个人价值的实现，加之社会福利事业的逐渐发展和完善，退休金和养老金也逐渐成为子女对父母赡养的替代品，因而孩子的经济价值下降，父母对子女的依赖也将减少。另外，在工业社会的城市生活中，孩子的抚养费用也不断攀升，生育的机会成本较大，人们生育孩子的倾向降低。②

孩子的价值具有积极价值和消极价值之分。

孩子的积极价值主要体现在以下几个方面：①感情收益，孩子的懂事、体贴和孝顺，可以给父母心理和感情上带来温暖、幸福和慰藉。②经济贡献，孩子可以为家庭分担劳务，参与工作增加家庭收入，赡养父母。③家庭的内聚力和连续性，孩子可以稳定和巩固家庭关系。孩子可以是联系丈夫和妻子的纽带，同时，生育和抚养子女能提高家庭成员的内聚倾向，使婚姻生活趋于完善；生育子女亦使家族得以繁衍和延续。

孩子的消极价值主要体现在抚养孩子所花费的成本，主要表现在：①情感成本。抚养和教育孩子不是一件容易的事情，要付出巨大的身体和心理代价。②经济成本。即抚养、教育孩子所花费的各种费用。③机会成本。因生育和抚养孩子，父母在工作上可能需要做出让步，职业的发展可能会受到一定的限制。同时由于要照顾孩子，娱乐休闲的时间也会相应减少。④父母身体机能方面的损失，因抚养教育孩子，家务劳动量会增加，睡眠时间会减少，以及综合性疲劳都会使父母体力支出增加，而造成损失。⑤夫妻感情上的损失。抚养和教育孩子会减少配偶在一起生活的时间，减少夫妇共同参加社交活动的时间。另外，当在教育孩子方面出现分歧时，夫妻可能会发生争吵，造成夫妻感情方面的损失等，这些都构成了家庭成本费用。③

（三）孩子的效用

孩子的效用是指父母从孩子身上获得的满足和收益。当代西方微观人口经济学的开创者莱

---

①吴忠观，周君玉，封希德，等. 1997. 人口科学辞典. 成都：西南财经大学出版社.

②向洪，张文贤，李开兴，等. 1994. 人口科学大辞典. 成都：成都科技大学出版社.

③向洪，张文贤，李开兴，等. 1994. 人口科学大辞典. 成都：成都科技大学出版社.

宾斯坦（Harvey Leibenstein）在其孩子的成本效用理论分析中把孩子的效用分为六种：①消费效用，父母需要孩子，是把孩子当作“耐用”消费品来看的。孩子是父母快乐的源泉。父母抚养和培育孩子，可以获得欢乐、感情上的满足。②经济效用，孩子可以作为准劳动力或劳动力给家庭带来经济利益。③保障效用，在社会养老保障体系不健全的情形下，孩子能够为父母晚年生活提供经济来源，特别是在中国“养儿防老”是一种较为普遍的现象。④经济风险效用，孩子可以承担家庭经济的风险。⑤维持家庭地位的效用，子女可以对某一家庭的社会经济地位的维持起重要作用。⑥对家庭的扩展、家族的延续做贡献的效用，孩子可以对整个家族的扩大和发展做出贡献，延续香火。①

（四）孩子的净成本

孩子的成本，是指父母生育、抚养和教育孩子从 0 到 18 岁所花费的各种抚养费用、教育费用、医疗费用和其他支出，以及父母为抚养孩子所损失的时间。孩子的成本可分为两部分：直接成本和间接成本。直接成本是指抚养一个新生儿的衣、食、住、行的费用，以及孩子受教育的费用和各种文化娱乐活动的费用。此外，直接成本还包括由父母正式给予孩子的婚姻支出。间接成本又称为机会成本，主要体现在成年父母的时间损失上。它包括母亲为生育和抚养小孩所损失的工资收入、受教育的机会和工作机会；为抚养和教育小孩，父母的流动性减少而损失的收入；由于新增一个成员，父母以及其他家庭成员消费水平下降的损失。②

孩子的净成本，是由贝克尔在前人研究孩子成本和效用的基础上提出来的，指父母投入的抚养、教育孩子的货币现值和时间影子价格现值之和，减去孩子为家庭提供的货币收入和服务现值。如果孩子的净成本是正值，那么，孩子相当于“耐用消费品”，父母主要是从孩子身上收获心理和精神的满足；如果孩子的净成本是负值，即父母投入的抚养费用小于孩子可能提供的收益，那么，孩子属于“耐用生产品”，父母可以从孩子身上获得经济收入。孩子的净成本与孩子的质量紧密相关。一般来说，孩子的净成本越大，质量可能越高。可以通过净成本的概念来分析不同经济条件下家庭对孩子的需求。在经济欠发达地区，家庭养育孩子，主要是把孩子当作耐用生产品，注重的是孩子能带来的经济收入；而在经济发达的国家，父母更看重养育孩子所带来的心理满足或精神收益，这就会使家庭倾向于少生孩子，转而注重孩子的质量。③

二、对孩子的需求

对一个家庭来说，孩子可以看成是“耐用消费品”。在一定时期内，家庭总收入是固定的，父母既要用这些收入购买包括耐用消费品在内的各种市场商品，同时还需要抚养孩子。父母如何把既定的收入在市场商品和孩子之间进行合理分配，实现效用最大化。孩子的需求可以分为：孩子的数量需求和孩子的质量需求。孩子的数量需求和质量需求是两种不同的商品，两者的成本不一样，具有负相关关系，可以相互替代。

---

①向洪，张文贤，李开兴，等. 1994. 人口科学大辞典. 成都：成都科技大学出版社.

②向洪，张文贤，李开兴，等. 1994. 人口科学大辞典. 成都：成都科技大学出版社.

③罗淳. 1991. 贝克尔关于家庭对孩子需求的理论. 人口学刊，(5)：18-23.

（一）对孩子数量的需求

在暂时不考虑孩子质量、生育孩子的时间和间隔引起的生命周期的变化等因素情况下，可把家庭效用函数写为

$$U=U(n,Z) \tag{10-3}$$

式中，U 为家庭效用；n 为家庭需要孩子数量；Z 为其他各种商品的总和。在家庭收入一定的条件下，一个家庭的预算约束为

$$I=p_n n+\pi_z Z \tag{10-4}$$

式中，I 为家庭收入；p_n 为养育孩子的总成本，也可以看作是孩子数量的价格；π_z 为市场商品的价格。给定 I 、p_n 和 π_z ，n 和 Z 的最佳数量组合由边际效用条件和预算约束来决定：

$$\frac{\frac{\partial U}{\partial n}}{\frac{\partial U}{\partial Z}}=\frac{MU_n}{MU_z}=\frac{p_n}{\pi_z} \tag{10-5}$$

从式（10-5）中可以看出，对孩子的需求将取决于孩子数量的相对价格和总收入。当总收入一定时，如果孩子的相对价格上涨，即相对于 π_z 、p_n 上升，家庭将会减少对孩子数量的需求，增加对其他市场商品的需求。如果孩子数量的相对价格下降，对孩子数量的需求将会上升，对其他市场商品的需求将会减少。

孩子的相对价格受许多因素的影响。其中比较重要的几个因素如下：

（1）孩子净成本的变化。如果孩子的净成本降低，比如，抚养孩子的价格下降，或孩子作为劳动力参与家务劳动或工作，孩子数量的相对价格会随之降低，进而使孩子数量需求增加。

（2）母亲抚养孩子的时间价值变化。母亲的时间成本是孩子总成本中的一个重要部分。如果母亲的工资率和时间价值提高，可能会减少对孩子数量上的需求。

（3）补贴育儿母亲政策的变化。如果提高对生育孩子的母亲的补助，可以减少母亲的劳动参与率，从而降低了孩子数量的相对价格，导致了对孩子的数量需求增加。

对孩子的数量需求不仅受孩子相对价格的影响，还受家庭实际收入的影响。家庭实际收入的增加会增加对不同商品的需求。作为耐用消费品的孩子与家庭实际收入之间的关系也不例外。当孩子的价格一定时，家庭实际收入的增加，会扩大对孩子的需求，家庭实际收入的减少，会减少对孩子的需求。但是，值得注意的是，由于受孩子数量和质量的相互影响，随着家庭收入的提高，孩子的有效价值也会提升，但对孩子的数量需求不一定会随之上升。

（二）对孩子数量和质量需求的相互影响

从理论上讲，收入水平的提高会增加对孩子的数量需求，但是在现实生活中，收入与出生率的关系恰好相反。造成这种状况的原因在于对孩子数量和质量上的需求可以相互替代。

高质量的孩子是指需要花费更多家庭支出的孩子，不包括孩子相对价格、道德品质方面的内容，仅表示父母可以由此取得较多效用而已。父母可以自由选择自己所希望的孩子质量，而这就决定了对每一个孩子的支出。因此，孩子的质和量密切相关。

首先，假设同一家庭的每个孩子的质量相同，同时孩子的全部质量取决于父母在孩子身上所花费的时间和所购买的市场商品。在家庭预算中加入孩子的质量，方程式为

$$I = p_c nq + \pi_z z \tag{10-6}$$

式中，p_c 为孩子的一个质量单位的不变成本；q 为每个孩子的总质量。孩子数量需求和质量需求的影响是非线性的。预算约束下的效用最大化条件为

$$\begin{cases} \dfrac{\delta U}{\delta n} = MU_n = \lambda p_c q = \lambda \pi_n \\ \dfrac{\delta U}{\delta q} = MU_q = \lambda p_c n = \lambda \pi_q \\ \dfrac{\delta Z}{\delta n} = MU_z = \lambda p_z \end{cases} \tag{10-7}$$

式中，q 和 n 的影子价格为 π_q 和 π_n。影子价格是指没有市场价格的商品和服务的一种转移性估价或一种替身性估价。影子价格通常被用来表现生产或消费某一种商品的机会成本，而该商品一般不在市场上进行交换。孩子数量的影子价格（π_n）是指假定孩子质量不变，新增加一个孩子的成本；孩子质量的影子价格（π_q）是指假定孩子的数量不变，孩子质量增加一个单位的成本。根据式（10-6）和式（10-7）可以求出均衡时的 q 、n 、z 的值：

$$\begin{cases} n = d_n(\pi_n, \pi_q, \pi_z, R) \\ q = d_q(\pi_n, \pi_q, \pi_z, R) \\ z = d_z(\pi_n, \pi_q, \pi_z, R) \end{cases}$$

式中，R 为影子收入，即用在不同的影子商品上的总和，即

$$R = I + p_c nq = \pi_q q + \pi_n n + \pi_z z \tag{10-8}$$

由式（10-8）可以看出，如果 p_c 、π_z 和 I 不变，n 的外生增加会提高 q 的影子价格 π_q（$p_c n$），从而减少 q 的需求。而 q 的减少会降低 n 的影子价格，进而增加对 n 的需求。n 的增加又会造成新一轮变化。直到一种新的均衡状态建立，n 和 q 的相互影响才会停止。如果 n 和 q 的相互影响很强烈，那么 n（或 q）的微小变动也会引起 q（或 n）的大幅变动。n 和 q 的相互影响如何取决于效用函数中 n 和 q 的相互替代性，值得注意的是，两者只是相互影响，而不是高度替代，因为如果二者高度替代的话，均衡将不可能发生。

从图 10-2 中可以更好地观察 n 和 q 的相互影响以及需求均衡。OX 表示孩子的数量，OY 表示孩子的质量，假设 Z 不变，U_0 和 U_1 是 n 和 q 之间的凸面无差异曲线，AB 和 CD 是家庭预算限制曲线。由于 n 和 q 相互影响，预算曲线不是直线而是一条凸向原点的曲线。只有当无差异曲线的曲率大于预算曲线的曲率时，两条曲线才会相切，相切点就是家庭对孩子的数量和质量的需求均衡点。在图 10-2 中，e_0 为 AB 和 U_0 的切点，也是孩子数量和质量的均衡点。当孩子数量的影子价格上升，家庭的预算曲线也会随之改变，孩子质量需求上升，与 U_1 相切于 e_1，e_1 是孩子质量和数量的新需求均衡。[①]

①贝克尔. 2005. 家庭论. 王献生, 王宇译. 北京：商务印书馆.

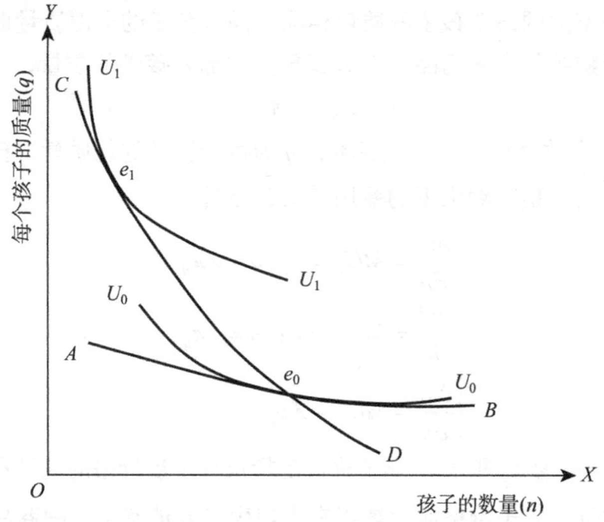

图 10-2 数量和质量的相互影响：一个典型家庭的无差异曲线和预算线

现在来考虑收入变动对孩子质量和数量的影响。当家庭的收入增加到一定阶段时，由于孩子数量的需求收入弹性小于孩子质量的需求收入弹性，收入增加时，对孩子支出的增加将更多地用于提高孩子的质量，对于孩子数量的增加很少。

针对贝克尔的观点，一些西方学者提出质疑：①贝克尔认为决定孩子质量的是教育，但在大部分国家教育费用是由国家补贴的，因此，在这些国家教育费用并不造成家庭的经济负担，孩子质量不具有使高收入家庭减少孩子的影响力；②贝克尔认为父母可以自由选择孩子的量和质，杜森贝里和奥肯认为，社会势力的严格制约能改变父母对孩子的支出。[①]

三、伊斯特林假说

贝克尔的家庭经济是以偏好不变为基础的，伊斯特林（Easterlin）于 1996 年开始对芝加哥学派进行批判。伊斯特林否定了偏好不变的假设，阐明通过学习可以改变偏好。

贝克尔认为收入对生育率有积极意义，但是这种效用会被母亲的时间机会成本的变动，以及家庭对孩子的质量需求变动所抵消。而伊斯特林认为，这种效用的抵消主要在于家庭对孩子和其他物品的偏好的变化。首先，在一定的收入条件下，即使孩子和其他物品的相对价格不变，如果偏好变了，生育率也会变化。其次，家庭对其他商品的偏好会随着收入增加而改变，增加的收入可能并不能满足家庭对其他商品偏好的增加，不会影响生育率。由此可见，只要偏好存在差异，生育率就会不同。

伊斯特林提出，影响生育率的经济因素不是家庭的实际收入，而是相对收入，即现实收入和愿望之间的比率。这种愿望是指人们在经济上努力希望达到的生活标准，也就是人们的一种偏好，这种偏好是年轻的父母婚前在各自父母身边长期形成的。由于不同家庭经济状况不一样，在不同家庭环境下成长起来的人有着不同的消费标准。家庭的经济状况主要取决于父辈收入，因此，年轻人的物质愿望反映的就是其父辈以前的实际收入，而相对收入就是年轻夫妇的经济状况与婚前

---

①向洪，张文贤，李开兴，等. 1994. 人口科学大辞典. 成都：成都科技大学出版社.

父辈经济状况的比较。伊斯特林认为，两代人的收入差距才是影响生育率的主要原因。如果家庭经济状况相对于父辈更好，那么生孩子的偏好会上升，反之，对孩子的需求会下降。

伊斯特林假说虽然以经济理论为基础，但是，从根本上脱离了标准经济理论，重视社会因素，并积极地采用了社会学的方法。伊斯特林模型超越了经济学范畴，以经济学和社会学结合为基础，得到越来越多学者的支持。但是，伊斯特林假说也存在一些局限，比如，既无法预测生育率，也无法预测生育率的转变会在何时发生。为此，伊斯特林派以一种权宜的方法克服这一困难，即如果按这个假说预测未来，必须首先正确地测定出现在的青年在 5 年或 10 年以后究竟在多大程度上达到他们父母家庭生活的消费水平。而实际上，这种测定是非常困难的。为此，伊斯特林采用一种新的方法，把相对应的同代人的相对数作为衡量年轻一代与其父辈的相对经济状态的尺度，从年龄构成变化出发对生育率过去的变化作了说明，并且在预测未来动向方面进行了若干尝试。①

四、社会毛细管学说

19 世纪末，法国社会学家和人口学家阿森·杜蒙特（Arsene Dumont，1841~1902 年）针对法国人口发展停滞和生育率下降现象提出了一种学说。杜蒙特认为，人口增长总是缓慢的和不规则的。他认为马尔萨斯关于人口增长总是趋向于超过生活资料增长的命题是站不住脚的。他赞同斯宾塞个体发展同种族增殖成反比变化的观点，认为一国人口数量和个体发展成反比。在某些现代文明国家，出生率趋于下降，这种下降是由社会和心理因素造成的，即人们想要不断向上发展的普遍欲望起了作用，他把这种普遍欲望叫做“社会毛细管作用”。该学说认为，人的欲望就像油灯的油会顺着燃烧的灯芯不断上升一样，个人对权力和财富的追逐也会不断上升，上升的欲望越大，社会毛细管作用也越强。正是在这种向上推动力的作用下，出生率下降了。他断言，毛细管现象对社会秩序就像重力对于物理世界一样，人们要向上发展，就会不断产生新的欲望，并努力使新的欲望、新的享乐和新的活动得以实现，这就要求减少生育，以减轻养育子女的负担，从而减轻向上发展的负担。

杜蒙特认为，现代社会倾向于把政治平等和经济、社会平等结合起来，这总是能激发社会毛细管作用。大家庭会阻碍个人追求更多的财富和权力，致使人们开始限制家庭规模，这是西欧一些国家出现出生率下降的原因。在这些国家，人们改善自己地位的机会很多，导致小家庭模式比较普及。相反，在另一些国家，人们的等级森严，社会地位固定，人们追求较高社会地位的愿望都难以实现，社会总是处于停滞状态，在这样的社会，毛细管作用无效，其出生率必定猛增。②

五、中国生育率下降的原因

（一）经济因素

1. 孩子的成本提高

首先，随着经济转型的推进和家庭收入的增加，人们物质生活水平不断提高，抚养孩子的直接成本随之上升。其次，就业机会增多，父母的时间影子价格也变得更加昂贵，父母抚

①向洪，张文贤，李开兴，等. 1994. 人口科学大辞典. 成都：成都科技大学出版社.

②向洪，张文贤，李开兴，等. 1994. 人口科学大辞典. 成都：成都科技大学出版社；吴忠观，周君玉，封希德，等. 1997. 人口科学辞典. 成都：西南财经大学出版社.

养孩子的机会成本大大提高，导致生育孩子的总成本上升。

2. 孩子的效益降低

第一，随着经济的发展和收入的增加，以及社会对高质量劳动力的需求的上升，家庭更加注重孩子的质量，而不是孩子数量。目前，由于大多数青壮年受教育程度上升，我国劳动参与率在下降，孩子的现时收入和未来收入占家庭总收入的比重也在不断下降。第二，随着经济的发展，社会保障制度、福利制度日益完善，孩子作为父母晚年的经济保障作用在削弱。第三，随着经济的发展，父母的自我意识增强，有更多的时间完善自己和提升自己，孩子所带来的感情、精神受益不断弱化。①

3. 父母的经济流动性增强

首先，随着经济的发展，人口的流动性在增大，流动人口本身的素质在提升。其次，随着人口流动性加大，人们的婚姻生育也会推迟。最后，社会竞争日益激烈，这一切都可以导致生育水平下降。②

（二）政治因素

影响生育的政治因素主要表现在资源分配和政策的作用方面。

1. 资源分配

随着经济的发展，我国在资源分配和社会民主建设方面有了更大的进步。长期以来，我国政府都致力于消除贫困和提高妇女地位，医疗卫生事业和教育事业都获得长足的发展，人们的身体健康状况得到极大改善，死亡率下降了，出生率也在降低。同时，女性地位的提高和教育事业的发展，特别是妇女受教育年限的延长，都可以导致低生育率。

2. 政策的作用

在发展中国家，计划生育政策对生育率下降具有很大的影响。当前我国的低生育率与我国实行严格的计划生育政策有密切关系。我国现行的计划生育政策，始于 1983 年，至今已 30 多年，此政策在控制人口数量方面影响非常显著。同时，基层政府的稳定运行和执行政策力度也会影响生育情况。③

（三）社会因素

1. 宗教和传统观念削弱

在发展中国家，那些鼓励生育的宗教和传统观念开始削弱，特别是在上流社会和中产阶级中，父母对孩子的价值观起了很大变化，孩子对家庭的重要性有所下降。

2. 家庭纽带放松，扩展型的联合家庭体系瓦解

首先，在发展中国家，随着经济的发展和劳动力流动性的增强，联合家庭的成员大多都选择外出就业。其次，随着家庭收入提高，家庭的生活方式和消费方式在改变，孩子的效用也会随之下降，这一切都促使联合家庭体系逐步放松并瓦解。大量的联合家庭分裂成不同的核心家庭，导致孩子的成本负担加重，促使生育率下降。④

---

①武辉，张士军. 2003. 影响生育率的经济因素分析. 西北人口，(1)：13-15.

②郭志刚. 2008. 中国低生育水平及其影响因素. 人口研究，(4)：1-12.

③刘庚常. 2010. 关于当前生育率影响因素的思考. 人口学刊. (1)：24-27.

④彭松建. 2014. 现代西方人口经济学教程. 北京：北京大学出版社.

3. 城市现代化的影响

城市化程度的提高有利于生育率的降低。首先，城市化促进传统农业社会向现代工业社会转变，传统的婚育观念也会因此受到冲击。其次，城市化也使得现代生活压力和社会竞争加大，对此，城市人口更倾向于推迟结婚，进行生育控制，致使生育率下降。①

第三节 家庭的演变

一、有关家庭的一般概念

（一）家庭和家庭结构

家庭是由血缘、姻缘关系或收养关系而形成的亲属间的社会生活组织。婚姻是产生家庭的前提，夫妻关系是婚姻关系的核心。家庭是现代社会的最基本细胞，是每个人参与的第一个社会群体，也是人生大部分时间都生活在其中的社会群体。从本质上讲，姻缘关系、血缘关系是组成家庭的纽带，收养关系是血缘关系的补充。从血缘关系上看，家庭成员具有代际之差和性别之异。从姻缘关系上看，家庭成员有夫妇之别。

家庭的本质属性是社会属性。这主要是由于：①社会生产方式制约着家庭的产生和发展；②家庭本身就是一种特殊的社会组织，它包含多种社会关系，具有许多社会规定和社会职能；③家庭关系是一种经济关系，家庭成员之间有着共同的经济生活，有着共同生产、共同消费、领养与被领养等主要的经济关系。

家庭结构是指具有血缘、姻缘及收养关系的家庭成员的组合方式，或者说家庭构成形式。随着社会经济的发展，家庭结构也会随之变化。家庭结构分析是指对同一时期各种家庭成员的关系类型、组成方式、构成比例的变动及其原因进行探讨。纵观中外家庭历史，家庭一直处于变动之中。家庭结构是家庭变动的核心。②

（二）几种重要的家庭类型③

1. 核心家庭

核心家庭是指夫妇及其未婚子女组成的家庭。核心家庭可进一步分为以下几种：

（1）夫妇核心家庭，指只有夫妻二人的家庭。若从与户主关系的角度表述，指户主与其配偶组成的家庭。

（2）一般核心家庭，又称标准核心家庭，是指一对夫妇与其未婚子女组成的家庭，或称为户主与配偶及其子女组成的家庭；若以未婚子女为户主，标准核心家庭是指户内成员有父母及其未婚兄弟姐妹的家庭。

（3）缺损核心家庭，或称为单亲家庭，单亲核心家庭，是指夫妇一方和子女组成的家庭，

---

①李竞能. 2004. 现代西方人口理论. 上海：复旦大学出版社.

②王跃生. 2008. 家庭结构转化和变动的理论分析——以中国农村的历史和现实经验为基础. 社会科学, (7)：90-103; 吴忠观, 周君玉, 封希德, 等. 1997. 人口科学辞典. 成都：西南财经大学出版社.

③王跃生. 2006. 当代中国家庭结构变动分析. 中国社会科学, (1)：96-108, 207.

或称为户主与子女组成的家庭。未婚户主与父母一方组成的家庭也属于残缺核心家庭。

（4）扩大核心家庭，是指夫妇及子女之外加上未婚兄弟姐妹组成的家庭，或称为户主与配偶、子女及未婚兄弟姐妹组成的家庭。

（5）过渡核心家庭，是指父母与结婚不久的儿子或女儿（儿媳或女婿没有在户内)组成的家庭。“过渡”是指这种家庭是“临时性”的。刚结婚的媳妇（或女儿）仍在娘家生活，造成配偶一方仍以“单身”形式与自己的父母一起生活。这种家庭在未来会演变：已婚子女的配偶成为户内成员，与公婆生活在一起，形成二代直系家庭；已婚儿子同儿媳一道与父母（公婆）分家，形成两个核心家庭。

2. 直系家庭

直系家庭是指，父母同一个已婚儿子及儿媳、孙子女组成的家庭，可细分为二代直系家庭、三代直系家庭、四代直系家庭和隔代直系家庭。

（1）二代直系家庭，是指夫妇同一个已婚儿子及儿媳组成的家庭，或称为户主夫妇同儿子儿媳组成的家庭。

（2）三代直系家庭，是指夫妇同一个已婚子女及孙子女组成的家庭，或称为户主夫妇与父母及其子女组成的家庭。

（3）四代直系家庭可有多种表达。从普查数据的户主关系上看，户主夫妇与父母、儿子儿媳及孙子女组成的家庭是四代直系家庭；或者户主夫妇与父母、祖父母、曾祖父母也是四代直系家庭。

（4）隔代直系家庭。从形式上看，三代以上直系家庭缺中间一代可称为隔代直系家庭，或者可表述为户主或户主夫妇同孙子女组成的家庭，以及户主同祖父母或祖父母一方组成的家庭。上述的家庭为三代隔代家庭。在实际生活中，还有四代隔代家庭。

3. 复合家庭

复合家庭是指父母和两个及以上已婚儿子和儿媳及其孙子女组成的家庭，可分为两类：三代复合家庭和二代复合家庭。

（1）三代复合家庭，主要是指父母同两个及以上已婚儿子儿媳和孙子女组成的家庭。

（2）二代复合家庭，是指父母和两个或两个以上已婚儿子儿媳和其子侄组成的家庭。

4. 单人家庭

单人家庭是指只有户主一人独立生活的家庭。

5. 残缺家庭

残缺家庭可以分为两类：一是没有父母只有两个以上兄弟姐妹组成的家庭；二是除兄弟姐妹之外再加上其他有血缘、无血缘关系成员的家庭。

6. 丁克家庭

丁克家庭是 20 世纪 60 年代首先出现于欧美国家的一种家庭类型。丁克家庭的名称源于英文 double income no kid 的首字母缩写词 DINK，意思是“双收入无子女”，特指那些有生育能力但自愿选择不育的夫妻二人家庭。①

---

①李爱芹. 2006. 中国丁克家庭的社会学透视. 西北人口，(6)：6-9.

7. 失独家庭

"失独家庭"，目前理论界尚无统一的概念，通常系指独生子女发生意外、死亡，其父母不再生育和收养子女的家庭。失独家庭是我国长期以来推行"一胎化"计划生育政策的产物，独生子女的唯一性导致其家庭本质上成为风险家庭。①

在分析了不同类型的家庭结构后，我们将对其进一步细分，概括如表 10-1 所示。

表 10-1 两级家庭结构

一级类型	二级类型
核心家庭	夫妇核心家庭
	标准核心家庭
	缺损核心家庭
	扩大核心家庭
	过渡核心家庭
直系家庭	二代直系家庭
	三代直系家庭
	四代直系家庭
	隔代直系家庭
复合家庭	三代复合家庭
	二代复合家庭
单人家庭	单人家庭
残缺家庭	残缺家庭
其他	其他

资料来源：王跃生. 2008. 家庭结构转化和变动的理论分析——以中国农村的历史和现实经验为基础. 社会科学，(7)：90-103, 191

二、家庭的演变②

（一）传统社会

所有传统社会，不论是原始社会还是农业社会，都存在着严重的不确定性和信息有限性。在传统社会中，家庭（或亲属家族）显得尤为重要，因为它可以保护家庭成员抵御不确定性。相比于其他组织，家庭组织的利他主义比较多，即使是利己主义的家庭成员，也会在利他主义成员行为的引导下，自发地作出利他主义的行为。家族对于抵御不确定性具有重要的意义，它可以通过继承权把土地在家庭成员之间进行分割，从而降低家庭收入的波动性。

在传统社会中，由于年纪较大的人拥有长年累积的知识，总会受到大家的尊敬。对于处在静态环境中的年轻人来说，这些知识具有很高的价值，因为年轻一代的家庭成员通常从事与自己的父母和其他亲属相同的职业，耕种相同的土地。这些知识的传授主要通过家庭文化

①黄建. 2013. 失独家庭社会救助问题研究. 理论探索，(6)：62-66.

②贝克尔. 2005. 家庭论. 王献生，王宇译. 北京：商务印书馆.

遗传来实现，家族的存在，对于年轻一代获取有效的知识非常重要。

在传统社会，婚姻对于一个家庭是最重要的事情之一。首先，在进行配偶选择上，家庭总是会进行严格把关。通过家庭成员之间的多边联姻，两个家庭可以结成一个联盟。除非婚姻能够为家庭带来利益，否则自由追求爱情的婚姻是不被允许的。其次，为了继续维持一个大家庭所带来的利益，家族绝不允许家庭中关系已经破裂的已婚夫妇离婚。相反，他们却能接受丈夫有时甚至是妻子通过私通来寻求慰藉。

在传统社会里，家族的重要性不仅体现在亲属关系和家世血统方面，还表现在与家族有关的方方面面。例如，在原始社会和农业社会中，对于家庭所拥有的农场，其所有权归整个家庭所有，家庭成员甚至是核心家庭成员也仅仅拥有它的“使用权”。另外，在传统社会里，家庭成员会非常重视家庭的声望。因为在那样的环境下，一个家庭的姓名是一份很有价值的财产或者商标。

（二）现代社会

在现代社会，由于市场经济的兴起，高速发展的经济环境改变了技术、收入和就业机会。由于现在年轻人所面临的是与长辈们完全不同的环境，年长的家庭成员所积累的知识，已不像传统社会那样对年轻人那么有用。

在现代社会，家庭的抗风险和保障作用在削弱。每个人在遇到困难时，可以到资本市场借贷，宽裕时可以在银行储蓄，市场保险可以给任何单个家庭提供抗风险的有效保护。家庭远没有传统社会那么重要，市场保险代替家庭保险，市场学校代替家庭学校。同时，家庭也远没有能力来监督和控制其成员，家庭的祖先和长辈受到的尊敬也远没有传统社会的那么多，相反，长辈们会因跟不上时代的节奏而受到批评。在现代社会，家族的符号也不像传统社会那么重要，家庭内部的联系也不再紧密。

在现代社会，家庭重要性下降，其对家庭婚姻的影响也会减弱。一些中层和上层社会的家庭成员拥有了更多的自由和行动的自主权，他们有权拒绝父母为自己选择的配偶，有权反对父母的婚姻干涉。在现代社会，人们都积极地在婚姻市场上选择自己所爱，而不是适合家庭的配偶。不过，正如前文所分析的，爱情和个人性格特征存在很大的不确定性，许多已婚的人们在婚后发现对方并不是自己想要的，或者对对方有很多不满，他们会选择离婚，重新在婚姻市场上寻找配偶。因此，在现代社会自由婚恋和高离婚率并存。

现代社会的父母生育的孩子较少，一般来讲，父母更关心每一个孩子的福利，父母对孩子福利投资的多少则主要取决于父母的福利程度，即使是利己主义的孩子也能从他们对父母的利他主义行为中得到好处。与传统社会的家族相比，现代社会的核心家庭成员更加友爱，联系也更为紧密。由于在现代社会婚姻都是自由恋爱的结果，婚后配偶之间的关系会更紧密，父母与子女的关系也就更为密切。

三、影响中国家庭结构转变的因素①

总的来说，家庭结构转变有以下几个原则：①家庭内部血缘关系成员的增加或减少会引

①王跃生. 2008. 家庭结构转化和变动的理论分析——以中国农村的历史和现实经验为基础. 社会科学，(7)：90-103, 191.

起二级家庭结构类型的变动，但不会导致一级类型发生“转型”。②家庭血缘关系成员的婚姻行为和婚姻单位的增减是影响家庭类型、促使家庭结构改变的主要力量。③在大多数情况下，分家是现有家庭“转型”、新的家庭产生的主要途径。

以上分析了家庭结构变动的原则，接下来进一步分析影响家庭结构变动的因素，也就是促使这些原则发生作用的因素。

（一）制度因素

影响家庭结构的制度因素有两种：①家庭自身的制度；②与家庭有关的制度。家庭自身的制度又分为家庭内在制度和家庭外在制度。与家庭有关的制度是指家庭所处时空范围内的政治、经济和社会制度，这些制度可以间接影响家庭，有时这些影响作用也会表现得很强烈。

家庭自身的制度主要有以下几个方面。

1. 不同代际间的家庭成员地位规定

在传统社会，中国家庭中的年长成员有着非常高的地位。父家长在家庭中居于主导地位，具有控制家庭事务、家庭财产和家庭成员行为的权力。同时，其权力受到当时当地法律、宗规族训、伦理规范等制度性规定的维护。在这种环境下，子女的分家意识和想法会受到抑制。随着社会经济的发展，法律规范也会调整。在现代社会，更多的是强调家庭成员的平等，家族长辈的地位有所下降，大家庭在逐渐减少，小家庭普遍建立。

2. 家庭财产继承方式

在传统社会，中国家庭财产继承模式为诸子均分模式。均分模式容易形成核心家庭，家庭中所有儿子具有不可剥夺的财产继承权。然而，在大部分情况下，有产家庭的家长往往抑制已婚子女的分家要求，只有到父家长去世，均分家产才能实施。而在现代社会，小家庭概念深入人心，分家之举受到的阻挠很小。

3. 分家时间选择限制

在传统社会，中国法律对分家时间有直接的严格限制，要求父母和祖父母在世时不准分家，这实际上是对长辈地位和家庭秩序的维护，避免长辈生存条件因分家而恶化。一般来说，若家庭财富主要是从上辈积累而来，家长对分家的控制权较高。如果家庭财富创造主体是本辈人，那么父母将难以阻止孩子的分家要求。

4. 家庭年长成员生存保障方式

在传统社会中，家庭成员的生存保障和养老保障全部由家庭内部解决。为防止家庭成员推托责任，有相关的法律保障其实施。而在现代社会，家庭养老的模式受到很大的冲击，随着社会保障制度和金融市场的发展，家庭年长成员的生存保障模式也有所改变，大家庭的分化不可避免，核心家庭成为不同代际婚姻单位所追求的理想形态。

5. 针对人口居住和流动的户籍制度

中国户籍制度与家庭结构变动密切关联。在传统社会，人口流动是被禁止的，它会造成政府征收赋税和摊派徭役的困难。而在现代社会，由于工业发展和市场发展需要劳动力灵活移动，户籍制度也随之改革。虽然劳动力的流动性加大，但进城农民的户籍迁移却受到很大限制，中国农村出现大量的缺损核心家庭或隔代家庭。

（二）经济因素

中国家庭结构转变是包括经济因素在内的多种因素作用的结果。在传统社会，由于家庭主要以自有生产资料进行生产，家长掌握生产资料，并组织成员生产，家庭成员的就业、收入和消费都与家庭整体联系在一起。而在现代社会，由于市场经济的发展，人们的就业、收入和消费都超出了家庭的范围，家庭成员倾向于离开家庭。

（三）社会因素

从家庭角度来看，社会因素主要有以下一些。

1. 婚姻方式

家庭中婚姻单位多少及其组成方式是影响家庭结构变动的最重要条件。在传统社会，婚姻主要是由父母包办，且多为早婚。早婚的男女对父母有较高的生存依赖，容易组成直系家庭。而在现代社会，婚姻多是男女自由恋爱的组合，包办情况少见，早婚也很少，分家生活渐趋普遍。

2. 已婚妇女地位

在传统社会，已婚妇女的地位比较低，被排斥在家庭决策之外。同时，夫妻关系常常要服从于父子关系，分家意愿难以表达。而在现代社会，家庭的核心关系是夫妻关系，夫妻关系也受到法律的保护，妻子在家庭中的话语权和决策权也随之提升，她们成为分家的主要推动者。

（四）人口因素

人口的出生、死亡和迁移流动对家庭结构有着一定的影响。

1. 生育儿子数量

首先，在男系继承原则下，成人儿子的数量对家庭结构影响显著。儿子多的家庭会形成复合家庭，儿子们的分家也会促使多个核心家庭的产生。在现代社会，多子的家庭更容易演变为多个核心家庭。

2. 生育率高低

生育率高低对二级类型家庭的维系和改变具有直接影响，多子的家庭比独子的家庭生命周期长。生育数量对家庭代际关系和家庭组成也有影响，生育数量减少会使代际协助或交换的必要性降低。

3. 人口预期寿命和老龄化问题

在传统社会，人口预期寿命较短，不少父母在子女婚配进而生育之前便已去世，难以形成三代以上的直系家庭。而在现代社会，特别是农村，由于人口预期寿命增长，三代以上直系家庭的比例在提高，同时，老年夫妇家庭和老年单身家庭比重也有所提升。

4. 迁移流动

在现代社会，迁移流动主要是指家庭成员中有劳动能力的青壮年男性或已婚男性及其配偶奔赴他乡寻求就业机会。此时，迁移流动主要对二级类型家庭产生影响。迁移流动可以使青年（特别是未婚者）一定程度上摆脱了家长的控制和监督，可以独立支配收入，这将瓦解已经形成的直系或复合家庭。对核心家庭来说，这也将降低未婚子女与父母组成直系家庭的可能性。另外，迁移流动基本上是从农业向非农业转移，并且多是年轻人的选择。迁移者收入水平大多高于农村中家庭经营者，这将对务农长辈的家庭权力和制约子女作用产生直接的影响，进而促使家庭分解。

在改变家庭结构的同时，人口迁移对家庭代际关系也会产生削弱作用。在人口迁移和城镇化的过程中，家庭养老机制会削弱，迁移出去的人不得不及早考虑老年生活，为将来进行投资。

四、中国家庭结构的现状和演变

（一）全国总体情况①

表 10-2 反映的是自 1982 年以来我国家庭结构的状况，根据全国第三次至第六次的人口普查数据可知，1982~2010 年，中国最常见的三种家庭结构是核心家庭、直系家庭和单人户。其中，自 1990 年以来，核心家庭的比重一直呈下降趋势，到 2010 年，核心家庭的比重下降了 10%左右。直系家庭变动较小，甚至有微微上升的趋势。单人户在 1990 年之后开始上升，上升幅度不小。随着改革开放和经济的发展，家庭的类型应该会向小户型的核心家庭转变，但是中国的结构变动事实却不一致，同时，直系家庭不降反而上升，我们进一步分析造成这个现象的原因。

表 10-2 1982~2010 年全国一级家庭结构 单位：%

家庭类型	1982 年	1990 年	2000 年	2010 年
核心家庭	68.3	70.61	68.18	60.89
直系家庭	21.74	21.33	21.72	22.99
复合家庭	0.92	1.08	0.56	0.58
单人户	7.98	6.34	8.57	13.67
残缺家庭	0.84	0.57	0.71	0.93
其他	0.22	0.08	0.26	0.93

资料来源：根据全国第三次至和第六次人口普查数据整理

进一步观察中国二级家庭分类的变化情况，可以看出，核心家庭的下降主要是标准核心家庭的减少，夫妇核心却大幅度地上升（表 10-3）。可见，标准核心夫妇的下降主要是夫妇家庭和单人户的增加。直系家庭的变化幅度较小，隔代家庭比重明显上升，这表明，自 20 世纪 90 年代以来，随着劳动年龄人口流动就业的增加，很多未婚子女和祖父母一起生活。近年来，在许多劳动力外流的省份，“留守儿童”的现象十分严重，父母不在身边，对孩子身体和心理健康的影响都很大。

（二）中国城乡家庭结构的差异

从表 10-4 中可以看出，市、镇、县的核心家庭比重最大，其中城市的核心家庭比重

①王跃生. 2013. 中国城乡家庭结构变动分析——基于 2010 年人口普查数据. 中国社会科学, (12): 60-77, 205-206.

最高，县的核心家庭比重下降幅度最大。直系家庭相反，县的比重最大，城市的比重最小，且呈下降趋势。单人户家庭在城乡之间的差别也很明显，城市的比重最大，且上升幅度最大。总的来说，城市的家庭结构变动表现为核心家庭减少，单人户因核心家庭降低而增加，直系家庭减少。县的家庭结构变动表现为核心家庭减少，单人户增加，直系家庭比重上升。镇的特点与县相似，只是变动幅度不同。这表明，城市的家庭结构朝着更小的类型发展，因为核心家庭的降低，并没有导致直系家庭的增长，而是导致单人户的上升。相反，农村在核心家庭缩小的同时，单人户和直系家庭都有上升。

表 10-3　1982~2010 年中国二级家庭结构　　单位：%

家庭类型	1982 年	1990 年	2000 年	2010 年
夫妇核心	4.79	6.49	12.93	18.46
标准核心	48.16	53.53	46.75	33.14
夫妇分居核心	6.96	4.02	3.15	3.27
单亲核心	4.55	3.58	2.92	2.7
扩大核心	2.57	2.18	1.61	1.38
过渡核心	1.26	0.81	0.82	1.94
三代及以上直系	16.98	17.12	17.26	17.18
二代直系	3.82	3.29	2.35	3.03
隔代家庭	0.95	0.91	2.11	2.78
复合家庭	0.93	1.08	0.56	0.58
单人户	7.98	6.34	8.57	13.67
残缺家庭	0.84	0.57	0.71	0.93
其他	0.22	0.08	0.26	0.93

资料来源：根据全国第三次至第六次人口普查数据整理

表 10-4　2000 年、2010 年中国城乡一级家庭结构　　单位：%

家庭类型	2000 年			2010 年		
	市	镇	县	市	镇	县
核心家庭	71.41	70.87	66.27	65.3	63.53	57.02
直系家庭	16.26	17.52	24.83	15.28	21.52	28.52
复合家庭	0.69	0.64	0.5	0.4	0.66	0.67
单人户	10.38	10.04	7.52	17.03	12.97	11.79
残缺家庭	0.74	0.58	0.74	0.72	0.66	1.18
其他	0.52	0.36	0.13	1.28	0.67	0.81

资料来源：根据全国第五次、第六次人口普查数据整理

进一步观察城乡二级家庭结构的变动。从表 10-5 中可以看出，核心家庭中，市、镇、县主要是标准核心家庭比重下降，其中镇、县的下降幅度最大。在直系家庭中，镇、县的三代以上直系家庭的上升幅度最大。隔代家庭的变动情况与直系家庭类似，镇、县的上升幅度与

所占比重较大。这表明，核心家庭的下降，主要是由于标准核心家庭的大幅下降，同时，镇乡的直系家庭变动也主要是由三代及以上的直系家庭增多所致。

表 10-5 2000 年、2010 年中国城乡二级家庭结构 单位：%

家庭类型	2000 年			2010 年		
	市	镇	县	市	镇	县
夫妇核心	16.03	14.39	11.36	21.03	18.68	16.73
标准核心	46.65	48.17	46.48	35.32	35.23	30.92
夫妇分居核心和单亲核心	5.16	5.53	6.57	5.25	6.31	6.28
扩大核心	2.17	1.97	1.3	1.83	1.43	1.08
过渡核心	1.43	0.81	0.57	1.87	1.88	2.01
三代及以上直系	12.85	13.79	19.79	11.52	16.28	21.17
二代直系	1.85	2	2.63	2.5	2.8	3.46
隔代家庭	1.56	1.76	2.41	1.26	2.44	3.89
复合家庭	0.69	0.63	0.5	0.4	0.66	0.67
单人户	10.38	10.04	7.52	17.03	12.97	11.79
残缺	0.71	0.56	0.74	0.72	0.66	1.18
其他	0.52	0.36	0.13	1.28	0.67	0.81
其中：夫妇核心与单人户合计	26.41	24.43	18.88	38.06	31.65	28.52

资料来源：根据全国第五次、第六次人口普查数据整理

参 考 文 献

安格斯·麦迪森. 2008. 中国经济的长期表现. 伍晓鹰，马德斌译. 上海：上海人民出版社.

贝克尔. 2005. 家庭论. 王献生，王宇译. 北京：商务印书馆.

蔡昉. 2008. 刘易斯转折点——中国经济发展新阶段. 北京：社会科学文献出版社.

蔡昉. 2010. 中国人口与劳动问题报告 NO.11——后金融危机时期的劳动力市场调整. 北京：社会科学文献出版社.

董利民. 2011. 城市经济学. 北京：清华大学出版社.

都阳, 王美艳. 2010. 城市化进程中的人口、产业发展与就业//蔡昉. 中国人口与劳动问题报告 NO.11：后金融危机时期的劳动力市场挑战. 北京：社会科学文献出版社.

都阳, 王美艳. 2012. 中国的就业总量与就业结构：重新估计与讨论. 2011 年中国人口与劳动问题报告. 北京：社会科学文献出版社.

胡代光. 高鸿业. 2000. 西方经济学大辞典. 北京：经济科学出版社.

李建民. 1999. 人力资本通论. 上海：上海三联书店.

李竞能. 2004. 现代西方人口理论. 上海：复旦大学出版社.

李通屏. 2008. 人口经济学. 北京：清华大学出版社.

刘敏，方如康，李朝硕，等. 2009. 现代地理科学辞典. 北京：科学出版社.

刘易斯. 1989. 二元经济论. 施炜等译. 北京：北京经济学院出版社.

刘易斯·芒福德. 2005. 城市发展史——起源、演变与前景. 宋俊岭，倪文彦译.北京：中国工业建筑出版社.

卢锋. 2006. 我国工资与劳动力成本变动及国际比较(1978—2004——人民币实际汇率长期走势研究之二). 北京大学中国经济研究中心讨论稿系列.

尼可拉斯·格里高利·曼昆. 2011. 宏观经济学. 第七版. 卢远瞩译. 北京：人民大学出版社.

彭松健. 2014. 现代西方人口经济学教程. 北京：北京大学出版社.

钱纳里. 赛尔昆. 1988. 发展的形式：1950—1970. 北京：经济科学出版社.

乔治·J. 鲍哈斯. 2010. 劳动经济学(第三版). 北京：中国人民大学出版社.

乔治·马格纳斯. 2012. 人口老龄化时代——人口正在如何改变全球经济和我们的世界. 余方译. 北京：经济科学出版社.

速水佑次郎. 2003. 发展经济学：从贫困到富裕. 李周译. 北京：社会科学文献出版社.

王金营. 2001. 人力资本与经济增长——理论与实证. 北京：中国财政经济出版社.

威廉·配第. 1978. 政治算术. 北京：商务印书馆.

魏下海. 2011. 中国全要素生产率增长与人力资本效应研究. 北京：人民出版社.

吴忠观, 周君玉, 封希德, 等. 1997. 人口科学辞典. 成都：西南财经大学出版社.

向洪, 张文贤, 李开兴, 等. 1994. 人口科学大辞典. 成都：成都科技大学出版社.

谢文蕙, 邓卫. 1996. 城市经济学. 北京：清华大学出版社.

叶健夫, 彭启鹏, 马建. 2002. 人口普查资料开发利用方法与技术. 广州：中山大学出版社.

苑茜, 周冰, 沈士仓, 等. 2000. 现代劳动关系辞典. 北京：中国劳动社会保障出版社.

约翰·伊特韦尔, 默里·米尔盖特，彼得·纽曼，等. 1996. 新帕尔格雷夫经济学大辞典 (第四卷). 陈岱孙等译. 北京：经济科学出版社.

赵红军. 2005. 交易效率、城市化与经济增长. 上海：上海人民出版社.

Benhabib J, Spiegel M M. 1994. The role of human capital in economic development: evidence from aggregate cross-country data. Journal of Monetary Economics, (34): 143-173.

Lucas R E. 1988. On the mechanics of economic development. Journal of Monetary Economics, (22): 3-42.
Nelson R, Phelps E S. 1966. Investment in humans, technological diffusion, and economic growth. American Economic Review, (56): 69-75.

